le zattere

STRUMENTI

2

Edward Tick

Il ritorno del guerriero

Guarire l'anima dopo la guerra

Traduzione di
Gianluca Cinelli
e Patrizia Piredda

NEROSUBIANCO

Titolo originale: Warrior's return: restoring the soul after war

L'edizione italiana è stata realizzata grazie agli accordi con Sounds True
e Agence Schweiger

Progetto grafico:
Nerosubianco

Via Torino, 29 bis - 12100 Cuneo (Italy)
Tel. (+39) 0171 411921
www.nerosubianco-cn.com
ISBN 978 88 32035 61 2

Questo volume è stampato su carta amica delle foreste

Per Kate Dahlstedt, amata,
che mai vacilla,
come il suo lavoro;
e
per tutti i combattenti, le cui ferite dicono la verità

Facile la discesa all'Averno:
notte e giorno la porta del nero Dite sta aperta:
ma riportare su il passo, uscire all'aria di sopra,
questo è l'impegno, è qui la fatica.

Virgilio, *Eneide*, VI, 126-129

Un giorno anche la guerra
s'inchinerà al suono di una chitarra

(Jim Morrison)

La pubblicazione del volume *Il ritorno del soldato* di Edward Tick è stata possibile grazie al progetto "C'è sempre una stella per te", curato dall'associazione "Teatrino al forno del pane fondato da Giorgio Buridan – APS" con il contributo della Regione Piemonte e del Ministero del lavoro e delle politiche sociali. Obiettivo del progetto è, infatti, fornire ai giovani strumenti di conoscenza e di riflessione sulla società contemporanea che li aiutino a svolgere al meglio il loro compito di cittadini. Punto di partenza e di riferimento costante delle attività progettuali è la lotta di liberazione dai nazifascisti, che ha spinto tanti ragazzi e ragazze a mobilitarsi per la costruzione di un mondo nuovo. Purtroppo la lezione terribile del secondo conflitto mondiale non ha impedito agli uomini di riproporre altre guerre crudeli e sanguinose anche nella seconda metà del XX secolo e in questi primi decenni del nuovo millennio. Ecco perché ci è sembrato utile tradurre e pubblicare lo straordinario lavoro di ricerca realizzato dallo psicoterapeuta statunitense Edward Tick sui danni provocati dalle guerre in chi le combatte. Ferite non solo e non tanto fisiche, ma soprattutto psicologiche, destinate a durare a lungo e a incidere profondamente sulla società. Attraverso il racconto delle loro sconvolgenti esperienze, i soldati reduci dai vari fronti delle guerre più recenti (Iraq, Afghanistan, Balcani...) cercano di "guarire" le loro anime, di rielaborare i loro vissuti per reinserirsi nella società, imparando a convivere con il ricordo e il trauma della guerra. Il racconto non solo è terapeutico per i protagonisti, ma è utile anche per i lettori, che attraverso le esperienze narrate e condivise dai soldati, possono capire meglio quanto sia necessario adoperarsi in ogni modo per evitare le guerre.

L'urgenza e l'attualità di questo tema sono testimoniate dal fatto che, mentre il libro va in stampa, sia tornato a soffiare il vento della guerra fredda tra Russia e Stati Uniti e che il confine fra Russia e Ucraina sia ormai da tempo una ferita aperta.

In un periodo caratterizzato da disorientamento, relativismo esasperato, confusione valoriale, il lavoro di Edward Tick offre ai giovani informazioni ampiamente documentate e spunti di riflessione di grande interesse, che saranno utilizzati anche durante incontri e dibattiti organizzati nell'ambito del progetto "C'è sempre una stella per te".

Caraglio, febbraio 2022

Associazione Teatrino al forno del pane
fondato da Giorgio Buridan - APS

Teatrino al forno del pane

Questo volume è stato realizzato nell'ambito del progetto

C'è sempre una stella per te

Con il contributo del Ministero del lavoro e delle politiche sociali e con la collaborazione della Regione Piemonte nell'ambito del Bando 2020 *Finanziamenti per il sostegno di progetti di rilevanza locale promossi da organizzazioni di volontariato, associazioni di promozione sociale, dalle articolazioni territoriali e dai circoli affiliati alle associazioni di promozione sociale e dalle fondazioni del Terzo Settore, ai sensi artt. 72 e 73 d.lgs. n. 117/2017, Codice del Terzo settore*

REGIONE PIEMONTE

Ministero del lavoro e delle politiche sociali
Direzione Generale del terzo settore e della responsabilità sociale delle imprese

Direzione Sanità e Welfare
Settore Politiche per i bambini, le famiglie, minori e giovani, sostegno alle situazioni di fragilità sociale

Indice

Prefazione e nota alla traduzione		pag.	XIII
Introduzione all'edizione italiana		»	XIX
Introduzione all'edizione originale. Appello alla nazione		»	XXXI
PARTE PRIMA La guerra dopo la guerra		»	1
CAPITOLO 1	Il guerriero universale	»	3
CAPITOLO 2	La guerra dopo la guerra	»	25
CAPITOLO 3	La guerra ci ferisce tutti	»	37
CAPITOLO 4	Arena per l'anima	»	67
CAPITOLO 5	Il viaggio attraverso l'inferno	»	93
CAPITOLO 6	La ferita invisibile oggi	»	111
PARTE SECONDA Portare a casa i combattenti		»	135
CAPITOLO 7	Il trauma di guerra e il contratto sociale	»	137
CAPITOLO 8	La ferita: una comprensione olistica	»	157
CAPITOLO 9	Ferita e identità	»	165
CAPITOLO 10	Il viaggio di trasformazione	»	181
CAPITOLO 11	Lezioni dai capi antichi	»	189
CAPITOLO 12	Religione e spiritualità per la guarigione dalla guerra	»	207
CAPITOLO 13	Il sentiero del ritorno del combattente	»	219
CAPITOLO 14	Conforto spirituale e guarigione per i feriti di guerra	»	233
CAPITOLO 15	La redenzione del combattente ferito	»	251
RISVEGLIO	Combattenti e colombe	»	267
Ringraziamenti		»	275

Prefazione e nota alla traduzione

Il recente ritiro delle truppe internazionali dall'Afghanistan ha riportato all'attenzione del pubblico il lungo strano conflitto durato vent'anni, mai dichiarato come tale bensì ufficialmente presentato come missione di mantenimento della pace. Per vent'anni le unità regolari di eserciti stranieri hanno affiancato le forze militari dello stato afghano, dapprima combattendo attivamente contro i guerriglieri talebani, poi gradualmente limitandosi ad azioni di addestramento, pattuglia e polizia. Nell'arco di questi vent'anni molti sono i militari italiani, americani, britannici e di molti altri paesi occidentali che hanno prestato servizio in Afghanistan. Molti di loro sono stati feriti, altri sono deceduti, ma il vero numero di quelli che sono tornati con disturbi psicologici rimane ignoto, perché troppo spesso questi vengono tenuti nascosti per vergogna o per timore di subire ripercussioni sulla carriera militare. Nel peggiore dei casi, sono le istituzioni militari stesse a minimizzare la portata del fenomeno, fornendo servizi di assistenza inadeguati ai reduci e alle loro famiglie.

Questo rende il presente volume attuale e utile in Italia, dove il dibattito pubblico e politico sul problema del trauma di guerra subito dai veterani e dalle loro famiglie è quasi inesistente e la percezione stessa della presenza di truppe italiane all'estero, in zone di guerra, viene percepita in modo blando e confuso.

La prospettiva da cui il problema è trattato in questo libro è quella dell'America che si è presentata al mondo come campione della causa occidentale e liberale durante la guerra fredda, poi come "esportatrice di democrazia" dopo la dissoluzione del blocco sovietico-comunista.

È noto che lo sforzo militare profuso dagli americani nei conflitti della guerra fredda (Corea e Vietnam) e in quelli recenti (Golfo, Balcani, Iraq e Afghanistan) supera di gran lunga quello congiunto dei loro alleati occidentali, al punto che alcune di queste guerre sono considerate "americane" anche se ufficialmente si trattò di interventi dell'ONU o della NATO. Questo comporta che l'impatto dell'attività militare sull'economia e sulla società americana è ben diverso rispetto a quello che possiamo osservare in Italia. Si pensi soltanto che nel 2011, a fronte degli oltre 100.000 soldati americani erano soltanto 3880 gli italiani in Afghanistan, e che nel 2017 ben 2.133.000 militari americani erano attivamente in servizio, quasi 200.000 dei quali dislocati in 177 paesi del mondo (oltre 12.000 nelle basi italiane). Al contrario, oggi l'Italia schiera circa 7000 militari all'estero in varie missioni di *peacekeeping*. Come si intuisce, la dimensione del problema non è comparabile nei due paesi. L'impatto della massa di veterani sulla società americana è sensibile, se si aggiungono i milioni di reduci anziani della Corea e del Vietnam e delle infinite "guerre invisibili" che gli Stati Uniti hanno condotto per decenni in Africa, Sudamerica e in Medioriente. C'è inoltre un aspetto che forse al lettore italiano potrebbe sfuggire, ossia la percezione che la società americana ha tradizionalmente di sé come nazione insignita dello speciale compito di proteggere il mondo dal male, un concetto che siamo abituati a sentire ripetuto nei discorsi dei politici statunitensi. Fin dalla fondazione del Nuovo Mondo, i padri pellegrini erano intrisi di una fervente religiosità che li convinceva di essere i fondatori di una nuova Israele. L'espansione verso ovest (a danno delle popolazioni dei nativi), l'indipendenza dall'impero britannico e la crescita della nazione a detrimento delle colonie francesi, spagnole e del Messico fanno parte di una mitologia nazional-militare che si completa poi con la guerra civile e con i due conflitti mondiali. Come giustamente nota l'autore di questo libro, l'America ha condotto guerre ininterrottamente dalla sua fondazione a oggi, forse con l'eccezione del periodo della depressione, negli anni Trenta del Novecento. Ogni generazione ha avuto la sua guerra e la tradizione militarista, patriottica e nazionalista è fortissima in America. La formula *to serve and protect* riassume lo spirito con cui nella società americana viene percepito il ruolo del militare: servire la nazione e proteggere la comunità dalle minacce esterne. A questo si aggiunga una spiritualità in cui permangono vive le influenze dell'antico rigorismo puritano e il fervore della dottrina evangelica (la confessione protestante più diffusa negli Stati Uniti), così fortemente incentrata sui due cardini della rinascita e della Bibbia come fonte di spiritualità vivente. Questi fattori, uniti a una forte mobilità sociale (si pensi solo che tradizionalmente in America uno straniero può ottenere la cittadinanza prestando servizio nelle forze armate), permeano la cultura militare di un idealismo patriottico e di una visione della vita militare non solo come un servizio alla nazione o un mestiere delle armi, bensì come una missione subordinata a valori e idee trascendenti.

Da oltre quarant'anni Edward Tick assiste e cura i veterani traumatizzati, quelli del Vietnam prima, poi delle guerre recenti, Iraq e Afghanistan soprattutto. Dopo aver praticato nel solco delle teorie psicologiche tradizionali, in particolare quella junghiana, Tick si è reso conto dell'insufficienza e dell'inefficacia delle terapie d'intervento dominanti in America per il trattamento del trauma di guerra. Queste consistono sostanzialmente nell'intervento psichiatrico e farmacologico, tesi rispettivamente a isolare il trauma come "disfunzione" per rimuoverlo e a contrastarne i sintomi. L'esperienza ha insegnato all'autore che entrambe queste visioni sono parzialmente efficaci e potenzialmente dannose sulla lunga durata, anzitutto perché producono l'equivalenza veterano traumatizzato = malato cronico, inoltre perché l'uso di medicinali di fatto produce assuefazione, conducendo spesso all'abuso e intrappolando il reduce nella dipendenza. Tick ha capito, ascoltando le storie di centinaia di veterani, che il trauma di guerra è una ferita al pari di quelle inflitte nella carne ma invisibile, perché aperta nell'anima. E ha capito che questa ferita dipende spesso da cose fatte e viste dai militari in zona di guerra, ma spesso anche dall'impatto che la guerra ha sulla loro sfera morale. Arruolarsi con la convinzione di star intraprendendo un percorso di nobile e virtuoso servizio per la nazione e la comunità, per poi scoprire al fronte di essere stato gettato con l'inganno in una guerra ingiusta, ideologicamente sbagliata, e di essere una pedina sacrificabile al servizio delle multinazionali, scardina l'equilibrio morale del combattente. E se questo, al ritorno a casa, viene semplicemente riassorbito nella vita civile come se nulla fosse, in una comunità indifferente ai suoi problemi e ipocritamente sorda e cieca sulle responsabilità politiche, sociali e collettive della guerra, allora il reduce si sente solo e abbandonato, e il dolore diventa rabbia e rancore, fino all'autodistruzione. Tick ha quindi compreso che la cura del veterano non è un fatto clinico bensì sociale: il veterano dev'essere accolto, ascoltato, onorato per il servizio che ha reso alla comunità e per il sacrificio di sé che ha fatto in nome di valori che trascendono la sua individualità. Perché ciò sia possibile, la società deve riconoscere la propria responsabilità d'aver mandato i suoi militari a combattere affinché proteggessero i suoi interessi, e quindi dev'essere pronta a condividere il dolore e la sofferenza che i militari riportano a casa.

Quello di Tick è quindi un approccio olistico, cioè considera la salute dell'individuo dal punto di vista della persona nella sua integrità complessa di corpo e mente, di intelletto e di spirito. E la stessa prospettiva viene ampliata sulla scala della collettività: il trauma di guerra è un problema di tutti, non dei veterani e delle loro famiglie, e l'intera società deve curarlo in sé dalla comunità locale alle istituzioni nazionali.

In quest'ottica gioca un ruolo prominente la prospettiva spirituale dell'autore, che incentra l'intero percorso di recupero del veterano traumatizzato sulla rinascita, e in ciò è visibile un certo debito nei confronti dello psicologo e filosofo James Hillman. Partendo dal concetto di archetipo, fondamentale nella teoria psicologica junghiana, Tick sceglie una figura particolare dell'immaginario umano, quella del "combattente interiore", o "combattente spirituale". Questo sarebbe un principio di forza psico-spirituale che potenzialmente esiste in ogni essere umano, a prescindere dal fatto che nella vita scelga la via delle armi. Il "combattente interiore" è un principio rigenerativo di forza spirituale e morale che sostiene la persona nella vita e che si forgia e si evolve attraverso le prove e le difficoltà. Perciò la scoperta e la cura di questo principio archetipico implica anche il concetto di iniziazione e quindi del percorso che, nel caso del combattente, prende la forma del "sentiero del guerriero", come lo chiamavano gli antichi guerrieri indiani, alla cui cultura Tick guarda con vivo interesse. Infatti, una delle caratteristiche del suo approccio consiste proprio nel mescolare con eclettismo e senza preoccupazioni accademiche diversi approcci alla pratica della guarigione del trauma di guerra, spesso provenienti da antiche tradizioni guerriere.

Per tutti questi motivi, Tick preferisce parlare di "ferita invisibile" piuttosto che di disturbo da stress postraumatico (PTSD), perché questa formula implica la malattia con tutte le conseguenze culturali e ideologiche che ne derivano, mentre la prima espressione conduce direttamente alla dimensione olistica dell'essere umano uno e intero, individuo e membro di una comunità, uccisore in guerra ma costruttore e creatore in pace. Tale prospettiva, che forse può apparire scandalosa in un sistema fortemente tecnicizzato e pragmatista come quello americano, da noi trova probabilmente un'accoglienza più favorevole perché è un approccio *umanistico*. In un paese dove i reduci traumatizzati venivano chiamati "scemi di guerra" e dove i veterani di lunghe e dolorose prigionie dopo la prima e la seconda guerra mondiale erano guardati con sospetto come codardi e traditori, spesso la prima forma di assistenza umana e solidale si è sempre avuta proprio a partire dalla famiglia e dalla sfera della comunità locale e ristretta. Ricordiamo tutti il personaggio di Gennaro Jovine in *Napoli milionaria!* di Eduardo, che ritorna dalla guerra e dalla prigionia stanco e sconvolto, solo per trovare la famiglia arricchita dalla borsa nera e dedita a godersi il lusso della nuova vita e del benessere. Nessuno vuole ascoltare la sua storia, tutti minimizzano il suo dolore e gli ripetono che quello è il passato, che è tutto finito, allorché lui risponde che non è vero, non è finito niente. Il reduce porta la guerra in sé sempre, e quando torna a casa il caos e la violenza della guerra rischiano di entrare come un virus nella società civile, perciò il combattente dev'essere purificato e iniziato a una *nuova vita* in cui il vecchio sé convive con il nuovo in un'unità superiore e completa, "più triste e più saggia" nelle parole del poeta Coleridge. Il recupero del reduce implica secondo Tick la formazione di una nuova personalità dove il combattente si mette al servizio della sua comunità in modo nuovo. In tal modo ne giova il reduce e la società stessa, che ottiene uomini e donne maturi ed esperti, degli "anziani" che possono dare insegnamenti di vita importanti, e non dei rottami umani abbandonati a se stessi.

E con questo veniamo all'importanza di questo libro per la collana in cui viene inserito, "le zattere", che pubblica "le storie di chi ha trovato nella scrittura una zattera per uscire dalla tempesta". *Il ritorno del guerriero* si fonda sull'assunto che uscire dallo stato di angoscia e dolore causato da un trauma significa condividere quelle emozioni e quei sentimenti raccontando la propria storia. Il libro si fonda infatti in larga parte sull'esperienza professionale dell'autore, che riporta innumerevoli stralci di testimonianze orali e scritte, alcune pubblicate e reperibili in forma di libri, altre consegnate oralmente a lui dai suoi veterani nel corso delle sedute di cura e dei ritiri di guarigione. Condividere vuol dire coinvolgere e lasciarsi coinvolgere in un processo collettivo di cui gli antichi erano consapevoli maestri, ma che noi oggi abbiamo smarrito. È attraverso la scrittura, che il privato e l'intimo possono trovare la via verso il pubblico, l'esperienza può farsi storia e questa può diventare di nuovo esperienza fatta da chi legge. Questo non è un libro di storie ma sicuramente di esse è intessuto e denso, e crediamo che esprima il senso profondo del narrare come mezzo per salvarsi dalla tempesta.

In ultimo, qualche nota sulla traduzione. Come detto in apertura, il lettore italiano potrebbe non sempre orientarsi tra i riferimenti al mondo militare americano, ai suoi acronimi, al gergo dei veterani statunitensi, perciò là dove ci è parso opportuno per facilitare la comprensione di alcuni passi o concetti abbiamo inserito delle note marcate con la classica sigla [n.d.t.]. Per il resto abbiamo mantenuto un tono e uno stile non accademici, in linea con il testo originale, il cui scopo è divulgare al grande pubblico il problema del trauma di guerra oggi e il metodo curativo approntato e sperimentato dall'autore per curarlo. Per quanto concerne invece le citazioni, le abbiamo tradotte in italiano in tutti i casi per i quali non fosse disponibile una traduzione ufficiale nella nostra lingua. Infine, in occasione di questa edizione italiana, che esce a qualche anno di distanza dalla pubblicazione americana, sono stati inseriti alcuni dati aggiornati.

G. C., P. P.

Introduzione all'edizione italiana

1.

Arma virumque canō. Mi sembra opportuno aprire l'introduzione all'edizione italiana di questo libro sulla guerra e sulla guarigione dalle sue ferite invisibili con l'incipit dell'*Eneide*, uno dei più grandi poemi epici del mondo sulla guerra e sulle relazioni umane, storiche e interpersonali che intessiamo con essa. L'esistenza stessa di questo poema mostra quanto la narrazione sia importante per la determinazione di un popolo durante la guerra e per la sua restaurazione dopo quell'esperienza. Virgilio apre il poema dichiarando la sua relazione con Omero e con i primi poemi epici greci e ciò determina una diretta connessione tra il passato mitologico e la storia romana del primo secolo d.C., quando alla fine delle guerre civili Virgilio si appresta a conferire legittimità spirituale e storica al governo unificante di Augusto come primo imperatore. Per Virgilio, Enea, l'eroe scampato alla distruzione di Troia, è l'antenato originario di Roma e attraverso questa figura il coraggio, la nobiltà e il favore che gli dei gli hanno mostrato si trasferiscono dal piano mitologico a quello storico. La mitologia tenebrosa secondo cui Roma si sarebbe fondata sul fratricidio di Romolo – che secondo il mito era figlio di Marte – e in seguito sul rapimento e lo stupro delle donne Sabine viene così sostituita da un mito fondativo più onorevole e benedetto. Qui vediamo una storia che riscrive la storia sostituendo una narrazione con un'altra, fornendo un'interpretazione più costruttiva e positiva – o forse portando tragicamente fuori strada. Tanto per l'individuo quanto per le società, un'impresa simile può essere fonte di guarigione dai disastri della storia così come potrebbe però negare, distorcere o dissimulare un passato difficile. Enea che soppianta Romolo è uno schema della psiche del guerriero: il bene comune che s'impone sopra il sé individuale, la nobiltà che vince sull'ombra.

Facciamo adesso un salto dal passato remoto a quello recente e consideriamo le idee di Benito Mussolini, per il quale la guerra era uno strumento importante e desiderabile di controllo e conquista. Alla nascita, il partito fascista era in gran parte costituito da reduci della prima guerra mondiale disillusi, disoccupati e traumatizzati che Mussolini gratificò riferendosi a loro come la "nobiltà delle trincee". Per Mussolini la guerra era un fatto innato nella natura umana che conferisce onore e nobiltà a chi vi partecipa, infatti il dittatore affermò anche che "la guerra sta all'uomo come la maternità sta alla donna". Con l'obiettivo di espandere e consolidare l'imperialismo italiano, giustificò le imprese coloniali come il viatico verso la ricostituzione dell'antica gloria di Roma, una versione idealizzata del passato romano-italico, con la sua eredità di guerra che si traduceva nella ripetizione di una prova mitica sotto l'egida di Marte, che Omero chiamava "il dio che si diletta del massacro". Le guerre imperialiste del fascismo in Africa Orientale e in Jugoslavia furono infatti brutali.

Dopo la seconda guerra mondiale i veterani italiani furono in gran parte ignorati ed emarginati come dolorosi ricordi viventi dell'alleanza con Hitler e della sconfitta finale. Quanto il dolore, l'afflizione, la rabbia o la vergogna poterono inasprirsi nel cuore e nella coscienza degli italiani? Né l'Italia né il resto del mondo hanno ancora risolto la ricaduta intergenerazionale e storica delle due guerre mondiali. Un impatto a lungo termine del fascismo in Italia fu, per esempio, la permanenza di simpatie nei confronti del vecchio regime nelle forze armate e nei servizi di sicurezza. Per decenni i "nostalgici" continuarono a considerare l'impatto del fascismo sulla società italiana come qualcosa di positivo, anche se oggi i più giovani mostrano poco interesse, consapevolezza o preoccupazione per gli effetti di lunga durata della guerra e della Resistenza antifascista. Come altrove, in tutto il mondo, i giovani di destra ancora idealizzano il fascismo e l'autoritarismo e lo adottano come un simbolo, spesso considerando i carnefici fascisti dei "patrioti". La memoria e l'eredità della seconda guerra mondiale continuano a essere oggetto di contesa, nel migliore dei casi, ma non è raro che siano negate e manipolate per interessi politici.

Che dire delle nuove guerre successive al 1945? A differenza degli

Stati Uniti e di altri paesi occidentali, l'Italia inviò solo unità mediche nella guerra di Corea e non partecipò alla guerra del Vietnam se non per operazioni di salvataggio navale. Inquadrate della NATO, le truppe italiane hanno partecipato a numerosi interventi militari, con la presenza più significativa in Libano, Iraq e Afghanistan, nonché in servizio di combattimento in Bosnia, Kosovo e Somalia. Questi interventi sono stati considerati "missioni di pace", con un numero limitato di operazioni, e nonostante il dolore e l'orrore che i militari hanno incontrato su quei campi di battaglia, il pubblico in generale non le considera guerre. Oggi l'Italia non ha un gran numero di truppe schierate all'estero e le ferite visibili e invisibili dei soldati che ritornano non sono largamente note al pubblico.

Nel 2020 l'Italia contava oltre 7.000 soldati dispiegati in ventiquattro paesi del mondo e nella recente guerra in Afghanistan ha sostenuto attivamente gli Stati Uniti inviando oltre 50.000 soldati, di cui 53 sono morti e più di 700 sono rimasti feriti. Questi sembrano numeri piccoli rispetto alla scala della guerra e ai circa sessanta milioni di cittadini italiani, perciò i reduci finiscono facilmente ignorati dalla popolazione generale, mentre quelli traumatizzati rimangono spesso isolati e alienati con le loro famiglie, senza quel supporto, quei servizi e quel riconoscimento di cui ha bisogno chiunque ritorni da una zona di combattimento.

Dall'antichità a oggi vediamo che la guerra è rappresentata come un'esperienza mitica e transpersonale, innata e desiderabile, elevante e nobilitante. Ma come affermò molto tempo fa il veterano di guerra e tragediografo Eschilo, "la prima vittima della guerra è la verità". La narrazione "edificante" sta infatti alla radice della civiltà occidentale con le sue verità parziali e manipolate, filtrate attraverso una lente archetipica. Vediamo quotidianamente come il dolore, l'orrore, la distruzione e le difficili conseguenze della guerra possono essere sussunti e mascherati nelle nostre azioni presenti, attraverso le storie e con la creazione di miti che modellano le civiltà. Chiaramente le storie di guerra devono essere raccontate, ma con sensibilità e schiettezza di cuore, affinché rivelino la verità della guerra anziché travestirla e manipolarla.

Le virgiliane *arma* e con esse i conflitti violenti e i traumi connessi continuano a moltiplicarsi e a diffondersi nel mondo. Paesi e popoli sono trascinati in guerre regionali che scoppiano ovunque sul pianeta e che sembrano essere le battaglie locali di una guerra mondiale non dichiarata. Per quanto si invochi la pace, essa sembra tuttavia una chimera, perciò è necessario preoccuparsi dell'impatto della guerra su tutti coloro che vi prestano servizio, sulle loro famiglie e sulle comunità locali e nazionali. Il canto *Arms and the Man* dev'essere interpretato in modo nuovo, che contemporaneamente onori i combattenti ma senza glorificare la guerra, per comprendere che il servizio militare è un'esperienza che trasforma le persone – anche se talvolta può essere dannoso – e incoraggia lo spirito guerriero a emergere.

2.

Il ritorno del guerriero è la mia risposta all'impatto devastante che il combattimento moderno esercita sull'anima e sulla vita e si basa su oltre quarant'anni di lavoro clinico ed educativo con i militari, i veterani e le loro famiglie, nonché su esperienze di ricerca sull'impatto della guerra e sulla guarigione dalle sue ferite. Molti si preoccupano di guarire le ferite visibili della guerra, mentre il mio lavoro si è concentrato sull'invisibile. Le ferite invisibili della guerra che ora chiamiamo disturbo da stress postraumatico (PTSD) e danno morale (*moral injury*) sono vecchie di millenni e si trasmettono incessantemente tra le generazioni attraverso modelli collettivi, culturali e individuali. Questi modelli sono universali, veri e propri archetipi, cioè immagini e storie che ricorrono e si ripetono nel corso della storia tra i popoli.

Anche le ferite sono conosciute e attestate nelle storie e nella letteratura mondiale, le culture più disparate avevano e hanno modi diversi per affrontarle e curarle, infatti conosciamo più di ottanta nomi con i quali la ferita che oggi chiamiamo PTSD è stata descritta nel corso della storia.

La nostra è una formula moderna, quasi medica, che usiamo per indicare la ferita universale che deriva da un trauma violento. Considerato il problema da questa prospettiva archetipica, l'eredità militare italiana non riguarda nessuna guerra particolare, recente o antica, piuttosto è un'eredità millenaria, perciò è su questo piano che bisogna affrontare, trasformare e gestire l'impatto di questa ferita invisibile.

Mentre le ferite invisibili della guerra rimangono abbastanza resistenti ai metodi di guarigione convenzionali basati sulla psichiatria e la farmacologia, è possibile accorgersi che le culture tradizionali di tutto il mondo offrono alcuni approcci e rituali completi per accogliere a casa il combattente e, come dicono i guaritori dei nativi americani, per "estrarre la guerra". Questi mezzi e metodi compaiono anche nei nostri miti, basti pensare all'*Odissea* o all'*Eneide*, che disegnano vere e proprie mappe mentali per il viaggio di ritorno del guerriero.

Il viaggio verso casa consiste nell'abbracciare la propria storia di vita come il viaggio del combattente interiore che alberga in ognuno di noi. Come disse il musicista folk americano Lonnie Agrifoglio, egli stesso sopravvissuto al trauma, "è necessario disporre di una forma di auto-terapia attraverso l'arte, perché nell'arte puoi riversare la tua ferita e trasformarla". I combattenti hanno praticato queste arti per millenni, da soli o in comunità, attraverso la scrittura e tutte le forme di espressione creativa, le quali permettono di trasformare la vita di chi è sopravvissuto a grandi prove o crisi.

Perché i combattenti e le culture possano guarire le loro ferite invisibili, delineo sei passaggi necessari al ritorno del combattente, che possono essere riscontrati, in ordine e forme diverse, nelle culture di tutto il mondo: 1) isolamento e cura del reduce; 2) accettazione del destino di combattente; 3) purificazione; 4) narrazione; 5) restituzione alla comunità; 6) iniziazione del reduce come "combattente anziano", con ruoli e responsabilità attivi nei confronti della comunità. La somma di questi sei passaggi, che possono essere praticati in coppia, con la famiglia, tra amici, in piccoli gruppi o in comunità allargate, con i civili e con i militari, costituisce la "spiritualità comunitaria". I veterani e i loro famigliari possono affrontare questo percorso come un "processo autobiografico di guarigione".

La chiave per il ritorno sta nel riconoscere la ferita, immergersi in essa per pulirla e per accettarla come un destino, per emergere in possesso di una nuova identità, per permettere alle storie dei veterani di diventare una mitologia della comunità, per far sì che la comunità riconosca la propria responsabilità nei confronti dei veterani e pratichi con questi l'espiazione per i danni causati in guerra e, infine, per far sì che i veterani possano impegnarsi a continuare a servire la loro comunità come "combattenti anziani" guidati da un codice di moralità e di onore. Questi passaggi, che spiego nel libro, costituiscono un rinnovamento dello spirito del combattente e il ripristino dell'archetipo del "combattente interiore" ferito dalla guerra.

La narrazione è della massima importanza. Quando le storie di guerra vengono soppresse e nascoste, le emozioni e le energie in esse contenute avvelenano la psiche, le loro immagini diventano incubi e si trasformano in sintomi. Quando sono espresse e condivise, invece, liberano il combattente dalla prigione interiore e gli consentono di essere accolto come un membro di una comunità che aiuta volentieri a portare il fardello della guerra e ad assumersene la responsabilità.

Le storie dei combattenti diventano la mitologia guerriera della comunità.

3.

Desidero condividere qui alcune storie che illustrano come questi processi di guarigione e ritorno a casa avvengono nei nostri veterani. Si tratta di storie rilevanti per l'esperienza italiana e illustrano la resistenza dell'archetipo del combattente interiore attraverso le generazioni, oltre a mostrare l'utilità del raccontare per la guarigione spirituale dei veterani, perché la narrazione ripristina la struttura e il senso di una psiche scossa, permette la catarsi e soprattutto fa sì che l'esperienza dei combattenti raggiunga un pubblico di ascoltatori al di là dell'ambiente limitato dei veterani, delle loro famiglie e dei loro guaritori. Attraverso il racconto, non solo i combattenti si ristorano, ma si ricongiungono alla loro comunità come in una "tribù".

Seconda guerra mondiale

In passato, lavorai per circa dieci anni come supervisore specializzato nella cura dei veterani per un grande ospizio nella mia regione, un ruolo che mi permise di misurarmi con casi difficili di veterani terminali, tra i quali ricordo Joe, che soffriva di dolori cronici e stava morendo lentamente. Il gruppo della terapia palliativa mi chiamò perché il suo dolore riguardava il cuore e l'anima, oltre che il corpo. Joe non stava morendo in pace. Lo incontrai nella sua fredda stanza, chiedendomi che cosa gli pesasse sul cuore tanto da renderlo così agitato e scontroso al punto che nessuno poteva parlargli. Il fatto è che portava in sé una storia che nessuno dei suoi assistenti poteva capire. Joe era un italoamericano di prima generazione e un veterano della seconda guerra mondiale. Aveva preso parte all'invasione della Sicilia e poi ai feroci combattimenti attraverso l'Italia che gli avevano lasciato ricordi non solo degli scontri, divenuti più intensi man mano che s'avvicinava la fine. Non riusciva a dimenticare le montagne, i villaggi e le fattorie la cui bellezza e solennità erano state completamente distrutte, e il pensiero di avere contribuito a tanta devastazione rendeva quei ricordi peggiori di tutti gli altri. Aveva dovuto trascorrere mesi brutali in quella versione dell'inferno e poiché era di origine italiana, anche se aveva combattuto per sconfiggere il fascismo, non riusciva a perdonarsi per aver partecipato alla desolazione della sua patria ancestrale.

A quel tempo addestravo anche i volontari dell'ospizio intenzionati a lavorare con i veterani terminali e durante uno dei corsi conobbi Grazia, un'immigrata italiana che era venuta negli Stati Uniti circa dieci anni prima. Era una piccola donna coi capelli grigi e parlava con un forte accento. Quando finimmo la lezione, si attardò in fondo al gruppo dei volontari e timidamente si avvicinò per dirmi che era sopravvissuta alla seconda guerra mondiale, durante la quale abitava in un antico villaggio di montagna occupato dai tedeschi e liberato dagli americani a costo di gravi distruzioni. Ricordava il rumore, il fumo, il terrore, i morti. Adesso stava cercando di ritrovare la sua casa in America, eppure neanche lei era in pace. "Sono italiana – mi disse – l'America ha liberato casa mia in tempi terribili e adesso è diventata la mia nuova dimora. Non ho mai trovato un modo per mettere insieme i miei due mondi e dire grazie". Feci sì che Grazia fosse accolta come volontaria nell'ospizio per seguire Joe. Questa immigrata italiana, che era una bambina durante i combattimenti di cui Joe portava i ricordi penosi, aveva finalmente la possibilità di raccontare a lui la sua storia e di ringraziarlo per aver fatto parte della sua liberazione. La sua storia portò la pace a Joe, che adesso sentiva di aver fatto più bene che male a quella sua seconda patria, e ciò a sua volta donò a Grazia la serenità che cercava, la fine di cui aveva bisogno per riconciliare i suoi sentimenti sull'Italia, la guerra e gli americani di allora e di oggi. I due sopravvissuti si guarirono reciprocamente raccontandosi le rispettive storie.

La guerra del Vietnam

Pat Guariglia è un italoamericano di seconda generazione, i cui nonni emigrarono all'inizio del 1900 negli Stati Uniti dal paese di San Mauro Cilento, che Pat descrive come arroccato "su una montagna sopra le nuvole". Pat andò in visita da sua cugina, che aveva sposato lo "storico" del paese, il quale lo aiutò nella ricerca delle sue radici e gli disse che la sua famiglia non risaliva oltre l'anno 1750 e che forse era connessa con la figura dell'eroe popolare Vincenzo Guariglia, che aveva lottato contro i soldati di Napoleone proprio su quelle montagne. Il padre di Pat, un italoamericano di prima generazione, era stato pilota da combattimento durante la seconda guerra mondiale con 75 missioni fino a quando fu abbattuto in Papua Nuova Guinea e insignito della *Distinguished Flying Cross*. Pat lo descrive come "un'anima tranquilla e gentile, il mio eroe". Tutti gli zii di Pat prestarono servizio nella seconda guerra mondiale, condividendo l'imperativo consacrato dal tempo: guadagnati il tuo posto nella tua nuova patria servendo nelle sue forze armate.

Quando fu il suo turno, Pat partì come sergente dei Marines per il Vietnam, dove affrontò combattimenti infernali, subì la perdita del suo migliore amico e conobbe la furia e gli orrori della battaglia. Discendente di una famiglia di combattenti, Pat era partito volontario per compiere il suo destino eroico, e la guerra sarebbe il luogo in cui si creano gli eroi. Voleva dimostrare a se stesso di essere un uomo e pensava cose come questa: "i vietnamiti [del sud] erano come gli ebrei nella Germania nazista, avevano bisogno di essere liberati. La politica era al di là della mia comprensione. Volevo solo difendere il bene". Tuttavia, la guerra gli inflisse fin da subito gravi ferite invisibili e per vent'anni dopo il rimpatrio rimase irrequieto, turbato, ostile, incapace di tornare veramente a casa. Attraverso il lavoro e il percorso che discuto in questo libro, Pat è guarito e ha finalmente fatto ritorno, dopo aver accettato di avere il "cuore del soldato", un vecchio nome con cui si designava il PTSD nel XIX secolo. Per guarire ha percorso il sentiero del ritorno del guerriero e finalmente ha potuto affermare: "i combattenti sono combattenti. Serviamo perché il richiamo della nazione è irresistibile. Serviamo perché vogliamo fare la cosa giusta. Io l'ho fatto. Una volta odiavo il mio ex nemico, ma poi ho capito che anche lui era onorevole e cercava di fare la cosa giusta e di proteggere il suo paese. Il mio odio si è dissolto e sono entrato in una confraternita universale di combattenti".

Pat Guariglia, come veterano italoamericano del Vietnam, erede di una tradizione di 1.200 anni, ha questo da dire ai suoi corrispettivi italiani:

> Vorrei dire ai miei fratelli in Italia: portate avanti la tradizione militare come la porto io. Accettate il fatto che siamo diversi e che la guerra ci ha resi saggi in modi che le altre persone non conoscono. È sia un peso che un dono. Abbracciamo i nostri fratelli, perché abbiamo più cose in comune tra di noi che con i nostri vicini e come uomini e donne di buona volontà alziamoci insieme per onorare i più alti valori delle nostre comunità, invece di percorrere la via per l'inferno.

Fino a oggi

Charlie Pacello è un italoamericano di prima generazione. Le sue radici affondano nel suo antico paese. La famiglia di sua madre (la signora Capra) proviene da San Polo Matese, in Molise, nelle cui vicinanze si trova un tempio di Ercole del 500 a.C. Entrambi i nonni di Charlie furono colpiti dalla seconda guerra mondiale. Il nonno paterno Charles M. Pacello combatté con gli americani sotto il generale Patton in Nord Africa, mentre nonno Nicola Capra lottò sotto l'occupazione nazista per mantenere unita e proteggere la sua famiglia, che sopravvisse fuggendo in montagna e tornando furtivamente alla fattoria solo di notte per nutrire le mucche. Come molti altri, pensavano che Mussolini fosse stato "bravo all'inizio" e lo zio di Charlie, Pasquale Capra, rimase in servizio nell'esercito italiano ancora dopo la seconda guerra mondiale. I nonni materni, insieme a una zia, uno zio e sua madre di undici anni, emigrarono negli Stati Uniti nel 1958. Suo padre James, intanto, fece due turni in Vietnam con le forze speciali, ricevendo la *Navy Achieve-*

ment Medal, il *Purple Heart*[1] e altre decorazioni. Nel Sudest asiatico combatté in alcune delle battaglie più orribili della guerra durante l'offensiva del Tet e fu anche catturato e torturato. Nondimeno, rimase sempre orgoglioso del suo servizio e crebbe Charlie tramandandogli il codice del combattente e i suoi valori. Purtroppo, consapevolmente o no, aveva così consegnato a suo figlio un'eredità ambivalente di onore e di dolore, di coraggio e di caos che, mescolata con la storia ancestrale dei Capra, inflisse a Charles quelle ferite transgenerazionali che derivano dall'esposizione alla guerra e ai traumi violenti. Ciò che non si manifesta in una generazione viene inconsciamente trasmesso alla successiva, che dovrà affrontare le conseguenze indesiderate della guerra anche senza avervi preso parte.

Con tale eredità sulle spalle, Charlie cercò di percorrere il sentiero del combattente negli Stati Uniti, diplomandosi all'Accademia Aeronautica come sottotenente. Il suo primo assegnamento fu al reparto dei sistemi di rilevamento nucleare, dov'era responsabile di un comando mobile e del centro di controllo, il cui scopo principale era la gestione integrata del protocollo "Tactical Warning" e la valutazione d'attacco nucleare della "Force Management": "un bel termine", dice Charles, "per una guerra nucleare *end-to-end*". Il suo gruppo di venti scienziati, appaltatori e operatori dell'Aeronautica portò per la prima volta in linea questo apparato che costituiva, di fatto, una forza mobile di primo attacco nucleare. Ora, con queste unità mobili diventava molto facile per il comando superiore trovare un pretesto, coordinare le risorse e "premere il pulsante". L'efficienza operativa e la capacità furono testate, ma il giovane tenente comprendeva che il suo lavoro dava a qualcun altro la possibilità di condurre una guerra nucleare tattica, e questo iniziò a causargli seri disturbi allo stomaco. Aveva una foto del fungo atomico sul suo tavolo e gli incubi nucleari lo perseguitavano. Si sentiva come se stesse cospirando per distruggere il mondo – che era precisamente il contrario del motivo per cui voleva indossare l'uniforme, cioè

---

[1] Decorazione delle forze armate americane per i militari che hanno ricevuto ferite.

per "preservare e proteggere". Tutto ciò che riguardava la sua esperienza di combattente s'era rovesciata in qualcosa di ostile e la sua vita andò in pezzi, mentre l'anima precipitava nell'inferno interiore.

Lo aiutò ricordarsi e ricongiungersi con la sua tradizione italiana, pensare che i suoi antichi antenati avevano combattuto solo per proteggere le loro case in modo onorevole, ricordandosi dei momenti luminosi della Repubblica Romana, quando Cincinnato agiva come protettore del popolo come un antico George Washington, e di quelli oscuri, come quando l'onore militare decadde nonostante il tentativo del Senato di difenderlo dalla fame di potere che da Cesare in poi non smise più di soggiogare i combattenti romani. Charlie si sentiva posseduto dalla versione tecnologica postmoderna di quel giogo, ma ricongiungendosi con un'eredità antica che sopravvive nell'archetipo del combattente interiore, egli affermo e ripristinò la propria identità, superando la gravità della sua crisi personale. Oggi è un educatore, oratore pubblico, insegnante di yoga, drammaturgo e guaritore che presta le sue arti curative ad altri combattenti feriti e alle loro famiglie, mostrando loro che esiste il modo di attraversare l'oscurità e di tornare alla luce. Come scrive Virgilio, "questo è l'impegno, è qui la fatica".

4.

Oggi, nel nostro mondo contemporaneo, le guerre sono diffuse e all'ordine del giorno e qualsiasi versione moderna della *Pax Romana* sembra un sogno lontano, eppure sarebbe realizzabile. Voglio menzionare un'altra storia della tradizione italiana, raccontata più avanti in questo volume, che dà speranza e mostra una direzione per la guarigione e la trasformazione dalle esperienze di guerra più traumatizzanti. Si tratta di San Francesco e della famosa "preghiera della pace". Francesco era in origine un soldato e conobbe l'esperienza della prigionia di guerra che lo traumatizzò, e quando tornò alla vita civile rifiutò la mondanità e decise di servire i bisognosi, di sfidare l'autorità per vivere secondo i valori più alti, devoto allo spirito per il resto dei suoi giorni, e seguendo un semplice principio: "dove è odio, fa ch'io porti amore". La guerra lo trasformò in un combattente per la pace. Diventare questo può essere il grande dono dell'esperienza bellica e il modo per uscirne riconquistando lo spirito e l'onore. Enea e Dante viaggiano entrambi negli inferi e tornano – l'uno per fondare una grande civiltà, l'altro per darci una visione del Paradiso. Francesco ha servito all'inferno per portarci un'idea di militanza amorevole. I combattenti scendono nell'inferno che esiste sulla terra e nell'anima e anche loro, come il loro archetipo, possono tornare recando una visione superiore: "cammina con orgoglio – dice Pat Guariglia – perché qualunque cosa sia successa ti sei fatto avanti. E ricorda sempre che sotto bandiere diverse siamo uguali".

Ringraziamenti
Esprimo profonda gratitudine a Gianluca Cinelli e a Patrizia Piredda per gli sforzi fatti per tradurre e portare questo libro in Italia, e per la solidarietà con cui lavorano per guarire il mondo dai traumi della guerra. Ringrazio Pat Guariglia e Charlie Pacello per aver percorso il sentiero del combattente anziano e per avermi permesso di condividere le loro storie in nome della nostra guarigione collettiva.

Edward Tick, giugno 2021

Introduzione all'edizione originale. Appello alla nazione

Nella mitologia scandinava, il dio-re Odino rinuncia a un occhio in cambio della saggezza. E se questo fosse proprio il prezzo che anche noi dovremmo pagare per ottenere la saggezza e per comprendere che le ferite traumatiche non sono eventi ingiusti e orribili di cui siamo vittime e che non avrebbero dovuto accadere, bensì sono un percorso di iniziazione e trasformazione che, malgrado la sofferenza, può diventare un nostro grande maestro e dono? Il tema di questo libro sono proprio le ferite invisibili della guerra. Quelle fisiche sono più evidenti per i veterani, i quali meritano per primi di essere curati, ma in verità tutti siamo feriti e presi nei lunghi tentacoli schiaccianti della guerra, parenti, amici, vicini di casa, assistenti sociali e insegnanti. L'intera società è afflitta dal dolore, dalla disperazione e dal debito che spesso chi rientra dalla guerra porta con sé e che perciò dev'essere considerato un problema che influenza e riguarda tutti.

Molti civili pensano che la guerra non li tocchi finché non si ricordano che i loro nonni hanno preso parte alla seconda guerra mondiale, che il nipote è stato in Bosnia, o che la figlia del vicino ha servito in Iraq, oppure che la persona che si è tolta la vita nel loro quartiere era un veterano disperato che avrebbe dovuto essere appena all'inizio di una nuova vita. Altre volte si rendono conto di essere stati coinvolti nella guerra solo quando i costi che hanno dovuto sostenere hanno prosciugato le speranze e le già scarse risorse delle loro famiglie in difficoltà. La sfida che propongo è questa: come possiamo trasformare le inevitabili ferite e la sofferenza causate dalla guerra in saggezza e in una crescita veramente capace di riportare a casa i combattenti e di giovare a tutti?

Il guerriero

Il guerriero è un archetipo fondamentale della psiche e della cultura che riguarda la persona come individuo e come figura pubblica. Si tratta di un ideale protettivo, fonte di stimolo e motivazione, una guida. Anche se con molte differenze tra le società, questo archetipo è universale, infatti ogni individuo e ogni cultura sviluppa più o meno consapevolmente la figura del combattente interiore – o combattente psico-spirituale – e ne stabilisce le funzioni militari, politiche e sociali. Nel corso della storia l'ideale del combattente ha rappresentato un modello di abnegazione, coraggio e sacrificio. Pensiamo ai *minutemen*,[1] agli spartani, ai cavalieri templari, agli *zulu*, agli *incas*, ai vichinghi e ai samurai, oppure a personaggi popolari come il ranger solitario, Robin Hood e la sua "allegra brigata", re Artù e i cavalieri della Tavola Rotonda, o lo hobbit e ai nani che attraversano la Terra di Mezzo. L'archetipo del guerriero può anche degenerare e manifestarsi in figure oscure dominate dalla fame di potere, di ricchezza o vendetta, come nel caso delle SS naziste e dei terroristi talebani, o in personaggi di fantasia come Macbeth o Darth Vader.

L'archetipo del guerriero fa parte potenzialmente di ognuno di noi, si manifesta nel corso del nostro sviluppo psichico e spirituale e non scompare con l'avanzare dell'età perché è strutturato in modo da evolversi e integrarsi con altri archetipi fondamentali, al fine di ispirarci e potenziarci durante tutto il ciclo della vita. Senza il nostro combattente interiore saremmo incompleti e deboli.[2] Infatti, quando riusciamo a sviluppare il nostro combattente interiore e la sua funzione morale e

---

[1] Miliziani civili delle colonie americane in guerra con le truppe britanniche prima della Rivoluzione del 1775.

[2] Come psicoterapeuta, lavoro da quarant'anni con molti civili che spesso sentono di mancare di vitalità, forza, fiducia, disciplina o scopo e che a volte idealizzano la vita militare, cui non hanno partecipato, pensando che essa sia una fonte di queste qualità. Questo è dovuto al fatto che giunte alla metà della vita, queste persone cercano di risvegliare e sviluppare il proprio "combattente interiore".

protettiva, la società e noi stessi ne traiamo giovamento. Le pratiche necessarie per nutrire il combattente interiore sono volte a proteggerne la moralità, la forza, l'integrità e la bellezza e includono l'iniziazione, la guarigione e il ritorno. L'iniziazione è il processo mediante il quale il vecchio sé tramonta per dar vita a un nuovo sé, più maturo e più saggio. La guarigione consiste nel ripristinare le energie, le convinzioni, le motivazioni, gli impegni e l'amore di coloro che hanno attraversato la lotta e possono esserne usciti esauriti o disincantati fino alla disperazione e al crollo emotivo: la guarigione, quindi, serve a ristorare lo spirito. Il ritorno, infine, non significa solo portare il combattente lontano dal pericolo, ma ricondurre a casa la persona nella sua interezza (corpo, mente, cuore e anima) in modo tale da salvare il senso delle sue azioni, il suo onore e il rispetto e favorirne così la sua reintegrazione nella comunità. Quando queste funzioni sono praticate correttamente le comunità si arricchiscono di individui maturi e saggi, che a loro volta saranno capaci di contribuire alla crescita della società e di aiutare i più fragili.

Che ne è dei combattenti?

In America, molti professionisti, liberi cittadini e istituzioni si sforzano di far fronte alle esigenze delle truppe e dei veterani, ma nonostante questi sinceri tentativi e innumerevoli programmi dell'assistenza sanitaria, continuiamo a ricevere notizie inquietanti di sofferenza abietta e crescente, di numeri astronomici dei suicidi, tossicodipendenza, divorzi, violenze e abbandono dei minori, malattia e infortuni, disoccupazione, vagabondaggio e tante altre tribolazioni con cui milioni di veterani convivono quotidianamente. I veterani giovani e anziani che muoiono per suicidio, "incidenti", o malattie causate dallo stress superano di molto il numero dei militari uccisi in guerra.

Nonostante il ritiro delle truppe dall'Afghanistan negli ultimi anni, culminato nel recente abbandono del teatro d'operazioni, il numero di suicidi tra militari e veterani in America continua ad aumentare e per la prima volta il tasso di tali suicidi ha superato di una volta e mezza quello registrato tra la popolazione generale e non accenna a decrescere. Secondo il Dipartimento della Difesa, mentre il numero di militari impegnati in missione è sceso da centinaia di migliaia a poche migliaia, l'esercito riporta nel triennio 2018-2020 la quota più grave di suicidi nonostante una nuova legislazione, programmi di prevenzione e grandi quantità di soldi spesi.

Per chiarire il fenomeno sono state proposte varie spiegazioni, tra cui la durata delle guerre, la crescente minaccia da parte di ordigni artigianali (IED) e nemici invisibili nelle zone di combattimento, l'aumento delle lesioni cerebrali traumatiche, comprese quelle multiple dovute ai ripetuti impieghi in molte missioni, quindi i politraumi, l'inadeguatezza del trattamento, ecc. Queste ragioni, sebbene valide, oscurano però altri aspetti dell'esperienza dei veterani, per esempio di quelli che non sono mai stati schierati o che non sono mai stati in combattimento e che tuttavia si sono suicidati in numero doppio rispetto a quelli schierati, suggerendo che esistono ulteriori fattori di stress capaci di spingere le persone a uccidersi.

Anche il numero dei veterani senzatetto è in aumento. Dopo la contrazione dal 2010-2019 a seguito dell'iniziativa di Obama, l'impatto della pandemia ha ridotto le opportunità abitative e occupazionali e così la quota dei veterani senzatetto è adesso dell'8%, molto più alta che tra i civili, e si stima che 21 veterani ogni 100.000 siano barboni. Tra le possibili cause addotte per spiegare queste tendenze non sono incluse alcune motivazioni proposte dai veterani stessi, i quali spesso temono che i sacrifici fatti non siano valsi il risultato, che considerano un fallimento, e perciò sostengono di aver subito un grave danno morale.[3]

---

[3] Si veda *Suicide Prevention Report Updated*, «Disabled America's Veterans», 25 febbraio 2021 (https://www.dav.org/learn-more/news/2021/suicide-prevention-report-updated/); Meghann Myers, *Four Times as Many Troops and Vets Have Died by Suicide as in Combat, Study Finds*, «Military Times», 21 giugno 2021 (https://www.militarytimes.com/news/your-military/2021/06/21/four-times-as-many-troops-and-vets-have-died-by-suicide-as-in-combat-study-finds/); e lo studio di Thomas Howard Suitt III, *High Suicide Rates among United States Service Members and Veterans of the Post-9/11 Wars*, nella collana «Twenty Years of War», Watson Institute of International Public Affairs at the Brown University, 21 giugno 2021 (https://watson.brown.edu/costsofwar/files/cow/imce/papers/2021/Suitt_Suicides_Costs%20of%20War_June%2021%202021.pdf).

Nel nostro immaginario, i guerrieri sono forti, nobili, belli e capaci di proteggere, illuminare e guidare. Eppure l'America è disseminata di vittime che soffrono perché hanno subito ferite traumatiche che non sappiamo guarire. Le guerre in Iraq e Afghanistan hanno causato tre grandi ferite invisibili, a livelli epidemici, le cosiddette "ferite-spia" delle moderne guerre tecnologiche: il disturbo da stress postraumatico (PTSD), il trauma sessuale militare (MST) e la lesione cerebrale traumatica (TBI).[4] Queste tre ferite, che spesso si verificano in combinazione, causano disturbi cognitivi, emotivi, di percezione e comportamentali così complessi che le persone che le subiscono debbono a volte convivere a vita con gravi difficoltà, con devastanti conseguenze personali, familiari e sociali. Troppo spesso i veterani e i loro familiari si disperano perché non riescono a fare ritorno alla vita normale.

Il panorama delle ferite di guerra invisibili che vediamo è quello di una moltitudine di sintomi invalidanti diffusa tra milioni di sopravvissuti, accompagnata dall'ignoranza delle loro cause e origini e dalla riluttanza delle istituzioni a fornire diagnosi, trattamento e sostegno; dalla mancanza di risorse per la cura di queste ferite; e infine dall'incapacità di curarle in modo appropriato. Parafrasando la psicologa Paula Caplan, siamo "una società affetta da analfabetismo militare".[5] Tutti concordano sul fatto che le truppe e i veterani meritino di ritornare alla vita produttiva e creativa dopo il servizio militare, ma resta la domanda: come? Il ferimento traumatico causato dalla guerra e dalla violenza esiste fin dall'antichità e in seguito ne esamineremo la presenza e il trattamento lungo il corso della storia. Ma per esplorare il modo in cui si possa trasformare la sofferenza della guerra in saggezza e in speranza per i sopravvissuti e per la società, dobbiamo prima porci

[4] Gli acronimi, anche in lingua italiana, si riferiscono alle formule inglesi *Post-Traumatic Stress Disorder*, *Military Sexual Trauma* e *Traumatic Brain Injury*.

[5] "A war-illiterate society". Paula Caplan, *When Johnny and Jane Come Marching Home*, Cambridge, MIT Press, 2011.

alcune domande fondamentali sulla nostra capacità di comprendere il trauma di guerra.

Porre le domande giuste può contribuire a cambiare il nostro modo di concepire la guerra e le sue conseguenze, e di interagire con i sopravvissuti per orientarli verso una vera guarigione e un vero ritorno. Tutti abbiamo ormai sentito parlare del PTSD, una formula attribuita per la prima volta nel 1980 dall'Associazione Psichiatrica Americana agli effetti di esperienze traumatiche e tanto diffusa al punto che oggi è nota, riscontrata e diagnosticata ovunque. Ma potrebbe essere che il cosiddetto PTSD non sia una patologia medica o psicologica individuale, e chi ne soffre non sia semplicemente un malato condannato all'impotenza e all'esaurimento cronico. Sia il servizio militare che il combattimento sono esperienze che trasformano la persona e spesso producono delle ferite psicologiche che cambiano i sopravvissuti in qualcun altro e in qualcosa d'altro. Che cosa accadrebbe se quello che oggi chiamiamo PTSD fosse una tappa inquietante e problematica della formazione di questa nuova identità, incustodita e incompleta, e se questa formula rappresentasse la loro lotta per rinascere dal fuoco della guerra in individui nuovi e diversi?

Forse le domande giuste da porsi riguardano la *nostra* responsabilità collettiva nei confronti della guerra, e forse i motivi reali per cui i veterani soffrono in gran numero risiedono, parafrasando Shakespeare, non in loro ma in *noi*. È necessario domandarsi se le cause di queste condizioni si radicano nella società, nelle nostre convinzioni e nelle nostre pratiche, nelle ragioni e nei modi in cui ci prepariamo alla guerra e nel modo in cui trascuriamo e abbandoniamo le truppe prima, durante e dopo il servizio. Forse, se i veterani devono sopportare da soli le ferite della guerra, è perché la società si rifiuta in generale di vederle e di concepirle come ferite del corpo politico, cui tutti noi apparteniamo. Perciò dovremmo cominciare a chiederci qual è la *vera* causa del PTSD nei militari, che cosa succede al loro cervello, alla loro biochimica, ai loro pensieri, che cosa potrebbe aiutarli a riadattarsi, a ridurre i sintomi e a rientrare nella società civile.

Concepire la guarigione delle ferite invisibili di guerra e la crescita e il recupero dei veterani nella società è possibile. Non bisogna accontentarsi, nella migliore delle ipotesi, di un difficile riadattamento caratterizzato da un'invalidità permanente. Invece di concentrarci sulla "riparazione" dei veterani o sul tenere i sintomi sotto controllo, dobbiamo chiederci come sia possibile riportare a casa i combattenti.

Diversi modi di guarire dalla guerra

Ho iniziato a lavorare con i veterani della guerra del Vietnam negli anni Settanta, prima che fosse formulata la moderna diagnosi del PTSD. Il mio primo paziente era stato assegnato ai servizi in patria con il compito di inviare le truppe al fronte e di ricevere indietro i feriti e i morti. Benché non fosse mai stato al fronte soffriva di incubi, attacchi di ansia, abusava di sostanze, aveva accessi di rabbia, relazioni promiscue, comportamenti antisociali ad alto rischio ed era instabile sia nel lavoro che nelle relazioni.[6] Fin dall'inizio capii che cosa la guerra aveva fatto ai miei coetanei, quelli che avevano combattuto, quelli che avevano fatto parte di questa enorme macchina anche da lontano, e anche ai molti che avevano fatto del loro meglio per protestare o evitare la guerra. Quella era anche la mia guerra. Molti di noi avevano sentito i nostri padri chiamare la seconda guerra mondiale *la* guerra e allo stesso modo le persone che hanno avuto i propri padri o i nonni coinvolti nel Vietnam sono cresciute sentendo chiamare questo conflitto *la* guerra. Lo stesso vale per i soldati che tornano dall'Iraq e dall'Afghanistan che definiscono queste come *la* guerra. Il conflitto dei miei genitori era stato la seconda guerra mondiale, quella della mia generazione era il Vietnam, e l'Iraq e l'Afghanistan sono le guerre dei miei figli. Ogni conflitto presenta condizioni universali. "La guerra" è Ares, il dio della guerra che trae diletto dalla strage, che tira fuori la nostra parte peggiore pretendendo che facciamo del nostro meglio e sembra

---

[6] Per la storia completa della guarigione di questo veterano e dei miei primi cinque anni di lavoro con i combattenti, vedi Edward Tick, *Sacred Mountain. Encounters with the Vietnam Beast*, Santa Fe, Moon Bear Press, 1989, in particolare il capitolo 1.

non lasciarci mai. Nell'empito di voler renderci utili e aiutare i nuovi veterani, dobbiamo sempre ricordarci che le guerre non finiscono mai: la sofferenza e la morte che causano persistono a lungo dopo che i proiettili hanno smesso di volare. Ogni guerra è *la* guerra. Ogni sopravvissuto ne ha conosciuto il potere divino, perciò ogni guerra e ogni superstite possono insegnarci qualcosa.

Allora, quarant'anni fa, volevo aiutare i veterani come curatore sul fronte interno e volevo, per quanto fosse possibile per qualcuno che non c'era stato, vedere quel che loro avevano visto e imparare quel che loro sapevano. Anche io stavo cercando la mia iniziazione alla condizione del combattente. I veterani mi mettevano alla prova per essere sicuri che le mie motivazioni fossero vere e integre, che potessi "capire" e che non stessi cercando di trarre profitto dalle loro storie di guerra. Solo allora mi hanno portato attraverso i loro ricordi e le loro storie fatte di avventura ed esperienza, tra le emozioni e i sogni, là dove le loro anime erano state distrutte e bruciate e dove erano rimaste intrappolate: da allora la mia grande sfida divenne scoprire cosa potessi fare per curare le loro ferite.

Ho lavorato come psicoterapeuta con molti sopravvissuti, ho prestato consulenza a diverse organizzazioni di veterani, ho contribuito a creare gruppi di gestione delle emergenze critiche e a formare altri consulenti, ma soprattutto ho trascorso innumerevoli ore con i veterani al di fuori dalle strutture di sostegno. Davanti a molte pizze ho ascoltato le loro storie, ho partecipato alle loro riunioni, ho preso parte alle loro cause e ho condiviso le loro sfide finché sono diventato parte di ciò che costituisce oggi una vasta sottocultura della società americana. I veterani mi hanno iniziato a un mondo molto diverso da quello dei civili, che avrei continuato a ignorare senza la loro accoglienza e la loro guida. Lavorare per aiutarli a compiere il loro viaggio fino alla meta mi ha cambiato.

Arrivato alla metà degli anni Ottanta, mi ero convinto che la ferita invisibile della guerra fosse causata non solo dall'enorme stress che provoca alterazioni neurologiche, emotive e cognitive. Questi cambiamenti sono senz'altro reali e gravi, ma la ferita invisibile è olistica e complessa. Essa colpisce e trasforma ogni aspetto del nostro essere perché è, nella sua essenza, spirituale e morale. Il movimento di protesta aveva chiesto a gran voce che i "ragazzi" fossero riportati a casa, ma quando tornavano, benché fossero ancora giovani, quei veterani erano dei vecchi tristi, soli, feriti, arrabbiati ed esausti. Erano tornati fisicamente, ma non psicologicamente e spiritualmente. Trovavo insopportabile l'idea che così tanti miei coetanei sembrassero condannati a una vita di sofferenza cronica e alienazione, destinata a finire prematuramente. Capii che mandare i giovani al macello per motivi ingiusti per poi trascurarli, maltrattarli e lasciarli in condizioni di privazione per il resto della vita è la più grave forma di tradimento di cui uno stato possa rendersi colpevole. Dal momento che il mondo ha sempre visto tante guerre, grandi e piccole, ritenevo che qualche cultura dovesse pur aver trovato altri modi per portare speranza e guarigione a coloro che erano stati colpiti dalla guerra, culture che avessero preservato la fiducia reciproca nei guerrieri.

Così, iniziai una ricerca nelle tradizioni antiche che continua tutt'oggi, studiando la guerra e il combattente nelle culture di tutto il mondo e nel corso dei secoli. Spesso viaggio per l'America e in altri luoghi del mondo per visitare gruppi di veterani di culture diverse e per studiare le reliquie dei guerrieri, le rovine e le testimonianze di guerra. Dialogo con i veterani di altri paesi per confrontare le loro esperienze culturali con la nostra e opero come mediatore negli incontri di riconciliazione tra ex nemici sul campo di battaglia e nelle pratiche di espiazione per coloro che dopo avere partecipato alla distruzione della guerra vogliono ricostruire.

Sono giunto alla conclusione che la nostra concezione moderna del trauma di guerra e della sua cura è desolatamente imprecisa e inadeguata e debba essere riconsiderata e rinnovata, come intendo proporre in questo libro. John Fisher, chiropratico e veterano, trova inaccettabile che "ancora così poco si sappia del disturbo da stress postraumatico dopo tutto questo tempo" e il dottor Michael Uhl, psicologo e veterano, dichiara che "non esiste una *cura* per il disturbo da stress postraumatico". Con il mio libro precedente *War and the Soul* (2005) ho proposto una comprensione della ferita psichica e spirituale della guerra che oggi chiamiamo PTSD e un ritratto completo del sopravvissuto al combattimento, introducendo i termini di "ferita dell'anima" e "trauma morale" come concetti significativi e utilizzabili oggi. Ho mappato il paesaggio interiore del sopravvissuto facendo riferimento al mito, al rito, ai costumi, alla tradizione, alla storia, agli studi interculturali, alle testimonianze e a decenni di esperienza clinica, giungendo a una comprensione parziale dei bisogni di chi ritorna dalla guerra. Dal momento della sua pubblicazione, *War and the Soul* ha raggiunto pubblici diversi di militari, veterani, professionisti, accademici, medici e lettori civili. Cappellani e ufficiali di medicina psichiatrica lo usano per sostenere e guidare i militari nelle zone di combattimento. La mia più grande soddisfazione è sapere dai soldati di truppa che il libro li ha aiutati a sopravvivere nelle zone di combattimento, e dai veterani tornati a casa che grazie al libro hanno posato il fucile e hanno trovato nuova speranza e una direzione nella vita.

In risposta all'esplosione di interesse e alla necessità di far fronte alla crisi del sistema di assistenza ai veterani americani, mia moglie Kate Dahlstedt e io fondammo l'organizzazione *Soldier's Heart* nel 2006, dedicata alla guarigione delle ferite invisibili della guerra, creando una rete internazionale di migliaia di persone.[7] Il nostro dilemma, dopo aver compreso in profondità il mondo interiore dei combattenti, era: come possiamo usare questo ritratto non solo per il riadattamento o la riduzione dei sintomi, bensì per una vera guarigione e un vero ritorno a casa? Attraverso la crescita psico-spirituale, la trasformazione identitaria, il coinvolgimento e l'educazione nella comunità, i ritiri intensivi, i pellegrinaggi e altre pratiche, abbiamo aiutato e insegnato il "ritorno del guerriero" per ottenere la completa guarigione.

---

[7] L'associazione *Soldier's Heart* è stata chiusa nel 2019 e da allora Edward Tick e Kate Dahlstedt continuano la loro opera di sostegno e cura di veterani traumatizzati in privato, nella loro città di Belchertown, in Massachusetts. Si veda Paul Grondhal, *Veterans' Aid Group* Soldier's Heart *Closing*, «Times Union», 26 febbraio 2019 (https://www.timesunion.com/local/article/Veterans-aid-group-Soldier-s-Heart-closing-13647328.php) [n.d.t.].

Con *Il ritorno del guerriero* mostro adesso le fasi complete del viaggio di ritorno dei sopravvissuti dalla guerra e dalla sofferenza così come è stato praticato attraverso le culture e nella storia, nel mito e nella psiche, e completo la mappa del viaggio spiegando come farne uso. Parlo del posto del combattente nella società e della risposta che altre culture hanno dato al ritorno dei combattenti dalle prospettive della mitologia, della storia e delle tradizioni religiose. Parlo poi del motivo per cui nel Vietnam del dopoguerra non si sia riscontrata la diffusione del PTSD e di altri risultati delle mie ricerche, applicandole alla comprensione interculturale, umanistica e non riduzionistica del trauma di guerra e della sua cura.

Per così dire, *War and the Soul* si ispirava all'esperienza del combattimento richiamandosi all'*Iliade*, mentre *Il ritorno del guerriero*, concentrato sull'esperienza del ritorno, si ispira all'*Odissea* e si rivolge ugualmente ai veterani, alle loro famiglie e alla collettività, ai militari, ai professionisti e al grande pubblico, con implicazioni teoriche e prospettive di applicazione pratica.

Quando capiamo che in guerra le ferite invisibili sono inevitabili e che è responsabilità di ognuno di noi prendersene cura, allora gli atteggiamenti nei confronti dei veterani e le relazioni che intratteniamo con loro cambiano in direzione di nuovi approcci che restituiscono speranza e che con il tempo mostrano il proprio valore. Michael Phillips era un autiere in Vietnam, dove si è guadagnato il soprannome di "Magoo", che ancora porta con orgoglio. "Non molti anni fa", dice, "ero un veterano molto malmesso, squattrinato e disoccupato, ero senza un tetto per la quarta volta, distrutto, con tendenze suicide". Tossicodipendente da oltre trent'anni e alcolizzato da più di trentasei, quattro decenni dopo la guerra era ormai un rottame quando finalmente chiese aiuto alla VA (*Department for Veteran Affairs*) e ha dovuto superare molti ostacoli, ma ha insistito e alla fine gli è stata fornita l'assistenza che gli ha salvato la vita. Magoo racconta: "se non avessi potuto andare al VA di White City, noto come SORCC (*Southern Oregon Rehabilitation Center and Clinics*), la dipendenza dalle droghe e dall'alcol, insieme al mio stato mentale, mi avrebbero molto probabilmente ucciso in un modo o nell'altro, forse con un suicidio intenzionale o accidentale". A White City, Magoo ha imparato a conoscere la fisiologia e le emozioni del PTSD, nonché il modo di gestire i sintomi per curarsi. Ci incontrammo la prima volta "per caso o per provvidenza", quando tenni una conferenza in un campus universitario vicino alla struttura di recupero, e poco meno di un mese prima di lasciare il centro, mi disse: "ora che so come gestire il mio PTSD, che cosa farò? Ho troppo tempo, un appartamento vuoto, un onesto assegno di invalidità, ma nient'altro".

Dopo il nostro primo incontro, Magoo lesse *War and the Soul* e partecipò ai ritiri curativi che io e il mio staff di *Soldier's Heart* ideavamo basandoci sul libro, e poi tornò con me in Vietnam due volte. Ora Magoo lavora come volontariato nella sua vecchia struttura di recupero, dove tiene conferenze sui problemi dei veterani, e appare anche ogni tanto sui media. Ha perso peso ed è diventato un eloquente oratore pubblico che cerca di impegnarsi nelle attività della comunità. Nel 2011, prima che il nostro gruppo tornasse dal Vietnam, Magoo fece un viaggio da solo in Corea dove incontrò i veterani locali e condusse una ricerca comparativa sull'impatto della guerra per entrambi i paesi, aprendo le porte a progetti di collaborazione tra veterani americani e coreani.

Nel 2013 visitò i memoriali e i cimiteri della seconda guerra mondiale nel Pacifico, incontrando i veterani di entrambe le parti là dove avevano prestato servizio. Magoo e io abbiamo lavorato insieme al di fuori di un contesto terapeutico tradizionale, per trasformare la sua condizione in una ferita onorevole che fosse fonte di forza e crescita. In pochi anni Magoo si è trasformato in un combattente spirituale, "un titolo – dice – che mi guiderà per il resto della mia vita", e ricorda: "i ventotto mesi che ho trascorso al SORCC mi hanno salvato la vita. L'introduzione incredibilmente tempestiva a *Soldier's Heart* prima che fossi dimesso mi ha dato uno scopo per vivere e la mia partecipazione all'associazione ha dato senso alla mia vita. E il viaggio continua..." Magoo è uno degli innumerevoli veterani che hanno combattuto nella seconda guerra mondiale, in Corea, in Vietnam, in Iraq, in Afghanistan e in tante delle numerose piccole guerre segrete dell'America, sconosciute o dimenticate, che sono riusciti a trasformare le loro ferite invisibili da causa di tracollo a fonte di saggezza, la quale di riflesso è utile alla società in quanto promuove la pace.

Ora, la maggior parte delle strategie di guarigione dal trauma consiste in interventi esterni tesi alla riduzione dello stress o dei sintomi, oppure alla ricalibratura cognitiva, che vengono applicati *pro forma* ai veterani. Queste strategie sono spesso condotte da terapeuti che possono avere poca o nessuna esperienza con i militari o i veterani, ma che mostrano di avere più curiosità per la propria metodologia che per lo stato del combattente, o che non si rendono conto di quanto il servizio militare e il combattimento siano esperienze uniche e completamente diverse da quelle della vita civile. Al contrario, *Il ritorno del guerriero* presenta una visione e un percorso per la trasformazione delle ferite invisibili che scaturisce dal mio intimo e da tre decenni e mezzo di lavoro di guarigione con combattenti feriti e sopravvissuti a tutti i conflitti piccoli o grandi in cui gli americani sono stati coinvolti a partire dalla guerra civile spagnola, nonché con veterani di altre culture, e dallo studio attivo delle tradizioni guerriere mondiali. I luoghi dove ho lavorato con i veterani includono le più grandi basi militari e gli ospedali, l'intimità degli intensi ritiri curativi, le riserve indiane, stanze di motel remote e squallide, le strade dove vivono i senzatetto e i vecchi campi di battaglia oltremare, tra gli ex nemici. E alla luce di ciò sostengo che i nostri obiettivi nella guarigione dei veterani non devono limitarsi alla gestione dei sintomi, alla riduzione dello stress, all'alterazione della chimica del cervello o all'apprendimento della cooperazione corpo-mente. Sebbene questi fattori possano ridurre la sofferenza e stabilizzare il processo di adattamento, il recupero e il ritorno si realizzano attraverso la trasformazione psico-spirituale del veterano in collaborazione con la comunità, così che l'anima possa guarire e il sopravvissuto scorga il senso dell'esperienza traumatica, il che permette di espandere l'identità e di ridurre la separazione tra il combattente e il civile, finché il trauma morale viene sanato. Quando questi fenomeni si verificano, allora la ferita può dissolversi e la persona può fare ritorno come un "combattente spirituale" ricco d'esperienza.

Il ritorno del guerriero, quindi, si prefigge diversi scopi: 1) mappare la dimensione filosofica, psicologica, sociale e spirituale della guarigione dei veterani; 2) comprendere la dimensione universale delle esperienze militari e di guerra; 3) presentare un esame delle ferite invisibili e della loro risposta ai tentativi di cura, in cui sono presenti aspetti di storia, filosofia e cultura; 4) offrire una comprensione olistica delle ferite invisibili e una spiegazione di cos'è la guerra in termini tradizionali e moderni, dimostrando che le forze armate e le società moderne troppo spesso tradiscono l'etica militare, provocando conseguentemente il trauma morale e il crollo del veterano; 5) rivelare il contratto sociale implicito che esiste tra il combattente e la società e le disastrose conseguenze per entrambi quando questo contratto viene disatteso; 6) dimostrare il modo in cui si possono trasformare la concezione tradizionale della spiritualità guerriera in una concezione pratica d'orientamento funzionale al recupero dei veterani; 7) mappare le condizioni necessarie per il viaggio di ritorno del combattente dal campo di battaglia a casa; 8) presentare gli aspetti religiosi, mitologici, storici, culturali e le dimensioni psicologica e spirituale della guarigione per ispirare, guidare e supportare il ritorno attraverso la trasformazione dell'identità, la guarigione dell'anima, la riconciliazione con la comunità, e la "crescita postraumatica" psichica e spirituale.

Nessuna società è sana senza una classe sana e funzionante di combattenti esperti che la guidino verso un futuro di speranza, di responsabilità, di vera sicurezza e di pace basata sulla saggezza trasformativa e sulla guarigione ottenuta dopo una grave prova di sofferenza. Seguendo il ritratto psico-spirituale del mondo interiore del veterano presentato in *War and the Soul*, *Il ritorno del guerriero* vuol dare speranza e orientamento ai soldati in difficoltà, ai veterani e alle loro famiglie, mappando questo viaggio verso casa e verso la guarigione e suggerendo il modo di percorrerlo.

Parte prima

La guerra dopo la guerra[1]

Questa guerra mi sta consumando la vita.

Abraham Lincoln

[1] Sono in debito con John Wesley Fisher per il titolo di questa sezione. Il dottor Fisher è un veterano del Vietnam che ha ampiamente documentato le sue storie di guerra e di guarigione e ha lavorato con me alla cura dei veterani e alla riconciliazione con il Vietnam. I suoi primi due romanzi furono *Angels in Vietnam* e *Not Welcome Home.* Il titolo di questa sezione è tratto dal suo libro *The War After the War. A Warrior's Journey Home*, Greybull, Pronghorn Press, 2011.

Capitolo 1

Il guerriero universale

Una volta combattente, sempre combattente[1]

Dopo sei mesi in Afghanistan, il fuciliere ventenne dei Marines Michael Abattello e la sua squadra svolgono un'altra pattuglia pericolosa, guidando diversi Humvee attraverso un villaggio remoto circondato da montagne aspre dove i Marines sono già stati attaccati in passato. Le montagne sono state scavate nel corso dei secoli, le pietre sgombrate e impilate in muri alti fino alla cintola, e i pendii appiattiti e arati come terrazze coltivabili. Un ragazzo di circa dieci anni spunta da dietro un muretto, fissando i Marines, poi si volta e inizia a correre lungo la terrazza più bassa. Un Marine grida: "Sparagli! Sta correndo ad avvisare il nemico". I bambini potrebbero essere esploratori, vedette, spesso sono costretti a portare armi o sono imbottiti d'esplosivo. Un altro soldato risponde: "ci hanno già ingannati in questo modo".

Michael salta fuori dal suo Humvee. "Giù le armi!", ordina. "È solo un ragazzo. Vado a prenderlo". Poi si rivolge al compagno Joe: "I Marines non uccidono bambini innocenti. Andiamo, forza!".

Corrono su per le lunghe terrazze sotto la cocente luce del sole, il ragazzo guarda indietro, mentre sotto il peso dell'equipaggiamento completo Michael e Joe faticano a tenere il passo. "Sarebbe più facile sparare", ansima Joe. "È un bambino", gli risponde Michael. I Marines raggiungono la vetta, dove non c'è nessun nemico, nessuna sparatoria, nessun ragazzo. C'è solo un vecchio fienile, con la porta che oscilla.

"Deve essere lì con i nemici", dice Joe. "È una trappola. Facciamolo saltare!".

"Non lo sappiamo", dice Michael. "Coprimi, entro".

Con il fucile puntato, Michael si infila nella baracca dove trova solo fieno e attrezzi agricoli sparsi. "Pulito e vuoto", dice, e anche Joe entra con gli occhi sgranati.

Una scala di legno conduce di sopra, da dove cade un ciuffo di fieno.

"Eccolo", grida Joe puntando il fucile.

"Abbassa l'arma!", ordina Michael. "Vado su".

"Un'imboscata perfetta", protesta Joe. "Sei morto".

Michael s'arrampica sulla scala. "Vieni su", lo chiama dal solaio. "È sicuro". Joe si s'inerpica e si ferma accanto a Michael, non c'è altro che un pallido mucchio di fieno giallo.

"Devono essere nascosti lì", dice Joe inastando la baionetta. "Li faccio fuori prima che lo facciano loro", e si prepara a trafiggere il fieno.

"No!", esclama Michael. "Se fosse un'imboscata, ci avrebbero già sparato".

Michael si mette il fucile in spalla e separa i lunghi fasci di fieno. Nel profondo di una cavità scorge delle piccole mani e dei piedi, poi gambe e braccia, infine dei corpi minuti. Rannicchiato dentro c'è il ragazzo e vicino a lui, strette l'una all'altra, due bambine e un'adolescente con il burka. Michael posa l'arma sul pavimento e fa segno a Joe di imitarlo, poi dice in *pashtu*:

"Ciao, bambini. La pace sia con voi. Non abbiate paura, siamo vostri amici".

Lentamente i bambini si alzano. Le ragazze hanno solo cinque o sei anni. Il ragazzo è in mezzo a loro, l'adolescente sta dietro, alta e piena di dignità nella sua veste scura. La luce del sole filtra attraverso le fessure del tetto del fienile e una soffice nuvola di polvere sale dal fieno giallo, attraverso la quale la luce del sole si spande nel solaio circondando i bambini in un alone dorato. La ragazza con il burka allarga le braccia ammantate intorno ai bambini in piedi nell'aureola e Michael sbatte le palpebre fissandola. Gli si stringe il cuore, anche Joe scrolla le spalle e guarda il pavimento. Davanti a sé, immersa nella luce dorata, Michael vede Maria, Shekinah, Quan Yin, la Madre Divina di tutte le religioni e di tutti coloro che curano e proteggono gli esseri viventi con misericordia e gentilezza. Michael parla ai bambini, il ragazzo è l'unico fratello maschio della famiglia. Il nemico ha detto loro che i Marines sono dei diavoli che fanno del male e torturano i bambini, perciò è scappato, per proteggere le sorelle. Michael si toglie l'elmetto. "Vedi", dice con un sorriso, "non sono un diavolo. I Marines sono tuoi amici, siamo qui per aiutarti. Vogliamo che tu sia al sicuro, che tu abbia buon cibo, buone scuole e una buona vita. Venite, lasciate che vi portiamo a casa". I Marines e i bambini riemergono e scendono dal terrapieno. Michael e Joe presentano i bambini alla loro squadra sorridendo, poi li scortano fino a casa. I genitori, preoccupati e avvolti nelle loro tuniche, gli corrono incontro e l'intera famiglia viene messa al sicuro. Offrono tè e dolci ai Marines e tutti insieme condividono questa gioiosa riunione di famiglia.

Michael è tornato spesso a visitare questa famiglia. Ha giocato con i bambini, ai quali ha insegnato un po' d'inglese, e ha aiutato la famiglia nei lavori agricoli, imparando da loro a curare le capre. È diventato lo "zio" dei bambini. Da quando è tornato in America, Michael ha pensato spesso alla sua famiglia afghana. Il suo cuore è ancora bagnato dalla luce dorata di quel giorno distante su quella montagna lontana quando, nel bel mezzo della guerra, ha agito correttamente e ha colto il senso completo della sua vita. Michael si era arruolato per difendere la nazione americana pochi mesi dopo il diploma di scuola superiore, il 12 settembre 2001. Amava il corpo dei Marines e la sua tradizione militare e si era addestrato per diventare un fuciliere esperto, sperando che i comandanti e il paese ne avrebbero fatto buon uso. Aveva imparato il *pashtu* e in Afghanistan stava in mezzo alla gente, cercando di salvare piuttosto che distruggere ogni volta che poteva farlo. Michael non è solo un Marine, ma è un "combattente spirituale" che esemplifica la migliore tradizione militare attraverso il proprio comportamento in Afghanistan e l'amor di patria.

Eppure la guerra lo ha ferito: il suo corpo è pieno di schegge, non può più ballare e non può piegare alcune dita, soffre costantemente di dolori alla schiena e agli arti, di incubi e disturbi del sonno, ha interrotto diverse relazioni e al rientro si è sentito fuori luogo, minacciato, indesiderato e inadatto alla vita ordinaria americana. Ha salvato quelli e altri bambini e in battaglia ha rifiutato le cure mediche e un *Purple Heart* per rimanere accanto ai suoi compagni. Eppure Michael non è mai stato onorato o ringraziato, anzi ha dovuto combattere per anni prima che gli fosse riconosciuta la disabilità. Michael ha dovuto combattere e uccidere, ha visto i cani randagi divorare dei cadaveri, ha visto il volto del dio della guerra nei compagni mutilati, nei civili, nei combattenti nemici e nella terra afghana. “La guerra fa schifo”, ha detto. “L’unico modo per sopravvivere è fare schifo quanto la situazione che ti circonda. La guerra fa diventare tutti schifosi”.

Perché avere compiuto l’azione giusta non ha protetto Michael dal dolore, a lungo andare? Come è successo che da onorevole combattente in una zona di guerra sia diventato, a casa sua, un uomo rovinato, alienato e invisibile, un cittadino di scarto piuttosto che “un primo fra pari”? E com’è che in Michael e in tanti milioni di veterani come lui la nobile tradizione del “guerriero” si è così degradata? Perché ci sono tanti combattenti distrutti e feriti sparsi in tutta l’America e nel mondo, invece che una comunità globale di onorevoli e saggi veterani uniti a guidarci verso la pace?

Universalità dell’archetipo del guerriero

Quello del guerriero è un ideale o archetipo ricorrente strutturato sia nella psiche che nell’immaginario collettivo, tramandato soprattutto attraverso l’esperienza dei veterani. In un villaggio portoricano mi capitò di trovarmi accanto a un anziano di nome Alberto. Stavamo appoggiati a una ringhiera del porto guardando il mare, quando notai la catenina che portava al collo, il cui pendaglio scompariva nella maglia.

“Ancora indossi la piastrina?”, gli chiesi.

“Come lo sai?”, ribatté, sorpreso.

“Quella catenina è inconfondibile”.

“Solo per quelli che ne hanno avuta una”, mi rispose. L’ottantenne Alberto era un veterano della Corea. Estrasse le piastrine dalla camicia e le fece penzolare. “Una volta combattente, sempre combattente”, disse con un ghigno.

“*Es verdad*”, accondiscesi. “Vero! Ti cambia per sempre e vorresti restare in servizio per tutta la vita. Visto che sei stato in guerra per davvero, posso chiederti cosa pensi di quelle di oggi?”.

“Bugie, stupidità, immoralità!”, abbaiò Alberto. “Non saremmo mai dovuti andare. Ma se mi chiamassero… Anche se le guerre sono sbagliate ci andrei domani. Piuttosto morirei per far vivere i nostri figli e i giovani".

Con rare eccezioni, i guerrieri sono stati un pilastro della civiltà almeno negli ultimi 5.000 anni, dall'inizio del dominio delle società agricole patriarcali e stanziali di cui abbiamo notizie storiche. I guerrieri venivano istruiti, formati e iniziati dagli anziani e affrontavano prove pericolose nella vita. Servivano i loro popoli proteggendoli durante i conflitti, confrontandosi aggressivamente con gli avversari e ricoprendo ruoli importanti durante la vita. Un'antichissima attestazione scritta di cultura guerriera risale a una delle prime opere letterarie conosciute, l'*Epopea di Gilgamesh.* Il regno di Gilgamesh risale al 2700 a.C. circa e il testo scritto attorno al 2000 a.C. narra le battaglie di un re guerriero contro le forze cosmiche e la fratellanza ritrovata e perduta per sempre in battaglia.[2] Gli aspetti eterni dell'archetipo del guerriero che ci è stato tramandato oltre 4.000 anni fa sono l'iniziazione, il cambiamento inevitabile e la perdita, la consapevolezza della morte, la necessità di vincere "la bestia", portando in solitudine il peso e il dolore, la ricerca di significato e del sacro.

Sappiamo che sono state fatte più di 14.600 guerre nei 5.600 anni della storia scritta.[3] Le uniche culture che non hanno avuto guerrieri sono quelle che sono rimaste isolate dalle altre società, come per esempio la Groenlandia, che non ha mai conosciuto la guerra, e le tribù della profonda giungla dell'Amazzonia che non hanno dovuto competere con i vicini per le risorse. Al contrario, nel corso dei secoli molte culture tribali, tra cui quelle che vivevano in "ampi spazi" come le foreste e le pianure americane, le savane africane, o le giungle della Nuova Guinea, hanno vissuto in competizione fra loro e hanno sviluppato complesse tradizioni guerriere che miravano a iniziare i loro giovani, a proteggere il popolo, a definire l'identità e i confini, a raccogliere le risorse, a nutrire i bambini e ad aiutare gli anziani.

L'archetipo del "combattente interiore"

Ted iniziò a protestare appena maggiorenne, durante la guerra del Vietnam. Consapevole dei pericoli nascosti e delle collusioni del "complesso militare-industriale-governativo",[4] divenne un pacifista e tale rimase per tutta la vita, partecipando a quasi tutte le marce di protesta nella sua città e altrove, e raramente è successo che non abbia contestato la politica qualora la ritenesse ingiusta. Ted aveva due figli che voleva crescere fuori della cultura della competizione e protetti dalla violenza, perciò gli proibiva di giocare alla guerra o di possedere qualunque cosa che fosse simile a un'arma, perfino le pistole ad acqua erano bandite. Così, i due bambini iniziarono a organizzare con gli amici un vero e proprio mercato nero, introducendo in casa pistole giocattolo che nascondevano nei cespugli, sotto gli alberi, in cantina. I ragazzi del vicinato andavano da loro per "giocare alla guerra", soprattutto quando lui era via. Mia moglie Kate ed io abbiamo fatto sì che nostro figlio Gabriel incontrasse e conoscesse molti veterani e crescesse ascoltando e rispettando le loro storie. Non gli vietavamo di giocare con le pistole finte, ma volevamo che capisse che cosa significano nella realtà. Un giorno trovai Gabriel e i suoi amici intenti a mimare la "guerra del Vietnam" e li capivo perché anche io "giocavo con le pistole" da piccolo. Ma vederlo assieme ai suoi amici mentre si sparavano a vicenda con gli M16 e gli AK-47 di plastica impersonando finti soldati americani e vietcong mi disturbò. "Gabe", gli dissi un giorno quando aveva sette anni, "le vere versioni di quelle armi hanno ucciso i miei amici e i vietnamiti". E lui mi rispose: "Ci piace giocare alla guerra, papà, ma non preoccuparti. Conosco la differenza tra il gioco e la realtà". Ero orgoglioso che Gabriel conoscesse questa differenza già da piccolo e ciò è stato possibile in parte proprio perché conosceva i veterani, alcuni dei quali erano tra gli "zii" e i "grandi" che più amava. Ted, al contrario, diffidava dell'archetipo del guerriero al punto che cercò di vietare ai suoi figli di esprimerlo. Non si rendeva conto di essere impegnato, devoto ed entusiasta nella sua missione come qualsiasi altro combattente perché anche lui conduceva una lotta interiore per proteggere la comunità da ulteriori violenze. In sostanza Ted era un combattente per la pace.

Queste storie ci raccontano cose che milioni di genitori hanno visto. Togli la pistola giocattolo e il bambino userà al suo posto un bastone o un dito. L'archetipo del guerriero è naturale, innato e profondo, è una fonte di energie straordinarie e di passioni. I suoi valori fondamentali sono quelli della protezione e la conservazione della comunità.

Esso fonda l'identità e lo spirito di appartenenza in un contesto di forte fraternità e indipendentemente dal fatto che lo riconosciamo o no, che lo incoraggiamo o lo inibiamo, si sveglierà sempre e troverà i mezzi per esprimersi. Quando lo scoraggiamo, inconsapevolmente lo rendiamo ancora più forte e dissimulato perché, ci piaccia o no, il combattente interiore è un universale.

Che cos'è un combattente?

Il sergente maggiore Lou Rothenstein fu uno dei primi ufficiali americani dei servizi segreti a essere impiegato in Vietnam con il compito di assicurare tra la popolazione locale il favore nei confronti delle truppe, mentre raccoglieva informazioni sul nemico. "Per me – sostiene – l'essere un combattente significa vivere secondo un ethos, un codice d'onore, un credo. È un modo di vivere la vita". Lo spirito del combattente è un modello di vita con aspettative, norme, comportamenti e valori che devono essere rispettati e guidati da un codice di condotta morale elevato. Questo è ciò che la tradizione dei nativi americani intendeva per "sentiero di guerra", meglio noto come Via del Guerriero. A causa del nucleo di violenza che caratterizza tale forma di vita, il codice o credo è fondamentale per lo spirito del combattente, perché fornisce le fondamenta etiche di condotta per entrare in relazione con la comunità, con l'arte dell'uccidere e con gli altri esseri umani contro i quali deve battersi. Roger Brooke chiese al tenente colonnello van Rooyen, ex comandante del primo battaglione paracadutisti sudafricani con quindici anni di esperienza di combattimento, come riuscisse a dormire la notte e lui rispose: "Non ho mai fatto nulla che non fosse militarmente necessario".[5] Van Rooyen ricordò che esistono diversi tipi di codici guerrieri, compreso quello degli antichi samurai, che impongono di non combattere mai con rabbia personale. Tali codici, spiega la professoressa di etica militare Shannon French, servono da "armatura morale e psicologica che protegge il guerriero dal divenire un mostro ai suoi stessi occhi".[6] I nostri antenati conoscevano questa esigenza, che hanno rappresentato per esempio nella Bibbia, nella quale si trovano codificate le regole per praticare la guerra in modo umano (Deuteronomio 20).

Ogni specialità delle forze armate statunitensi ha un credo che viene memorizzato dalle reclute e che serve ad addestrare e spronare i soldati alla cultura e all'etica militare. Il *Rifleman's Creed*, ad esempio, scritto durante la seconda guerra mondiale, è il giuramento che tutti i Marines recitano. Poiché l'essenza del Marine sta nel combattere a terra come forza d'urto a diretto contatto con il nemico, il credo ha lo scopo di fornire una guida solida che accompagni il combattente attraverso le difficoltà della lotta. Una parte di questo credo recita: "Il mio fucile è umano, proprio come io sono umano, perché esso è la mia vita. Quindi, lo conoscerò come se fosse un fratello. Imparerò a conoscere i suoi punti deboli, i suoi punti di forza, le sue parti [...]. Terrò il mio fucile pulito e pronto, come io sono pulito e pronto. Diventeremo l'uno la parte dell'altro", eccetera. Invece il *Soldier's Creed* dell'esercito inizia dicendo: "Sono un soldato americano [...] un combattente [...]", e prosegue nell'esprimere un'etica militare che, ancora una volta, vuol essere una solida base di valori che fungano da guida per le azioni del combattente: "Metterò sempre al primo posto la missione. Non accetterò mai la sconfitta. Non scapperò mai. Non lascerò mai un compagno caduto".

Tali codici hanno una validità universale; ne abbiamo altri esempi nel *Bushido*, il famoso codice che stabiliva l'ethos del guerriero-eroe samurai e che governava ogni aspetto della sua vita "dalla radice al ramo"; in Robin Hood che diede ai suoi uomini un codice, conosciuto come "derubare i ricchi per dare ai poveri". Secondo Roger Brooke, l'essenza dei codici sta nel "nocciolo spirituale della sottomissione e della dedizione a un'autorità morale più grande di sé". Il cappellano Kevin Turner, prima ufficiale delle forze speciali per due decenni e poi diventato uno dei quattro generali dell'ordinariato militare americano, pone invece l'accento sulla forza e sulla determinazione che sono necessarie allo spirito del combattente e sulla loro funzione protettiva, sostenendo che "la più alta vocazione di un combattente è difendere fino alla morte chi è stato colpito". Greg Walker, un ex berretto verde impiegato in circostanze pericolose e segrete che si è ritirato dalle forze speciali nel 2005, ha trovato la sua "nuova normalità" sostenendo l'associazione *Operation Iraqi / Enduring Freedom / New Dawn Veterans* e per esprimere l'essenza dello spirito del combattente, parafrasa il pensiero di Falstaff: che importa in un uomo dei muscoli e dei nervi, della corporatura e della stazza, è lo spirito che conta,[7] che secondo Greg è "lo spirito sacro dell'uomo o della donna che fondamentalmente si crea, dura e permane in combattimento e dopo, indipendentemente dal fatto che tale combattimento e i suoi effetti siano un'esperienza fisica, morale, spirituale o mentale".

L'archetipo del guerriero ha tratti caratteristici quando è attivo e sano, come spiega Paul Henderson, che ha trascorso ventitre anni nell'esercito fino a raggiungere il grado di tenente colonnello nelle forze speciali e oggi è un avvocato impegnato nella causa dei veterani:

> Per me, ci sono due aspetti dello spirito del combattente. Uno è lo stato mentale individuale, mentre l'altro trascende la persona e potrebbe essere un paese, una comunità, una famiglia, un'idea, una squadra, comunque qualcosa di più grande del sé, uno scopo difficile da realizzare che proprio perciò sostiene il combattente. Questo richiede coraggio, sia fisico che morale, e per "coraggio" intendo semplicemente la volontà di agire di fronte alla paura, non certo l'assenza di paura. Lo spirito del combattente è dedizione al servizio per amor di dovere, non per gloria o per guadagno personale, sono le motivazioni che contano.

Lo stato d'animo del combattente, dice il colonnello Henderson, è la sua risorsa principale, anche se sono necessarie alcune abilità, acquisite con cura e perfezionate meticolosamente, e le "arti marziali":

> I combattenti conoscono il loro mestiere, sono tecnicamente e tatticamente competenti. Il cuore di un leone non si realizza senza la formazione e l'acquisizione di competenze che mirano a ottenere un risultato. Che si tratti di un soldato, un artista, un guaritore, un insegnante o addirittura un commesso, lo spirito del combattente può manifestarsi in qualsiasi attività, ma si deve sapere che cosa si sta facendo. Il desiderio e l'intenzione non sono sufficienti.

Questi testimoni, tuttavia, mai menzionano l'uccidere tra le abilità richieste al combattente e ciò accade, secondo il tenente colonnello David Grossman, perché "potrebbe essere semplicemente troppo doloroso per la società, parlare di cosa fa quando manda dei giovani a uccidere altri giovani in terre lontane".[8] Abbiamo sviluppato un tabù che non ci permette di ammettere questa realtà essenziale, generando nel veterano una certa diffidenza verso il modo in cui verrà trattato dai civili, di cui teme il rifiuto e la classica domanda "hai mai ucciso qualcuno?". Le culture tradizionali non nascondevano questo compito essenziale ai giovani guerrieri e neanche ai civili. Roger Shourds è un nativo americano del Montana della tribù dei *pend d'oreille* (nella sua lingua salish *Qlispele*) e ha combattuto in Vietnam come Marine, con il nome guerriero *Kwu Kak Nupkus*, "colui che vede l'orso". Roger mi ha spiegato il significato del guerriero e della sua preparazione nella tradizione della sua tribù:

> La nostra parola per guerriero è *Sxwplstwe* (uomo) o *Sinmsci* (donna), che significa "colui che ha il compito di uccidere o spargere sangue". Questo veniva insegnato ai bambini non appena erano in grado di capire. Mai s'è insegnata la menzogna che i guerrieri in battaglia facessero tutt'altro che uccidere i nemici. Questi ultimi venivano giudicati in base a quanto erano onorevoli e forti, e ucciderli avrebbe reso noi più forti e più onorevoli. Non c'è mai stato odio per il nemico. Fin dall'inizio, i ragazzi e le ragazze che decidevano di camminare sul Sentiero del Guerriero sapevano che non sarebbero diventati quel che volevano e che non avrebbero appreso altre abilità al di fuori di quelle guerriere, perché avevano il compito di uccidere per proteggere la tribù.

La tradizione dei nativi americani sottolinea che i guerrieri combattevano per la protezione della tribù, da cui deriva qui il nome della moderna *Mohawk Warrior Society*, "*Rotiskenrakete*", che significa letteralmente "uomini che portano il fardello della pace".[9]

L'archetipo del guerriero, la sua identità psicologica, le sue funzioni e i suoi ruoli sociali sono dunque specifici e diversi dagli altri archetipi innati che organizzano la nostra vita interiore. Il "combattente interiore" ha la sua spiritualità e le sue storie, la sua iconografia e le sue tradizioni, i suoi principi e le sue pratiche modellate attorno all'azione più traumatica che una persona possa compiere, come uccidere altri esseri umani. Troviamo questa definizione nelle parole che il maggiore William Arnold, comandante dei cappellani militari degli Stati Uniti durante la seconda guerra mondiale, inserì nel messaggio ai soldati che fece stampare nella Bibbia distribuita alle truppe americane (io conservo quella di mio padre): "Un soldato che conosce la parola di Dio e cerca onestamente di osservare la legge di Dio è un uomo potente e influente tra i suoi simili ed *eleva il suo servizio militare al livello della fede religiosa, del coraggio e della lealtà"*.[10] Il cappellano Arnold esprimeva così la profonda responsabilità e la sfida che i combattenti e la società devono affrontare, una sfida che implica trasformazione e sacrificio. Una eco di queste frasi la troviamo nelle parole del colonnello Michael Lembke, cappellano militare, che dice "è difficile non essere melodrammatici quando si parla del combattente. Nelle azioni depersonalizzate richieste in 'guerra' resta ben poco della routine della vita normale". Per spiegare lo spirito del combattente nella sua essenza, il cappellano Lembke si riferisce alla visione del servitore sofferente del profeta Isaia e sostiene che "dalla prospettiva giudaico-cristiana un guerriero è il servo sofferente che volontariamente e consapevolmente si mette sulla via del sacrificio per un altro", descrizione che corrisponde spesso a quella data da molti veterani tornati dalla guerra.[11] Il cappellano Lembke riconosce il nocciolo d'ironia intrinseco nella vocazione del combattente quando ricorda che nonostante tutto "continueremo a chiedere a uomini e donne ordinari di compiere atti insoliti e straordinari per scoraggiare la guerra, di combattere e di tornare dalla guerra".

Le persone comuni, spesso senza un'adeguata preparazione spirituale né una competenza specifica, sono messe alla prova per elevarsi a condizioni straordinarie di servizio e di sacrificio e devono in qualche modo onorare questo servizio e assumere questo compito morale nell'anima. Già Socrate sosteneva che l'anima è quella parte di noi che sa distinguere il bene dal male, che cresce con le scelte giuste e si rattrappisce con il torto. Socrate era stato un soldato e in una battaglia era stato l'ultimo a difendere e salvare la linea degli Ateniesi in ritirata. In quell'occasione realizzò praticamente il significato del coraggio, vale a dire la presa di posizione morale assoluta e mantenuta fino alla morte per il bene degli altri.[12] Anche John F. Kennedy fu un veterano e insegnò che il vero coraggio è una questione di carattere che, "sottoposto ogni minuto alla prova della legge morale",[13] guida le decisioni e le azioni.

In una guerra che sembrava moralmente chiara come la seconda guerra mondiale, durante la quale le truppe credevano di combattere una battaglia necessaria contro le forze del male che tentavano di distruggere le nazioni, interi popoli e la civiltà stessa, uno scopo superiore poteva essere facilmente concepibile: eravamo stati attaccati e i nazisti stavano commettendo un genocidio. Tuttavia, anche durante la seconda guerra mondiale a lungo andare i soldati americani maturarono stanchezza e disillusione. Il comandante delle forze alleate in Europa, il generale Eisenhower, sentiva molti dei suoi uomini domandarsi perché stessero combattendo quella guerra lunga e brutale, così lontana da casa che non sembrava nemmeno riguardarli direttamente. Eisenhower ordinò allora che tutti i battaglioni entro cinquanta miglia dai campi di concentramento liberati si recassero in quei lager, affinché i soldati si ricordassero del loro scopo morale. Voleva che ogni soldato "sapesse almeno contro cosa stava combattendo".

L'"anima combattente" è quella parte di noi che desidera servire con onore per scopi morali. Quando è addestrata o utilizzata in modo illegittimo, offensivo, sproporzionato o immorale, essa subisce una ferita e quando la sua moralità viene impiegata per fini ingiusti, essa cade preda dell'angoscia. Quando rimane sola e invisibile nella sua volontà di sacrificare la vita, quando il suo dolore viene trascurato, allora cade nella disperazione: il veterano del Vietnam Brian Delate avverte: "Ricordare ti fa venire voglia di dimenticare, e l'oblio ti fa venir voglia di morire".[14]

È necessario prendere contatto con la presenza dell'archetipo universale del guerriero e dobbiamo capire che il modo in cui i combattenti vengono impiegati (quando, dove e perché viene chiesto loro di servire; come vengono preparati; cosa gli si chiede di fare e perché; come vengono riportati a casa e come ci si prende cura di loro) potrebbe danneggiare o appagare, ferire o accrescere quella presenza interiore e il suo potere. La ferita invisibile riguarda il rapporto con il combattente interiore, l'archetipo, come ha detto bene un veterano iracheno: "Non abbiamo bisogno di definizioni psicologiche complicate. Il PTSD si manifesta quando la tua testa ti dice di fare ciò che il tuo cuore ti insegna a rifiutare come sbagliato". Parole sante, ma come combattente è facile giudicare se ti hanno impiegato bene o male, per difendere o per aggredire? La ferita invisibile risulta dalla misura in cui il soldato adempie o non adempie la sua ricerca dell'ideale del combattente, e dal fatto che in questa ricerca possa sentirsi tradito.

Riflettendo sul significato, l'identità, il ruolo e le sfide che i guerrieri hanno assunto su di sé attraverso i secoli, si delinea allora un ritratto complesso del combattente ideale, il quale è

> assertivo, attivo ed energico [...] lucido, strategico, e acuto [...] usa il corpo e la mente [...] è disciplinato [...] sa valutare le proprie risorse e abilità, comprese quelle che agiscono in senso opposto [...] è un servitore della civiltà e del suo futuro, guida, protegge e trasmette saggezza [...] è dedito alle cause che giudica essere più importanti o più grandi di sé [...]. Un combattente sa quanto è preziosa e fragile la vita e non ne abusa né la profana [...]. La natura del combattente deve volgersi a obiettivi trascendenti [...] basandosi su principi universali ed entrando in contatto con poteri e scopi trascendenti e onorevoli.[15]

In breve, lo spirito del combattente è uno stato d'animo sostenuto da arti pratiche e fisiche, che includono la capacità di uccidere e l'addestramento per farlo, sotto la guida di un codice morale finalizzato a proteggere le persone e i valori più alti e teso a servire e preservare la vita.

Iniziazione

Diventare guerrieri nelle società tradizionali era una delle principali forme di iniziazione maschile all'età adulta. Un uomo diventava membro attivo della sua società anzitutto come guerriero pronto a dare la vita per la comunità. Durante l'iniziazione, i ragazzi – e oggi anche le ragazze – sono posti faccia a faccia con le condizioni estreme della vita e messi alla prova, per dimostrare la loro disponibilità ad assumere ruoli adulti e a servire la società oltre se stessi.

Ci sono molti esempi di iniziazioni. Pensiamo alla "camminata" (*Walkabout*) degli aborigeni australiani, durante la quale i giovani trascorrono settimane o mesi da soli a vagare per le terre disabitate dell'entroterra. In antichità, l'addestramento militare di Atene durava due anni e gli uomini prestavano servizio nella milizia permanente ogni volta che ve ne fosse bisogno e senza essere pagati, fino all'età di sessant'anni. In molte tribù di nativi americani, i ragazzi accompagnavano e assistevano i guerrieri durante le loro incursioni per essere esposti alla battaglia prima di parteciparvi attivamente. Queste pratiche, cui quasi tutti dovevano sottostare, costituivano l'iniziazione attraverso la quale il sé bambino moriva e l'individuo rinasceva all'età adulta, fornendo così membri maturi alla comunità. Tirarsi indietro non era possibile, né un privilegio riservato a pochi.

L'iniziazione militare in tempi recenti replica entrambe queste dimensioni universali ed è straordinariamente impegnativa. Il servizio militare è una delle poche forme di iniziazione e formazione all'età adulta rimaste nella società moderna. L'esercito può fungere da scuola per giovani uomini e donne che spesso hanno subito esperienze di abbandono o altri traumi durante l'infanzia, i quali attraverso l'addestramento apprendono e praticano nuove forme di appartenenza alla società adulta e responsabile. Gli Stati Uniti, però, hanno trasformato il mondo militare in una "professione delle armi", riducendo sempre più gli organici. Oggi il servizio è volontario, altamente qualificato e mobile, e dipende da armi potenti e sempre più tecnologiche, nonché dai prodotti farmaceutici che permettono di mantenere operative le truppe sotto stress, poiché ci si aspetta che i militari siano capaci di sostenere molteplici e prolungati impieghi. Un ufficiale di carriera mi ha detto una volta: "Ho fatto sette missioni in Iraq e Afghanistan, affinché sette di voi [civili] non dovessero andarci". Andrew Bacevich, ufficiale dell'esercito per ventitre anni e ora professore di storia, scrive:

> L'approccio che questa nazione ha adottato per fare la guerra dal Vietnam in poi (sollevando le persone da un coinvolgimento significativo), insieme con il modo in cui organizza il suo esercito (affidandosi ai professionisti), ha modificato la relazione tra i militari e la società in modi che un numero troppo ristretto di americani sembra disposto ad accettare [...]. Quella relazione ha quasi cessato di esistere, almeno per ciò che conta.[16]

Più avanti esploreremo le conseguenze di questo "divorzio", per ora restiamo sui problemi che esso solleva. Oggi la recluta deve essere selezionata affinché possa prestare servizio, pronunciare un giuramento e stipulare un contratto unico ed impegnativo. Affinché la recluta diventi un membro della comunità dei combattenti, l'indottrinamento intensivo, l'addestramento e il servizio ne decostruiscono l'identità civile, come mi disse un veterano dell'Iraq: "Ci hanno smontati come degli spartani e ci hanno rimessi insieme a loro immagine". I soldati imparano la disciplina e affinano le abilità fisiche e di combattimento, rinunciano all'autonomia e all'individualità per mettersi al servizio di qualcosa più grande di loro e così imparano la necessità del sacrificio, compreso quello della vita stessa. Essi vivono mostrando devozione verso i loro compagni, i comandanti, l'unità, la nazione e la causa. Molti di questi valori militari sono relativamente positivi e necessari per il miglioramento della società e spesso mancano nei civili, che non hanno mai dovuto impararli o che non hanno mai dovuto cedere anni di vita per il bene collettivo. I soldati vengono certamente anche finemente addestrati a uccidere e molti fanno uso di quest'arte e tutti, quando tornano alla vita civile, sanno come si uccide. La funzione iniziatica dimostra che l'identità e il ruolo del combattente è sia privato che pubblico, intimo e sociale, psicologico e spirituale. Proprio come le ferite sono sia visibili che invisibili, così sono anche i molti modi in cui i combattenti servono e preservano l'ordine sociale.

Il significato del trauma

La parola trauma deriva direttamente dal greco antico, dove in origine significava una ferita da perforazione,[17] per esempio da freccia o da lancia. La saggezza antica insegnava che le ferite riguardano tanto il corpo quanto l'anima: la disperazione, l'angoscia e la perdita della fede sono reali quanto gli arti spezzati e le piaghe. Anche l'anima viene ferita insieme con il corpo e dev'essere curata, altrimenti continuerà a vagare, alienata e malata. Quando Patroclo viene ucciso nell'*Iliade*, la ferita invisibile che trafigge il cuore di Achille e che ne altera la personalità è un trauma. Quando il veterano Richard Boes ha scritto "ho un buco nell'anima",[18] o quando il capitano Frank Hill, ufficiale in comando dell'unità MASH (*Mobile Army Surgical Hospital*), ha scritto dall'Afghanistan nel 2006 che "questo peso lascia un segno", entrambi hanno espresso la dolorosa trafittura emotiva del trauma. Nel mondo antico, esso si riferiva soprattutto al ferimento di essere vivente, benché a volte indicasse anche i danni inflitti nelle cose, per esempio Erodoto usa questa parola per le navi danneggiate.[19] La falla aperta da un attacco terroristico il 12 ottobre 2000 nel cacciatorpediniere *USS Cole*, al largo dello Yemen, fu in questo senso un trauma. Il trauma fisico della nave scioccò emotivamente e spaventò l'intera nazione, provocando un diffuso sentimento di insicurezza, rabbia e dolore.[20]

I greci antichi usavano talvolta la parola trauma anche per indicare una sconfitta, il che potrebbe implicare la rabbia, la frustrazione, il senso di straniamento, confusione e scoraggiamento, o di abbattimento che i sopravvissuti provano quando vengono vinti in battaglia o dopo aver visto sconfitta la loro causa. Erodoto definì la sconfitta spartana alle Termopili un trauma, nonostante il fatto che si fosse trattato di un sacrificio volontario. Una volta trovai nella segreteria telefonica il messaggio anonimo di un veterano. "Ho letto il tuo libro", mi diceva con voce arrabbiata. "Dici cazzate. L'unica causa del PTSD è la sconfitta!", e riattaccò.

Questo veterano dava voce all'angoscia di molti che come lui soffrivano per la sconfitta subita: "eravamo ammanettati", "abbiamo vinto ogni battaglia ma abbiamo perso la guerra", "il movimento di protesta sosteneva il nemico", "le regole di ingaggio favorivano i nemici", "non puoi stabilire un programma in guerra", sono alcuni dei commenti che ritornano.

Non solo i veterani della guerra in Afghanistan, ma diverse generazioni di veterani sono stati traumatizzati dalla caduta di Falluja in Iraq, nel gennaio del 2014. Adam Banotai, un Marine di ventun anni che ha preso parte a quella battaglia, ha detto: "Nessuno di noi pensava che sarebbe caduta sotto un'insurrezione jihadista. Mi ha fatto venire il mal di stomaco vedermelo sbattere in faccia, tutto ciò per cui avevano combattuto, ci veniva platealmente tolto".[21] Il veterano Chuck Searcy, che instancabilmente lavora per disinnescare le bombe inesplose in Vietnam, mi scrisse da Hanoi in occasione della caduta di Falluja: "Sembra che nella storia delle tragiche disavventure militari Falluja debba diventare, insieme con Khe Sanh, sinonimo di uno spreco insensato. E i soldati che ne sono stati le pedine soffriranno per il resto della loro vita, lottando per rispondere alla domanda 'Perché?'". Searcy ha anche riflettuto sull'impatto delle recenti guerre sui veterani più anziani: "La ferita attraversa le generazioni dei nostri combattenti. Un amico mi ha detto che l'invasione dell'Iraq lo ha ferito e dopo sono tornati i sintomi del PTSD, che gli hanno reso difficile lavorare e condurre la propria vita normalmente per diversi giorni".

Alcuni veterani di guerre controverse credono che non sarebbero rimasti traumatizzati se avessero potuto continuare a combattere per tutto il tempo necessario a ottenere una vittoria militare, anche sacrificando tutti gli uomini necessari allo scopo, a prescindere dalla giustezza della causa. Questi veterani condividono inconsapevolmente l'antica convinzione che perdere una guerra sia traumatizzante e questo li porta a credere che la vittoria si possa misurare in base al numero delle perdite o che l'unico buon soldato sia quello che vince. Sono questi i veterani che ci obbligano a interrogarci sul limite morale sotto il quale non siamo disposti a scendere e a chiederci se "ne è valsa la pena".

L'ombra

Se i giovani combattenti sono istruiti e preparati saggiamente, se vengono dati loro mezzi di espressione sani e creativi, se sono impiegati solo per fini morali, allora l'archetipo del guerriero potrà svilupparsi in vista del suo ideale. Se i combattenti sono preparati e impiegati male o trascurati, essi potrebbero ribellarsi, resistere, deviarsi, perdere il controllo o abusare del loro addestramento militare in modi nocivi o distruttivi. La distorsione potrebbe così degenerare in comportamenti violenti, antisociali e pericolosi, in attività criminali, nell'abuso di droghe o in altri modi ancora, fra cui l'attività eversiva politica e militare. Questi comportamenti rappresentano l'"ombra" del combattente, ovvero la sua capacità di usare le proprie energie innate e gli impulsi in modi inconsci e distruttivi. Più avanti parlerò della "bestia", ma per adesso soffermiamoci a riconoscere che tanto le società quanto gli individui possiedono questa "ombra". Carl Gustav Jung scrisse nella *Psicologia dell'inconscio* che la guerra è una rivolta delle forze distruttive dell'inconscio collettivo, il cui risultato è l'omicidio di massa su una scala senza precedenti.[22] Così come l'individuo procede nell'oscurità o nella luce, così accade alle culture e alle civiltà. Quale che sia il deserto in cui ci troviamo, esso rimane sempre lo stesso e c'è bisogno di spiriti combattenti per uscirne.

Il guerriero ferito

Lo incontrai per la prima volta trent'anni fa. Molto in lui sembrava forte e integro, il volto era giovane, bello, attento, con un ciuffo di capelli ricci. Le cosce, il busto e le braccia erano scolpiti e magri, il braccio sinistro era proteso in avanti e il corpo accovacciato in avanti. Ma sotto le ginocchia mancavano entrambe le gambe, così come entrambe le braccia erano amputate sotto gomiti. Sopra l'addome un grande squarcio gli attraversava il petto, fratturando il torace e separando il cuore e la spalla sinistra dal resto del corpo, ora tenuto assieme da un giunto. Anche la testa era stata staccata e poi reinstallata e benché gli occhi, le narici e la bocca fossero vibranti, le labbra erano spaccate, il naso rotto e la pelle lacerata. Era un corpo devastato e sfinito, come la mente che rappresentava, ogni sostegno gli era stato tolto da sotto, il cuore spezzato era stato separato dal corpo, eppure resisteva, sforzandosi di proteggersi fino all'ultimo respiro, risoluto contro il dolore e la sofferenza, con una volontà che sosteneva il corpo oltre le ferite, una forza e una devozione che resistevano fino all'ultimo.

Questo era lo spirito che incontrai ad Atene, in una statua chiamata "Il guerriero ferito" risalente al 280 a.C. circa, originaria di Delo, l'isola sacra meta di pellegrinaggio e di culto. In questa statua il guerriero mostra le sue qualità eterne, le ferite, la lotta, la forza, il coraggio e il dolore. Si tratta di un guerriero che ha servito per giuste ragioni, per proteggere la sua casa e la sua famiglia e ha resistito fino all'ultimo, incarnando la definizione del cappellano Turner: "stare in piedi, fino alla morte, in difesa di chi è stato abbattuto". La sua devozione è congelata nel marmo e nelle deturpazioni dovute al tempo restano fissate la mente sconvolta, il cuore spezzato e il grido congelato che è l'essenza di ogni ferita di guerra. Queste cose appartengono ai combattenti di tutti i tempi e luoghi.

Da anni accompagno veterani e sopravvissuti in viaggi di guarigione in Grecia, dove visitiamo antichi siti guerrieri, studiamo la storia, la mitologia e la filosofia e contempliamo artefatti riflettendo sulle nostre storie personali. Quando i veterani guardano la statua del guerriero ferito dicono: “Quello sono io. È un ritratto preciso di come mi sento dentro”. A volte affiorano dal profondo i singhiozzi, col ricordo di un compagno d’armi scomparso da tempo, e trovano sollievo nello scoprire che la ferita invisibile è antica quanto la guerra stessa, riconoscendo nella statua il trauma congelato nel marmo. Ma ora è giunto il momento di portare testimonianza dei combattenti feriti del nostro tempo.

NOTE AL CAPITOLO 1
IL GUERRIERO UNIVERSALE

[1] Charles W. Hoge, *Once a Warrior always a Warrior*, Guilford, Globe equot Press, 2010. Il libro di Hoge dimostra che i comportamenti considerati disfunzionali nella vita civile in zona di combattimento sono normali e potrebbero garantire al sopravvissuto quelle abilità di cui avrà bisogno per trasformarsi e prosperare dopo la guerra. "Una volta combattente, sempre combattente" è un'espressione così comune tra i veterani, vecchi e giovani, che quasi potrebbe essere attribuita a loro. Il colonnello Hoge rende loro onore con questo titolo e con il suo libro illuminante.

[2] *L'epopea di Gilgameš*, Milano, Adelphi, 1996[8], pp. 115-122.

[3] James Hillman, *Un terribile amore per la guerra*, Milano, Adelphi, 2005, 30. Questo numero conta solo le guerre con esiti decisivi, escludendo le molte che si sono concluse senza un chiaro vincitore.

[4] "Complesso militare-industriale-governativo" era la frase originale che il presidente Dwight Eisenhower scrisse nel suo discorso di addio alla nazione, mettendo in guardia contro i poteri che si uniscono nel mondo moderno per condurre guerre infinite in nome del profitto. I suoi consiglieri lo convinsero a tenere la parola "governo" fuori dal suo avvertimento.

[5] La conversazione si è svolta tra il tenente colonnello van Rooyen e il professor Roger Brooke, veterano paracadutista sudafricano e ora professore di psicologia presso la Duquesne University, ed è citata con il permesso dei due interlocutori.

[6] Shannon French, *The Code of the Warrior*, Lanham, Rowan & Littlefield, 2005, p. 10.

[7] William Shakespeare, *Enrico IV*, parte seconda, atto terzo, scena seconda.

[8] David Grossman, *On Killing. The Psychological Cost of Learning to Kill in War and Society*, Boston, Little, Brown and Co., 1995, p. 95.

[9] Al Carroll, *Medicine Bags and Dog Tag*, Lincoln, University of Nebraska Press, 2008, p. 152.

[10] William Arnold, *Afterword*, in *Jewish Holy Scriptures*, Washington, US Government Printing Office, 1942, p. 514. Il corsivo dell'autore.

[11] Isaia 52: 14 e 53: 2-3: "è cresciuto come un virgulto davanti a lui e come una radice in terra arida. Non ha apparenza né bellezza per attirare i nostri sguardi, non splendore per provare in lui diletto.
Disprezzato e reietto dagli uomini, uomo dei dolori che ben conosce il patire, come uno davanti al quale ci si copre la faccia, era disprezzato e non ne avevamo alcuna stima".

[12] La coraggiosa storia militare di Socrate e il suo servizio a Potidaea, Anfipoli e

Delio sono brevemente menzionati nell'*Apologia* (28e). Il suo coraggio individuale in battaglia è attestato anche dalla testimonianza di Alcibiade nel *Simposio* di Platone.

[13] Allan Nevins, *Foreword*, in John F. Kennedy, *Profiles in Courage*, New York, Signet, 1963, p. xii.

[14] Brian Delate, *Soldier's Heart. The Movie*, New York, Soldier's Heart Productions and Liberty Studios, 2008 (soldierheartthemovie.com).

[15] Edward Tick, *War and the Soul*, Wheaton, Quest Books, 2005, pp. 177 e 179.

[16] Andrew Bacevich, *Breach of Trust. How Americans Failed Their Soldiers and Their Country*, New York, Metropolitan Books, 2013, p. 14.

[17] *An Intermediate Greek-English Lexicon. Founded upon Liddell and Scott's Greek-English Lexicon*, Oxford, Oxford University Press, 1995, p. 815.

[18] Richard Boes, *The Last Dead Soldier Left Alive*, New York, iUniverse, 2007, p. 81.

[19] *An Intermediate Greek-English Lexicon*, op. cit., p. 815.

[20] Sebbene si trattasse di una piccola ferita rispetto agli attacchi dell'11 settembre 2001, l'impatto sulla collettività fu ugualmente grande, perché le ferite non riguardano solo i sopravvissuti, ma si trasmettono attraverso le famiglie all'intera comunità.

[21] Richard Oppel Jr., *Falluja's Fall Stuns Marines Who Fought There*, «New York Times», 9 gennaio 2014.

[22] Carl Gustav Jung, *Psicologia dell'inconscio*, Torino, Bollati Boringhieri, 2007.

Capitolo 2

La guerra dopo la guerra

Se la gente lo sapesse davvero, fermerebbe la guerra domani.
Ma ovviamente non lo sa e non può saperlo.
Lloyd George[1]

Daniel è alto, allampanato, ha occhi luminosi e possiede un talento poetico. Trascorre molte ore insonni da solo e spesso al risveglio si sente sfinito, a volte anche a causa della semplice routine. Soffre di improvvisi mal di testa paralizzanti, si dimentica i nomi e confonde eventi e numeri e alcune capacità cognitive si stanno deteriorando come se fosse un vecchio. Ha spesso un dolore bruciante all'intestino, difficoltà ad evacuare e non è mai sicuro di cosa debba mangiare. Tutti questi sintomi se li è riportati a casa dall'Iraq, dove è stato esposto all'uranio impoverito, di cui ha respirato la polvere tossica. Daniel lo chiama tristemente "avvelenamento da radiazioni" e poco prima dei trent'anni ha iniziato a pianificare la propria morte prematura.

Pochi di noi conoscono le tribolazioni quotidiane che i veterani affrontano per sopravvivere, resistere e adattarsi una volta che tornano a casa. Il combattimento può durare settimane, mesi, un anno, o diversi anni e protrarsi di missione in missione, nelle guerre di oggi, ma il resto della vita dei veterani e delle loro famiglie? I soldati tornano dalle nuove guerre con gravi ferite fisiche che non sono state ancora mostrate al pubblico. Ma insieme con queste ritornano a casa intere anche classi di ferite invisibili, le lesioni cerebrali (TBI), i traumi sessuali (MST) e il disturbo da stress postraumatico (PTSD). Tanto le lesioni cerebrali quanto i traumi sessuali implicano la presenza del PTSD a diversi livelli e possono presentare sintomi simili come insonnia, incubi, accessi di rabbia, flashback, ipervigilanza, difficoltà nel concentrarsi, problemi nelle relazioni intime e professionali e altro ancora. I veterani delle guerre più recenti possono presentare una o più di queste ferite in combinazioni invalidanti. Quando parlo di traumi di guerra mi riferisco al complesso di queste ferite invisibili, perché il PTSD è il nome di una sindrome e un elenco di suoi sintomi, non il ritratto di un essere umano. Qual è la forma di una vita dopo la guerra? Perché il marchio della guerra rimane per tutta la vita anche se il tempo trascorso nella sua zona mortale è stato breve al confronto? Perché non si può "semplicemente andare avanti"? In che modo l'anima collassa o guarisce nei decenni dopo la sua permanenza nella "valle dell'ombra"? Che ne sarà dei nuovi veterani come Daniel? Come se la caveranno loro e le famiglie domani e tra dieci, venti o trent'anni, se non ricevono tutto ciò di cui hanno bisogno per guarire? George Washington ha detto: "Il futuro delle nostre forze armate e del nostro paese sarà integralmente legato al modo in cui ci prenderemo cura dei nostri veterani". È necessario esaminare l'intera portata dei costi e delle conseguenze della guerra sui nuovi combattenti feriti.

"Beautiful friend... the End"[2]

Non lo vedevo dai tempi del programma di terapia dei veterani che avevo diretto in un remoto villaggio di montagna. Allora era tozzo e forte, barbuto, aveva occhi acuti e suonava la chitarra per i disabili ricoverati all'ospedale dei veterani, e pregava secondo i rituali dei nativi americani con la sua compagna Ojibwa. Ciò accadeva vent'anni fa, ora Walt è un pallido sacco di ossa che si dissipa su un freddo lettino d'ospedale della VA. L'anno in cui aveva servito in Vietnam in un settore che aveva chiamato "il luogo senza bellezza" gli era rimasto nella memoria come una realtà insopportabile. La guerra non ha mai abbandonato Walt e lo ha inseguito con gli incubi, i tentativi di suicidio, il vagabondaggio, i sensi di colpa, la disperazione, famiglie distrutte e carriere fallite. La guerra gli ha spezzato il cuore e il suo dolore invisibile gli ha teso un'imboscata provocandogli tre attacchi di cuore quando aveva appena quarant'anni. Walt aspettava ormai una morte prematura causata dall'esposizione all'Agente Orange,[3] che aveva cominciato a ucciderlo verso la fine dei cinquant'anni.

Appresi la notizia durante una visita all'ospizio, così andai di corsa in ospedale e mi precipitai nella sua stanza. Steso sotto il lenzuolo, immobile e scheletrico, Walt ansimava debolmente. Mi sedetti accanto a lui, guardando il viso emaciato e gli presi la mano sottile. Mentre aspettavo tutto mi tornava alla memoria, come se ci fossimo lasciati il giorno prima. Nato a Long Island, Walt era l'unico figlio di un padre tedesco che aveva servito nella *Wehrmacht* durante la seconda guerra mondiale, dopo la quale era emigrato negli Stati Uniti. I suoi dicevano che Walt era l'unico della famiglia a essere nato libero. Da ragazzo Walt era "il nazista", "il crucco", il "cattivo" nei giochi di guerra che faceva con i suoi amici. "Mi sono offerto volontario per il Vietnam per essere finalmente uno dei bravi ragazzi", mi aveva detto. "Sono andato a guadagnarmi il posto della mia famiglia in America. Non potevo sapere quanto mi sbagliavo". Durante la guerra fu assegnato alle macchine pesanti e due erano i ricordi che sempre gli ritornavano in mente, sia da sveglio che negli incubi. Vedeva ancora, odorava e percepiva il fango fetido, le foglie morte, i tronchi degli alberi e la maledetta collina su cui aveva vissuto, lavorato e combattuto per un anno. Questo "luogo senza bellezza" non era il Vietnam ma una creazione americana, e aggiunse: "Qualsiasi anima condannata a stare in un posto simile avvizzisce e muore".

Il secondo ricordo era personale. In attesa dell'ispezione di un ufficiale superiore, gli era stato ordinato di spostare i cadaveri in decomposizione dei nemici da una fossa comune con il bulldozer. "Il fetore non mi è mai più uscito dal naso", mi confessò. "Non importa che fossero nemici o che io stessi eseguendo degli ordini. Ho profanato quei morti. Questo è uno dei più grandi peccati che l'essere umano possa commettere. Nel momento in cui ho immerso la pala in quel mucchio di corpi, ho perso l'anima". Walt tornò a casa da genitori solidali e grati di riceverlo vivo, provò a studiare all'università e intraprese diverse carriere, si sposò e divenne padre, ma niente di tutto questo funzionò. Non riusciva a dormire e iniziò a vagare per il continente, vivendo in decadenti camere di motel, finché incontrò un'indiana, nel cui passato diseredato e calpestato si rispecchiò. Walt venne accolto dalla sua gente come uno di loro e subito iniziò a praticarne le vie spirituali, pregando per quelle anime che aveva profanato. "Ho peccato in Vietnam", ripeteva, "e questo è il risultato. L'universo prende ciò che gli è dovuto. Non c'è via di fuga". Walt era sopravvissuto, ma spesso la sua compagna lo trovava ubriaco sul divano e qualche volta perfino con la canna del fucile in bocca. "Sei stato fortunato", gli dicevano alcuni veterani nel nostro gruppo di terapia, "tu hai solo dovuto spostare della carne morta, non hai mica dovuto ammazzarli". Altri dicevano: "Hai trovato un percorso spirituale. Almeno hai qualcosa in cui credere". Alcuni gli chiesero di far loro da guida pregando alla maniera degli indiani. "Forse ho offerto un po' di conforto ai miei fratelli," concluse, "ma ho fallito come uomo, figlio, marito, padre e patriota americano, non ho mai avuto una attività. Non sto lasciando alcuna eredità, niente di valore".

"Grazie per la visita", mi disse l'infermiera al piano mentre entravo nella stanza desolata. "È bello che qualcuno si sia ricordato". Stavo seduto accanto al suo letto d'ospedale, tenendogli la fragile mano e guardando il suo viso esausto. Questo era ciò che le violenze e i traumi di due guerre avevano fatto della sua famiglia nell'arco di tre generazioni e in tre continenti. Il cuore di Walt, pieno di speranza, era stato distrutto. Gli occhi di Walt si spalancarono, io gli sorrisi e lo salutai. Per molto tempo Walt non rispose. "Ed?", mi chiese alla fine. "Sì, Walt. Ciao [...] Sono contento di rivederti, ma è triste che sia in questa circostanza". Nulla si muoveva tranne i suoi occhi e le labbra. Gli chiesi se riusciva a pensare, se sapeva che cosa stava succedendo. Mi disse in un sussurro teso che quando aveva l'energia per restare sveglio sì, riusciva a pensare ed era consapevole. Ma non aveva nemmeno la forza di ritirare la mano dalla mia o di spostare una gamba per mettersi comodo.

"Perché sei qui?", chiese.

"Perché la fratellanza è per sempre" gli dissi. "Perché ricordo e onoro te e la tua storia".

"Fratellanza", borbottò. "Quando tutto il resto è andato, ci resta ancora questa". Fece una pausa, poi chiese: "Ma perché io? Non c'è niente che valga la pena di ricordare".

"Voglio ringraziarti", dissi, "per aver dato tutto. Per aver sacrificato tutto, perché non hai dimenticato che i nemici erano persone con un'anima, e perché hai sofferto per loro per tutta la vita. Hai cercato di dare conforto ai loro morti e ai veterani nostri fratelli, hai trovato un modo per pregare di nuovo. Per questo ti onoro e ti ringrazio".

Una scintilla accese brevemente i suoi occhi scuri.

"Non sapevo che qualcuno potesse trovare qualcosa di valore nella vita che ho vissuto".

"Oh sì", dissi. "La tua vita significa qualcosa. Tu significhi qualcosa".

Sorrise debolmente.

"Posso raccontare la tua storia?" gli domandai. "Posso dirla ad altri?".

"Sì!", divampò l'urgenza nella voce. "Per favore. Raccontala. Fa' che significhi qualcosa. Forse può avvertire o proteggere qualche altra povera anima".

Attraverso la sua finestra vedevamo i colori che sbiadivano nel cielo della sera. Promisi che avrei fatto tutto il possibile per dare un significato alla sua storia, per garantire che quella guerra, dopotutto, non avrebbe avuto l'ultima parola. Poi ci scambiammo un difficile ultimo addio. Walt aveva voluto riscattare il passato della sua famiglia e conquistare per loro una casa, servendo con onore il loro nuovo paese. Aveva desiderato una casa amorevole dove avrebbe potuto crescere dei buoni figli e continuare la discendenza. Avrebbe voluto avere un'istruzione e una carriera per restituire qualcosa al mondo. I suoi genitori avevano desiderato la pace e d'appartenere a una comunità dopo il loro triste passato, ma tutto era finito così, con Walt scomparso da solo e nell'oblio in un anonimo letto d'ospedale.

Erano otto i veterani nel nostro gruppo di terapia del 1990. Ray era morto di cancro al cervello e Preston di insufficienza epatica, entrambi causati dall'Agente Orange. Jim era morto, ancora sulla quarantina, per un attacco di cuore nella sua baita di montagna. Al suo funerale i suoi genitori avevano detto: "Nostro figlio è stato ucciso in Vietnam. Ci è voluto del tempo prima che la guerra venisse a riprenderselo". Walt era il quarto che moriva dall'inizio della "guerra dopo la guerra". Ad altri due è stata riconosciuta la disabilità mentale e sono stati dichiarati incapaci di lavorare. Raggiunti i 50 anni, il tasso di mortalità postbellica nel nostro gruppo era del 75%, il che confermava le statistiche dell'intera generazione dei veterani del Vietnam. Molti babyboomer godono di vite più lunghe e più sane, mentre si ritiene che solo un terzo dei 2,7 milioni di soldati che hanno prestato servizio in Vietnam durante la guerra sia ancora in vita. La mortalità da malattia, suicidi, incidenti e overdose è significativamente più alta tra i veterani che tra i civili.[4] Ma i miei quattro uomini e tutti gli altri non compariranno mai nelle statistiche ufficiali e i loro nomi non saranno mai incisi sul muro del Memoriale del Vietnam a Washington. Non abbiamo forse la responsabilità di considerare vittime di guerra anche quelli che muoiono per i suoi effetti, anche se molti anni dopo?

Più ferite di quante ne possiamo curare

Il capitano Candy era una psicologa dell'esercito in una brigata di 5.000 uomini e durante il suo primo tour in Iraq mi scrisse:

> Non c'è mai una pausa dai bisogni di questi soldati. Uno dei miei ha appena tentato di uccidersi ed è finito intubato [...] dopo ventiquattro ore dalla dimissione ha mangiato una manciata di aspirine. Ieri ho avuto a che fare con lui tutta la mattina. L'ho controllato e portato in un altro posto. Lo hanno rimesso nelle stesse condizioni che l'avevano portato all'overdose. Mi occupo quotidianamente di emergenze come questa senza ricevere alcun supporto.

Il capitano Candy ha poi riflettuto sull'impatto della missione:

> Sono stata in Iraq due volte. Ho lasciato la mia famiglia e i miei amici e altre persone che per la maggior parte non hanno idea di cosa significhino questo lavoro e questa guerra. Penso alle truppe all'estero e mi dico che almeno sono viva con poche altre persone che contano. Ma le esigenze di salute mentale delle nostre truppe richiedono copertura 24 ore su 24, 7 giorni su 7, e nella mia base c'ero solo io. Persino quando ero in licenza non sono mai andata via.

Sarebbe già abbastanza tragico se le storie di Walt e Candy riguardassero solo i veterani. Ma questi non sono gli unici di cui si devono riconoscere i sacrifici e i lutti, perché come scrive il poeta inglese John Milton, "servono anche coloro che stanno solo ad aspettare". Le conseguenze della guerra toccano anche quelli che rimangono a casa aspettando il ritorno dei loro cari. Anche l'attesa è una forma di servizio che comporta sofferenza e sacrificio, insieme con la paura, il dolore e il lutto. Peggio ancora, l'attesa può causare gravi conseguenze come depressione, disperazione, matrimoni e famiglie spezzate, bambini problematici, a volte persino la morte. Terry Bell era un capitano dei Ranger al comando di una compagnia di fucilieri impiegata sugli altipiani centrali durante la guerra del Vietnam e racconta:

> Quarant'anni fa nasceva il mio primo figlio e tre giorni dopo mi hanno schierato in Vietnam. Quanto poco sapevo allora dell'impatto devastante che la mia guerra avrebbe avuto sulla mia giovane famiglia e su di me. Dopo vent'anni, mia moglie ed io abbiamo divorziato, lei era convinta che non fossi l'uomo che aveva sposato. Infatti non lo ero. Oggi mio figlio vive con sua moglie e i miei primi due nipoti. Non li vedo né sento da quasi dieci anni. Il mio cuore ha desiderato riconciliarsi con loro, essere perdonato per aver portato a casa la mia guerra. Nel 2003, dopo trentasei anni di diniego e sbandamento, ho accettato le cure della VA per il mio grave disturbo da stress postraumatico. La mia attuale moglie ed io abbiamo appreso come gli orrori della guerra avevano influito su di me e, a loro volta, sulla mia famiglia. Poi è seguita l'indennità. Ho cominciato a capire quanto sono stati pervasivi gli effetti del combattimento per quarant'anni.

I sopravvissuti e le loro famiglie, i cui destini sono simili a quello di Daniel, di Walt e di Terry Candy, si trovano in ogni angolo d'America, causati da tutte le sue guerre.

Famiglie

Il poeta Spencer Reece è il nipote di una famiglia che, durante la seconda guerra mondiale, si trasferì a Oak Ridge in Tennessee, dove venne costruita un'intera città segreta per ospitare le famiglie di coloro che lavoravano al progetto Manhattan. Il padre di Spencer crebbe là e poiché suo nonno lavorava alla bomba atomica, entrambi divennero sempre più introversi, mentre sua nonna con le amiche trovavano spesso consolazione nell'alcool e nelle sigarette. Quando la bomba fu sganciata sul Giappone un silenzio scese su tutti loro – scrive Spencer in un suo testo – "il silenzio dell'esausto e dell'innocente. Quel silenzio dentro mio padre [...] l'avrebbe in seguito definito".[5] Per comprendere la portata delle difficoltà del ritorno dalla guerra, presenterò adesso le storie di alcuni sopravvissuti dopo l'11 settembre e dei loro famigliari.

Coppie

Il marito di una coppia che viveva a un miglio dal luogo dell'incidente del volo 93 in Pennsylvania l'11 settembre, mi disse: "Mi sono arruolato per vendicarmi, mi hanno quasi colpito a casa". Tuttavia molti militari hanno perduto questa illusione una volta che si sono ritrovati al fronte: "Non erano loro [gli iracheni] il vero nemico", mi disse un veterano, "come posso comportarmi in modo onorevole quando il nostro comandante in capo è un bugiardo?". Un altro reduce mi confessò: "Volevo dare la caccia ai responsabili dell'11 settembre, ma abbiamo attaccato a torto le persone sbagliate". A queste parole ha fatto eco un veterano dell'Afghanistan: "Sì, ho ucciso dei civili. Il modo in cui li trattiamo ci rende solo più nemici". Oppure: "Non ci vogliono lì. Non puoi creare una democrazia con la violenza e la forza".

Patty, Susie e Lisa hanno trascinato in terapia i loro mariti, che erano andati in Iraq e in Afghanistan credendo nella guerra. Meno di un anno dopo il rientro a casa, i tre veterani erano praticamente alcolizzati, non riuscivano a frequentare il college né a lavorare e così se ne stavano a casa, sfiniti dagli incubi e dall'insonnia, mentre le loro famiglie si sentivano minacciate dalla loro rabbia, dalla depressione e dalla disperazione. Nessuno di loro era in grado di creare un legame o di comunicare e a tutti venivano somministrate massicce dosi di farmaci. Ognuno di loro aveva incontrato molti ostacoli nel tentativo di ottenere una valutazione e una consulenza, o sussidi e cure. Un veterano dell'Iraq mi raccontava che il suo consigliere della VA gli disse: "Sei senza speranza, non puoi guarire. Il disturbo da stress postraumatico resterà per il resto della tua vita. Impara a conviverci". I veterani caddero in depressione e tutti finirono con il divorziare. Patty, Susie, Lisa e le loro famiglie erano disperate perché nessuna di loro sapeva come parlare o aiutare i propri veterani che spesso trovavano ubriachi quando tornavano a casa: "Ogni giorno al lavoro vivo con la paura che lo troverò morto sul divano", mi disse Susie.

La paura e l'impotenza di questi sopravvissuti erano aggravate dalla rabbia nei confronti della nazione: "Il mio ragazzo è partito forte, orgoglioso, patriottico, un bell'uomo, ed è tornato a casa distrutto", esclamò Lisa. "È con questo che dobbiamo convivere per il resto della vita?". I genitori e i suoceri offrivano assistenza finanziaria e un luogo dove vivere quando i loro figli erano in crisi economica ma nessuna delle coppie prevedeva di avere figli, il che rappresenta un altro degli innumerevoli disastri del guerra. "Mio marito è come un bambino malato", mi disse Susie. "Ha bisogno di assistenza e cure costanti. La sua rabbia ci mette entrambi in pericolo. Non possiamo coinvolgere dei bambini in questo". Tutte le mogli di questi veterani temevano che il loro matrimonio sarebbe rimasto incompiuto e dipendente dall'aiuto dei genitori, e che non avrebbero mai avuto degli eredi.

Genitori, fratelli e nonni

Le mogli non sono gli unici membri della famiglia che lottano con i problemi connessi con le missioni e con la successiva smobilitazione, anche se a volte ottengono effettivamente maggiore sostegno o attenzione rispetto ad altre figure. Jo, la madre di un pilota di elicotteri giunto alla sua quinta missione, racconta:

> Genitori e fratelli sono influenzati dalla guerra in modi meno ovvi e sono per la maggior parte ignorati o minimizzati dai militari e dai civili. Noi, genitori e fratelli, sembriamo invisibili e impariamo rapidamente che i militari non ci considerano come "famiglia". Gli amici di lunga data non rimangono presenti quando siamo coinvolti in guerre che durano così tanto. La cultura militare e le mogli, le fidanzate, gli amici, e i civili spesso ci impongono "il trattamento del silenzio". Siamo esclusi un giorno sì e l'altro pure mentre cerchiamo di capire come tenere insieme le nostre vite con le poche informazioni e il poco supporto che ci danno prima, durante e dopo l'impiego dei nostri cari. Ci ignorano e sperano che restiamo in silenzio mentre concentrano l'attenzione sui coniugi e sui figli.

In un'altra storia, Kris, madre di un soldato diciottenne, ricevé una chiamata al cellulare da suo figlio nel bel mezzo di uno scontro a fuoco. Tra i rumori degli spari e le esplosioni, Kris sentì suo figlio urlare: "Mamma, aiuto! Sto sparando ai civili per prendere il nemico. Il nemico sta sparando ai civili per prendere me. Le uniche persone che vorrei nel mirino sono i politici che ci hanno messo qui. Qualcuno fermi tutto!". Poi il telefono si spense. Kris non seppe per diversi giorni che suo figlio era sopravvissuto al conflitto a fuoco: "Mi sentivo come se fossi lì, a uccidere quei civili", gridava Kris, raccontando. "Mio figlio ha ucciso e mi dice adesso che non lo conosco. Cosa gli sta succedendo? Come posso aiutarlo? Cosa mi sta succedendo? Cosa accade nel nostro paese? Non so più chi siamo".

C'è poi la storia di Sarah, la quale era stata in Iraq nello staff medico quando sua figlia aveva due anni, e tornò a casa come una sconosciuta, il legame primordiale con sua figlia s'era spezzato. Madre e figlia hanno lottato per creare una connessione che avrebbe dovuto essere sacrosanta. Così, oltre al dolore della guerra, Sarah sopporta il dolore d'essere una madre fallita e dell'aver causato a sua figlia delle ferite che teme possano persistere per tutta la vita. E sull'esperienza di crescere con un padre che nella seconda guerra mondiale fu tra i liberatori di un campo di concentramento, Leila Levinson ha scritto: "Ho assorbito il terrore di mio padre e l'ho portato con me nell'età adulta, nella casa che ho creato con mio marito e i miei figli", perciò dopo sessant'anni ha detto: "Tutta la nostra famiglia è vittima di Hitler".[6]

La testimonianza di Joan è invece quella di una sorella. Ogni volta che suo fratello va in missione, dice "È come un muro di vetro che si alza tra me e il resto del mondo, e io semplicemente guardo la vita scorrere al di là. È come essere tenuti in una vita sospesa in un luogo solitario".

Infine riporto la storia di una coppia di nonni di quasi settant'anni che aveva due nipoti, affidati loro mentre il figlio e la nuora erano in servizio. I bambini piangevano tutto il tempo, non andavano a scuola, non avevano compagni di gioco ed erano tormentati da incubi e dall'insonnia. "Stiamo stati dai consulenti e dai funzionari scolastici", mi hanno detto i due anziani, "tutti sanno che la causa era la guerra ma non sapevano cosa fare al riguardo". Non riuscendo a trovare dei coetanei che avessero delle storie simili da condividere con i loro nipoti e con loro due, mi dissero: "Questa guerra sta distruggendo tre generazioni della nostra famiglia". Jo ha riassunto l'impatto di essere una "madre di guerra" e le sue parole tornano valide per tutte le "famiglie di guerra":

> Cosa c'è di normale nel lasciare che una persona cara vada in guerra? Quando una persona cara parte, il "lasciarla andare" include preoccuparsi delle bombe o dei razzi, del fatto che possa essere colpita o uccisa, della privazione del sonno, delle temperature estreme, della mancanza di cibo, della possibilità che cada prigioniera. C'è la possibilità che il nostro amato possa tornare a casa in una bara avvolta in una bandiera. Viviamo gran parte delle nostre vite in stato di shock mentre sperimentiamo in prima persona che cos'è veramente la guerra. Le risposte che di solito si ottengono dal pubblico non istruito o dal personale militare sono così offensive o inappropriate che smettiamo di parlare con chiunque e tacciamo. Forse l'esperienza più straziante è quando i genitori e i fratelli vengono informati che il coniuge o qualche altra persona significativa non consente loro di partecipare alla cerimonia di quindici minuti della separazione dalla famiglia o alla cerimonia di benvenuto a casa, perché ora sono *loro* la famiglia. Affrontiamo un viaggio solitario e senza una mappa.

Storie come queste non ricevono comunemente l'attenzione dei media, perché non ci sono suicidi, omicidi, "morti accidentali", overdose o malattie indotte dalla guerra. Eppure, anche se non c'è comportamento criminale, il bilancio di divorzi, malattie, violenza domestica, abusi o abbandono di minori, promiscuità, insonnia, incubi, disoccupazione, tossicodipendenza e tante altre difficoltà che i nuovi veterani e le loro famiglie devono affrontare è terribile e molto costoso.

NOTE AL CAPITOLO 2
LA GUERRA DOPO LA GUERRA

1 Il Primo Ministro britannico pronunciò queste parole sentendo un rapporto dal fronte durante la prima guerra mondiale.

2 *The End* dei Doors (1967) era una delle canzoni più inquietanti e profetiche al tempo della guerra in Vietnam.

3 Potente defoliante chimico prodotto dall'industria Monsanto e usato massicciamente dalle forze armate americane in Vietnam fino all'inizio degli anni Settanta, per spogliare la foresta del fogliame, impedendo così ai vietcong di nascondersi [n.d.t.].

4 Mike Brewer, *Vietnam Veterans Fast a Dying Breed*, «Veteran Veritas», 3 ottobre, 2009 (http://veteranveritas.com/?p=145). Dati estratti dalla rivista *VFW*, dall'Ufficio informazioni pubbliche e dal CP HQ Forward Observer e altrove.

5 Spencer Reece, *The Manhattan Project*, «Poetry», 198, 4 (2011), 294.

6 Leila Levinson, *Gated Grief. The Daughter of a GI Concentration Camp Liberator Discovers a Legacy of Trauma*, Brule, Cable Publishing, 2011, p. 192.

CAPITOLO 3

La guerra ci ferisce tutti

Le guerre infliggono cicatrici.
Benjamin Franklin

Abbiamo letto le storie di come le nostre guerre hanno colpito, a volte fino alla morte, i veterani giovani e anziani e le loro famiglie, ma il quadro non è completo. Adesso dobbiamo considerare la sofferenza causata dalla guerra che riguarda tutti noi, ogni comunità e nazione del mondo. Le storie personali e i dati di cui siamo in possesso sono più che sufficienti per tracciare un quadro dettagliato dell'impatto della guerra sulla società.

Testimoniare le ferite spirituali

Questo libro non è un'interminabile raccolta di storie personali di dolore e lutto o di vite disfunzionali, incompiute e sprecate che veterani e civili hanno ereditato dalla guerra, e sicuramente non intende fornire statistiche. I dati e le testimonianze di simili lutti appaiono regolarmente nei nostri media ed esistono molti libri che descrivono vicende di combattimento e di sopravvivenza che prendono il lettore alla gola. Allo stesso modo, ci sono molti individui che responsabilmente cercano di perorare la causa di chi soffre, sforzandosi di far conoscere questa situazione al pubblico. In effetti, la popolazione è bombardata a tal punto dalle storie di dolore che sta diventando sempre meno sensibile. "Questo è quello che succede quando si ha una popolazione disimpegnata la cui attenzione inizia a svanire", ha detto Tom Tarantino, un veterano dell'Iraq e dell'Afghanistan.[1] I soldati americani sanno che la nazione si allontana da loro, perciò si sentono incompresi e trascurati, abbandonati e traditi, e molti di loro cadono nella disperazione.

Durante la guerra civile Abraham Lincoln credeva "tenacemente" nella "necessità di una perfetta unione tra l'opinione e l'azione popolare",[2] ma Andrew Slater, un combattente dell'Iraq e dell'Afghanistan, ha detto che al contrario "l'Iraq è stata la prima grande guerra a non essere un'esperienza nazionale, qualcosa che solo un gruppo specifico dell'America ha attraversato".[3] Quando si va senza unità nazionale alla ricerca di un obiettivo condiviso che esige un sacrificio collettivo, quando l'elenco delle vittime ci rende impotenti davanti agli aspetti critici della guerra, soprattutto se questa non esprime i nostri valori e le nostre convinzioni e se la società è confusa sulla rettitudine o la necessità dell'azione militare, e se i nostri leader ci ingannano e ci portano fuori strada perseguendo fini ingiusti, i soldati potrebbero cadere vittime della depressione.

La ferita che oggi chiamiamo PTSD potrebbe non appartenere esclusivamente all'individuo ma al corpo politico, all'anima della nazione. I militari che contribuiscono a realizzare determinate politiche nazionali possono crollare perché devono subire la ferita collettiva come se fosse una condizione patologica che essi debbono sopportare da soli. Spendiamo molto tempo, impegno e risorse sul trattamento dei sintomi del PTSD, che prima diagnostichiamo e poi cerchiamo di sradicare o controllare, e così facendo sovraccarichiamo sulle spalle dei veterani la responsabilità di quella sofferenza, senza vedere il quadro complessivo della guerra. Noi oggi non curiamo efficacemente le ferite invisibili della guerra perché per molti motivi non le comprendiamo accuratamente. Abbiamo ereditato quello stato di stupefazione e di rifiuto delle cose che Robert McNamara chiamava "la nebbia della guerra". Troppe interpretazioni errate ci impediscono di vedere ciò che ci sta davanti agli occhi.

Fin dalla loro nascita, gli Stati Uniti sono stati coinvolti in una serie infinita di guerre e piccoli conflitti violenti, generazione dopo generazione. Sebbene la maggior parte degli americani sia consapevole solo delle grandi guerre, in realtà non c'è stato un solo anno di esistenza di questa nazione che non l'abbia vista coinvolta in qualche forma di conflitto armato, con una breve pausa durante la grande depressione. Molti dei nostri genitori, nonni e bisnonni sono rimasti traumatizzati dalle guerre, dalla violenza e dall'oppressione nei loro paesi d'origine, e alcuni di loro hanno ottenuto il permesso di soggiorno o la cittadinanza americana proprio prestando servizio nelle forze armate. Così i nostri antenati ci hanno tramandato l'impatto di questo trauma collettivo, mai veramente guarito, come se fosse il normale corso della vita, facendo dei traumi transgenerazionali un'eredità nazionale. Non solo in quella americana, ma nella storia degli negli ultimi 5.000 anni la guerra è stata a livello mondiale così comune che l'abbiamo accettata come normale, ignorandone le conseguenze. Due sono quindi i problemi fondamentali: il fatto che in America non si studia il modo in cui altre culture in altre epoche abbiano affrontato la guerra e ne abbiano curato il trauma, e piuttosto si tende a misurare tutto in base alle recenti esperienze americane e alla mentalità scientifica, tecnologica, economica e consumistica;[4] e il fatto che le persone sono generalmente riluttanti a toccare i tasti dolenti dei veterani, perché "a nessuno piace parlare di guerra", ha detto il cappellano Michael Lembke, "né ai civili né ai militari. Ma dobbiamo farlo perché sappiamo che i nostri cittadini hanno la guardia abbassata". Una cosa possiamo fare, però, ed è permettere allo "spirito" del trauma di guerra di parlarci. Se ascoltassimo e intendessimo bene, se lasciassimo veramente che i nostri veterani e le loro ferite ci parlassero, potremmo sentire cosa stanno cercando di dirci. Allora potremmo farci davvero un quadro del problema e rispondere in modo da permetterne il recupero e la trasformazione.

Come vogliono essere ascoltati i sopravvissuti? Non come se fossero degli invalidi o delle cose di scarto, non attraverso le complicate spiegazioni delle disfunzioni psicologiche e cerebrali, ma come persone che hanno delle storie degne di essere raccontate, che devono essere condivise. La terapeuta Kate Dahlstedt ha espresso questa attitudine nella poesia *Sentry*, un testo che lei presenta sempre a tutti i sopravvissuti durante le sedute di guarigione con i veterani:

Ti guardo negli occhi teneri mentre alzi il tuo scudo scheggiato
Perché io non veda...
La Bestia
Dalle zanne grondanti...
E te che non sai dove fuggire...
Non credere però che non possa sentire

L'urlo disperato dietro il tuo silenzio,
il cuore tuo schiantato sul suolo della giungla.
È te che voglio vedere,
che importa se fa male...
soffro tenendo il tuo cuore spezzato,
e canto e ti cullo e riposo...
così ti veglio fuori della porta...
mormorando l'antico canto del guerriero
tutta la notte.[5]

Sulla qualità della vita nelle moderne zone di guerra, il capitano Candy ha scritto dall'Iraq: "Odio questo posto [...] odio stare qui e sopportare tutte le stronzate. Non posso dire niente a nessuno quindi devo tenermi tutto dentro [...]. C'è così tanta rabbia qui [...] mi ricorda il *Signore delle mosche*, a volte". E riguardo al PTSD, Ayelet Burman-Cohen, un veterano dell'aeronautica israeliana che dopo il servizio militare è diventato un fotografo specializzato in funerali di soldati, scrive:

PTSD nostra leggenda, inferno e giardino dell'Eden.
PTSD ci accoglie tra le lunghe sue braccia.
Noi prigionieri eppure ci aggrappiamo...
Gli apparteniamo, ne siamo innamorati...
E dormiamo nascosti nel fiato della guerra.[6]

Sopravvissuti alla guerra: ritratti umani

"Porteresti un gladiatore a casa per fargli incontrare i tuoi genitori a cena?", mi chiese provocatoriamente un veterano delle forze speciali. In effetti, quando parliamo di guerra, potrebbe darsi che abbiamo a che fare con un "gladiatore", non con una persona che ha avuto esperienze ordinarie, con la quale sapremmo relazionarci prontamente e comodamente. È necessario farsi un ritratto completo dei sopravvissuti, incontrarli, ascoltarne le storie e scorrere le statistiche con il cuore e senza lasciarsi ammutolire da quei numeri, perché essi rappresentano altrettante vicende umane. Molti soldati e veterani continuano a vedere i bambini morti e a sentire l'odore della carne bruciata, il loro passato è pieno di cadaveri e sono sotto shock non solo per gli effetti della guerra ma perché hanno appreso cosa ognuno di noi è capace di fare.

Sono traumatizzati perché sentono che la patria che hanno servito li ha traditi e abbandonati e nelle loro menti c'è una gran confusione attorno a chi essi siano adesso. Non sanno orientarsi nel mondo civile, così diverso dalla cultura militare e da quello delle guerre in cui hanno prestato servizio.

Bisogna ascoltare i genitori, i coniugi e i figli. I coniugi sono disperati perché non capiscono più i loro compagni, non riescono a comprendere come mai siano così insoddisfatti della vita normale, perché si sentano più intimi con gli altri veterani che in casa e perché non apprezzino i sacrifici che i parenti hanno fatto aspettandoli a casa, da soli. Le mogli e i mariti non sanno come coinvolgere i veterani in un processo di guarigione e spesso restano vittime di abusi e violenze che tollerano sperando che l'amore e la lealtà possano far tornare ciò che la guerra ha distrutto. I famigliari dei veterani si chiedono dove siano scomparsi il marito, la moglie, il genitore, o il figlio che sono partiti per la guerra – e perché è ritornato invece qualcun altro che neanche conoscono. I bambini piangono o si nascondono durante le crisi di rabbia dei genitori e soffrono di orrendi incubi, non riescono a concentrarsi a scuola e hanno inspiegabili problemi comportamentali, spesso non hanno amici con cui possano condividere i loro problemi. Quando crescono, i figli dei veterani scoprono di avere dei "buchi nel cuore" a causa dell'assenza dei genitori. Sulla lotta per tornare a casa, il veterano dell'Iraq e cantautore Jason Moon canta:

> Come credono che un uomo faccia quel che ho fatto
> E torni e resti quel che era?...
> Il ragazzo che ero è morto da un pezzo.
> Sperso e solitario da qualche parte sto,
> cercando la via di casa.[7]

I costi della guerra

Suicidio

Le guerre recenti hanno causato un numero spaventoso di suicidi e per quanto orrende siano le statistiche, il tasso di suicidi tra i veterani è probabilmente ancora più elevato, perché molte delle morti postbelliche sono causate da ferite autoinflitte, da incidenti, da overdose o dall'alcolismo. Cito alcuni casi di suicidi avvenuti nel nordest degli Stati Uniti, dove vivo. Un uomo di mezza età trovò suo figlio diciannovenne impiccato nel seminterrato, appena qualche settimana dopo il ritorno dall'Afghanistan. Il figlio aveva lasciato un biglietto dicendo che non poteva vivere con i ricordi di ciò che aveva visto e fatto durante la guerra. In un'altra famiglia, marito e moglie erano entrambi ufficiali della Guardia Nazionale e lui era stato mobilitato per primo, mentre sua moglie era rimasta a casa, per poi partire a sua volta dopo il ritorno del marito. Durante la missione, la donna cadde in depressione e le fu prescritta una terapia antidepressiva, che però fu revocata al rimpatrio. "Non vogliamo che te ne torni a casa come un caso clinico," le dissero, e quando si suicidò la causa della morte fu giustificata come depressione, non certo PTSD.[8]

Anche i membri della famiglia e gli operatori sanitari possono essere a rischio, come si vede. Il capitano Candy mi ha detto che dovette prendersi particolare cura dei parenti in occasione dell'anniversario del funerale di un soldato che lei aveva aiutato a seppellire: "Avevo molta paura che il padre potesse farsi del male", disse, e infatti la notte successiva l'uomo cercò di spararsi. Il capitano Candy aveva capito che stava soffrendo e per aiutarlo si impegnò ben al di là di quanto le imponesse il suo ruolo, recandosi a visitare la famiglia fuori dalla base e sostenendola con interventi di monitoraggio per diversi giorni. Durante le sue consulenze, spiegò alla famiglia che è salutare provare emozioni dolorose ma non bisogna togliersi la vita per questo.

Questi non sono casi isolati. Negli Stati Uniti, circa un suicida su quattro è un veterano.[9] Ogni anno, dal 2007, oltre 1.000 veterani in cura presso la VA e 5.000 in totale si suicidano.[10] Il rischio di suicidio per i veterani maschi è più del doppio rispetto ai maschi della popolazione civile,[11] e quello tra i giovani veterani dai diciassette ai ventiquattro anni è quattro volte superiore.[12] Durante la guerra del Vietnam, circa 58.200 militari morirono in guerra, 382 dei quali si uccisero una volta tornati a casa,[13] ma dalla fine della guerra del Vietnam un numero almeno doppio e forse triplo di veterani si è suicidato, rispetto a quei primi 382.[14]

Tra il 2005 e il 2011, 49.000 veterani americani si sono tolti la vita.[15] Tra quelli rimpatriati di recente, ci sono soldati che si uccidono in ogni angolo degli Stati Uniti così come in altri paesi che hanno spedito truppe combattenti in Iraq e Afghanistan.[16] Solo in Iraq, una morte ogni cinque di quelle non causate da scontro a fuoco era un suicidio[17] ed è in quel periodo che il numero di suicidi militari ha raggiunto il record più alto in assoluto. Nel 2006, quasi un terzo dei 99 suicidi di militari è avvenuto in Iraq e Afghanistan. È lecito ritenere che al fenomeno abbiano contribuito fattori molteplici come il fallimento delle relazioni sentimentali, problemi legali e finanziari, stress da lavoro e il lungo periodo di impiego in missione. Nel maggio del 2007, 107 soldati si suicidarono dopo il ritorno in patria[18] e l'entità del problema spinse per la prima volta l'esercito a registrare i tentati suicidi, che erano stati quasi 1.000 solo nel 2006.[19] Gli Stati Uniti hanno avuto in totale più di 6.000 morti in combattimento in Iraq e Afghanistan, ma sono 22 i veterani che si suicidano ogni giorno, quasi uno ogni ora.[20] Ora più di 6.500 veterani si uccidono ogni anno, un tributo di sangue molto più alto del numero totale di morti per l'intera durata delle guerre in Iraq e in Afghanistan messe assieme.[21] Il tasso di suicidi tra le donne è triplicato tra il 2003 e il 2008 ed è salito al 15,2 ogni 100.000 abitanti.[22] Il 2012 è stato il peggiore anno per i suicidi di militari in servizio. In tutte le specialità militari americane, 349 membri in servizio si sono tolti la vita rispetto ai 295 morti in combattimento.[23] Ci sono stati più suicidi tra i soldati semplici in un anno di Afghanistan che nell'intera guerra del Vietnam.

La tendenza è stata documentata, tra l'altro, anche tra i veterani britannici della guerra delle Falkland e della prima Guerra del Golfo, tra le truppe norvegesi schierate con le Nazioni Unite in Libano e nelle truppe di alcuni altri paesi coinvolti nelle guerre balcaniche.[24] In queste guerre moderne i veterani muoiono molto più per suicidio *dopo* la guerra che negli scontri a fuoco, perciò si può dire che il suicidio è diventato "più letale del combattimento".[25]

Morti accidentali

X era amico d'infanzia dei miei genitori, di uno o due anni più grande di loro. Durante la seconda guerra mondiale entrò in aviazione, completando venticinque missioni di bombardamento sulle fortezze volanti in Europa, in azioni che avevano un tasso di mortalità del 50%. Una settimana prima di tornare a casa morì in un incidente in motocicletta e "tutti sapevano che si era suicidato", diceva mia madre.

Molti veterani muoiono in modo violento dopo aver esperito tanta violenza. Incidenti ("suicidi inconsci") e attività criminale ("uccisioni in scontri con la polizia") possono avere delle relazioni con l'esperienza militare o addirittura essere conseguenze del combattimento. Il tasso di incidenti automobilistici mortali tra i veterani dell'Iraq e dell'Afghanistan è del 75% più alto rispetto a quelli dei civili. I veterani sono più a rischio nei mesi immediatamente successivi alla missione e tra questi sono più a rischio coloro che vi hanno partecipato più volte.[26] La dicitura "morte accidentale" potrebbe nascondere che il terribile tasso di suicidi tra i veterani sia persino più alto di quello che conosciamo. Nessuno può essere certo di quanti di questi siano davvero degli "incidenti".[27]

Omicidi e criminalità

Ken è cresciuto a Long Island, dopo il diploma si arruola con entusiasmo e fa un anno completo di combattimento in Afghanistan, in fanteria. Appena tornato a casa, viene congedato e s'iscrive all'università in una città del nord. In una notte buia, una banda di delinquenti lo assale nel suo appartamento e lui, dopo aver afferrato un coltello da cucina per difendersi, respinge gli intrusi in strada, che lo circondano. Allora Ken "va in automatico": assume la posizione di difesa e combatte così come è stato addestrato, finché uccide uno degli aggressori. Al processo, il giudice ha dichiarato che la sua storia militare era irrilevante, ha respinto l'istanza di chiamare degli esperti a testimoniare e Ken è stato condannato per omicidio colposo.

I veterani vengono coinvolti in omicidi e altre attività criminali violente in numero significativamente più alto rispetto ai corrispettivi civili. Nel giugno del 2001, il governo degli Stati Uniti riprese ad applicare la pena di morte e due delle prime esecuzioni federali furono proprio applicate a veterani della guerra del Golfo. Il primo era Timothy McVeigh, l'attentatore di Oklahoma City, il secondo Louis Jones, condannato per aver violentato e ucciso una soldatessa. Era un veterano decorato delle forze speciali che si era paracadutato sotto il fuoco a Grenada e che poi ha combattuto in prima linea nella Guerra del Golfo e soffriva di PTSD. Jones fece appello direttamente al presidente Bush per chiedere clemenza, fondando l'istanza sul fatto che era stato esposto ai gas nervini e che soffriva della sindrome della guerra del Golfo, ma il suo appello fu respinto.[28] In Inghilterra, nel 2006, il veterano quarantunenne del Golfo David Bradley uccise gli zii e due cugini prima di costituirsi. Anni prima aveva riferito di non poter sopportare il ricordo della morte di quattro compagni avvenuta nel 1991.[29] "Nessuno conta il numero di soldati e veterani finiti nel sistema della giustizia penale", si legge in un rapporto su sei omicidi da parte di veterani dell'Iraq, "quindi è impossibile sapere quanti casi penali che coinvolgono veterani della guerra in Iraq siano ancora in svolgimento".[30]

Ho testimoniato personalmente in difesa di soldati e veterani accusati di possesso di armi da fuoco, aggressione e percosse, distruzione di proprietà, abuso di sostanze e omicidio, ogni volta che i loro crimini potessero avere una relazione con il loro stato di servizio e di conseguenza con il disturbo da stress postraumatico. A partire dal 1998, secondo il Dipartimento di Giustizia, su una popolazione di oltre 25 milioni di veterani, 225.000 erano in prigione. Circa 56.500 erano veterani del Vietnam e 18.500 del Golfo e di questi il 20% ha riferito di aver servito in combattimento e il 16% di aver subito il congedo con disonore.

Altri dati suggeriscono che i veterani hanno più probabilità dei civili di finire in prigione per reati violenti; che un veterano coinvolto in un crimine ha probabilmente problemi di alcolismo; che mentre il numero di veterani negli Stati Uniti diminuisce il loro numero nelle carceri aumenta; che la violenza sessuale è la causa di un terzo delle detenzioni in strutture correttive militari; che spesso i veterani incarcerati avevano pochissimi precedenti penali prima della guerra; e che i reduci sono più propensi a dichiarare il disagio mentale rispetto ai civili.[31] Nel 2004 il Dipartimento di Giustizia ha scoperto che il 57% dei veterani incarcerati era in prigione per un reato violento, una percentuale superiore del 10% rispetto ai civili.[32] Statistiche più recenti del Dipartimento di Giustizia stimano che ci siano 223.000 veterani in carcere, la maggior parte dei quali ex combattenti del Vietnam.[33]

Le guerre della Gran Bretagna nelle Falkland, nell'Irlanda del Nord, nel Golfo, in Bosnia, in Iraq e in Afghanistan messe assieme hanno prodotto "in modo scioccante il numero più elevato di veterani nella popolazione carceraria",[34] mentre uno studio ha rivelato che il 41% dei veterani britannici ha trascorso del tempo in prigione.[35] Recenti ricerche condotte in Gran Bretagna concludono che i giovani che "hanno prestato servizio nell'esercito britannico hanno una probabilità di commettere un reato violento tre volte superiore rispetto ai civili". Fattori significativi sono i comportamenti violenti prima dell'arruolamento, il combattimento, aver assistito a eventi traumatici durante la missione, l'abuso di alcool in seguito alla smobilitazione e la durata del servizio, e il rischio per i maschi sotto i trent'anni diventa perfino più elevato.[36] Sembra inconfutabile che la guerra contribuisca all'aumento della violenza e della criminalità in casa.

Abuso di sostanze

È una tragica verità che molti ritrovi delle organizzazioni dei veterani fungono da "rifugio per bevute", come luogo dove riunirsi per bere, raccontare storie e fuggire dall'alienante mondo civile. I veterani hanno bisogno di tempo e spazio per stare insieme tra sé e da sempre essi usano questo tempo per bere e drogarsi, così da sciogliere la lingua e sopportare il dolore dei ricordi di guerra. Molti veterani fanno ricorso a sostanze legali e illegali in percentuali più elevate rispetto ai civili, per alleviare la sofferenza fisica ed emotiva, la depressione, la disperazione, l'impotenza e altri disturbi.

La *Substance Abuse and Mental Health Services Administration* riporta che nel 2003 i veterani che assumevano marijuana e superalcolici e che erano stati più volte ricoverati per l'abuso di sostanze stupefacenti erano in numero maggiore rispetto ai civili,[37] così come erano significativamente più rilevanti i casi di abuso di alcool e di guida in stato di ebbrezza.[38] Il governo degli Stati Uniti ha stimato che nel 2002 e nel 2003 due milioni di veterani, l'8% del totale, facevano uso di alcool o di droghe,[39] e una ricerca dell'esercito ha rivelato che l'abuso di alcool è passato dal 13% al 21% tra i soldati dopo un anno di servizio in Iraq e Afghanistan.[40] Innumerevoli soldati testimoniano di aver preso molti farmaci per far fronte alle difficoltà esperite in zona di combattimento, per dormire e svegliarsi, per eccitarsi in combattimento, per non sentire il dolore e per dimenticare tutte quelle cose che gli sembravano sbagliate, e così sono tornati a casa come dei tossicodipendenti.

Difficoltà matrimoniali e divorzi

Ho lavorato con David, un *Navy Seabee*[41] che ha fatto ritorno in una casa vuota, perché sua moglie aveva preso i due figli e tutti i loro averi e se n'era andata poco prima che lui arrivasse. L'unico benvenuto che ha trovato era un biglietto di sua moglie, la quale sapeva della sua sindrome da stress postraumatico e non voleva convivere con questa malattia né esporre i figli ai suoi effetti. "In Iraq avevo fatto di tutto per restare integro", mi ha detto David. "Pensare alla mia famiglia mi teneva a galla. Ma quando ho aperto la porta e ho visto quel vuoto, ho sentito che qualcosa di vitale, la mia anima, mi abbandonava". David ha scritto una sola poesia sul suo ritorno: "Questo è ciò che ho avuto dalla guerra / un pugno di medaglie e niente più [...] come posso amarle / esse mai ameranno me". Come le altre questioni che abbiamo già esaminato, anche la percentuale dei problemi matrimoniali e dei divorzi è più alta tra i veterani. Ho lavorato con veterani che si sono sposati per poi divorziare tre, quattro e anche cinque volte. La rabbia, l'ipervigilanza, i disturbi del sonno, la sfiducia, la difficoltà di comunicazione, la violenza domestica, l'aggressività sessuale o l'astinenza, la dipendenza e una forte intimità con gli altri veterani e con i morti piuttosto che con i membri della famiglia contribuiscono all'erosione del rapporto matrimoniale.

I ricercatori dell'esercito hanno scoperto che i soldati affetti da problemi di rabbia e aggressività sono aumentati dall'11 al 22% e che quelli che hanno pianificato di divorziare sono saliti dal 9 al 15% dopo la missione di combattimento.[42] Gli studi hanno dimostrato che "dalla metà del diciannovesimo secolo, le guerre hanno ritardato, accorciato e compromesso i matrimoni americani". I veterani della seconda guerra mondiale erano più propensi a divorziare rispetto ai civili e il rischio era maggiore in chi aveva partecipato ai combattimenti o era più maturo.[43] Tra tutti i veterani, "i matrimoni degli uomini che avevano effettivamente prestato servizio in combattimento avevano il 62% in più di probabilità di finire con un divorzio o una separazione".[44] La probabilità di divorzio nei veterani della Guerra di Corea era maggiore del 26% rispetto ai loro coetanei civili,[45] la percentuale più elevata tra tutte le più recenti guerre americane. Tra i veterani del Vietnam, poco dopo la fine della guerra, la *President's Commission on Mental Health* rilevò che "il 38% dei matrimoni [...] era finito entro sei mesi dal rimpatrio".[46] Questo indica il grado di vulnerabilità delle relazioni intime immediatamente dopo il ritorno di un coniuge dalla zona di combattimento. Uno studio ha rilevato che oltre il 70% dei veterani del Vietnam affetti da PTSD e i loro partner si sono reinseriti nella relazione con molto disagio, rispetto al 30% circa delle coppie in cui non è stato rilevato alcun disturbo da stress postraumatico. Queste coppie hanno riferito di avere "molti più problemi nella relazione e maggiori difficoltà nell'intimità e di essere andati verso la separazione e il divorzio molto più velocemente rispetto ai veterani non affetti da PTSD. Il grado di disagio relazionale era correlato alla gravità dei sintomi del PTSD, in particolare l'intorpidimento emotivo".[47]

L'associazione *Iraq and Afghanistan Veterans of American* (IAVA) ha notato "un rapido quanto significativo aumento della percentuale dei divorzi dall'inizio della guerra in Iraq",[48] e se la percentuale dei divorzi di militari è raddoppiata tra il 2001 e il 2004, i matrimoni degli ufficiali sono stati tra quelli più colpiti.[49] Questi dati includono solo i soldati ancora in servizio e non i quasi 700.000 veterani dell'Iraq e dell'Afghanistan "che hanno lasciato la vita militare e che, senza la rete di sicurezza sociale connessa con il servizio attivo nell'esercito, potrebbero essere ancora a rischio".[50]

Impatto sui bambini

Christal Presley è cresciuta con un padre veterano che trascorreva le giornate rinchiuso nella sua stanza depresso, alcolizzato e rabbioso, e si sentiva sola, non amata, isolata. Si feriva e poi si staccava le croste incessantemente, era torturata dagli incubi, e aveva seri problemi di concentrazione e di comportamento a scuola. Lei e tutti gli altri membri della famiglia tenevano segreto il fatto che suo padre fosse stato un militare e che tutti loro ne soffrivano. Christal iniziò molto tardi a rendersi conto che i figli dei veterani crescendo maturano delle identità speciali, marcate da ferite e da mancanze.

Se i figli piccoli perdono un genitore mentre questo è sotto il servizio militare, o se devono adattarsi alle difficoltà della famiglia durante le missioni e al ritorno, possono soffrire molto. Durante la guerra del Vietnam, 95.992 bambini hanno perso un genitore e 39.422 donne sono rimaste vedove.[51] Dall'11 settembre 2001 al 2007, oltre 19.000 bambini hanno avuto un genitore ferito e 2.200 ne hanno perso uno in Afghanistan o in Iraq.[52] L'impiego in zona di combattimento può inoltre aumentare la percentuale degli abusi sui minori, come mostra uno studio condotto nelle basi militari del Texas, secondo il quale la percentuale di questi casi è raddoppiata subito dopo l'inizio delle missioni.[53] Un altro studio ha rivelato che avere un coniuge in zona di combattimento aumenta il rischio di maltrattamenti dei bambini, infatti la maggior parte degli abusi e degli abbandoni di minori è commessa dal coniuge che resta a casa da solo, un dato che dimostra quanto grave sia lo stress subito dai partner dei militari in missione e quanto esso colpisca in generale le loro famiglie.[54] Bisogna inoltre menzionare le tensioni che provano i figli con un genitore in zona di guerra o che ritorna devastato. La moglie musulmana di un uomo che era stato imprigionato nei campi di concentramento serbi, durante il conflitto balcanico, ha scritto del figlio: "Quando mangia mette sempre un piatto e delle posate accanto al suo posto e dice: 'questo è per il mio papà.' Non mangia bene e ha perso molto peso. Mangia solo quando gli dico che deve farlo per il suo bene [...]. Ormai è già troppo grande".[55] Le ferite della guerra possono accumularsi nel tempo e influire anche sui bambini nati dopo le guerre dei loro genitori. Bob, Marine in Vietnam – morto di tumore nel gennaio 2014 all'età di sessantuno anni per gli effetti della diossina –, e Lynn, un'infermiera, furono entrambi esposti all'Agente Orange. I figli e i nipoti di Lynn hanno difetti congeniti e disturbi dell'apprendimento associati alla diossina, le cui tossine sono passate nelle figlie attraverso l'allattamento al seno. La nipote di Bob è nata con un difetto ai reni a causa dell'esposizione di suo nonno al defoliante. Ogni anno, in Vietnam nascono 35.000 bambini con gravissime malformazioni dovute all'uso dell'Agente Orange oltre quarant'anni prima. Dalla fine della guerra a oggi, le mine e le bombe lasciate dagli americani nel sud-est asiatico hanno ucciso più di 50.000 persone e mutilato 70.000.[56]

Gli studi sul trauma ora riconoscono anche quello transgenerazionale, collettivo, storico, culturale o ancestrale. L'analista junghiano Roger Woolger, famoso per la sua terapia della regressione alla vita passata, ha parlato dell'impatto della guerra sul suo sviluppo *in utero*.[57] Woolger, infatti, fu concepito in Inghilterra durante la seconda guerra mondiale in una famiglia che viveva a circa ottanta miglia a sud di Londra, proprio sotto la traiettoria di volo dei bombardieri tedeschi che, attaccati dai caccia britannici, spesso sganciavano le bombe per ritirarsi più rapidamente, così che a volte le bombe cadevano sulla sua cittadina. Il dottor Woolger ha detto di avere una paura irrazionale del fuoco che non avrebbe altra fonte se non questa esperienza del tempo di guerra. La sua fobia, come ha detto, è la prova dell'impatto della guerra anche sui feti in via di sviluppo e del "residuo psichico" che il conflitto lascia in chiunque tocchi.[58] I figli dei veterani soffrono spesso di incubi, paure, ansia, problemi sociali e scolastici, difficoltà di attenzione e altri sintomi di trauma secondario, che confermano l'idea che il trauma si trasmetta attraverso le generazioni. Io ho avuto modo di lavorare con una famiglia in cui il figlio diciottenne sognava nei minimi dettagli le battaglie in cui suo padre era stato durante la guerra del Vietnam, benché quelle storie non le avesse mai sentite.[59]

Disoccupazione e vagabondaggio

La figlia di un veterano del Vietnam mi accompagnò laggiù molti anni dopo che suo padre aveva abbandonato la famiglia. Poco prima del nostro viaggio l'aveva ritrovato ubriaco e senza casa per le strade della California, ma lui aveva rifiutato il suo aiuto e l'aveva maledetta per averlo visto in quella condizione abietta. In tre matrimoni su quattro di veterani dell'Iraq che ho avuto modo di seguire recentemente, il marito era disoccupato e dipendente, mentre la moglie lavorava e le famiglie avevano bisogno del sostegno finanziario dei genitori persino per pagare l'affitto. Quello dei quattro che aveva un lavoro era più anziano degli altri ed era stato anche l'unico capace di tornare a svolgere la professione che aveva prima del servizio militare.

La disoccupazione e il vagabondaggio si manifestano molto più tra i veterani che tra i civili. Uno dei primi studi in merito ha rilevato che il tasso di disoccupazione tra i veterani del Vietnam era significativamente più alto di quello dei civili, con picchi ancora più elevati nei casi di veterani disabili e di quelli che avevano effettivamente prestato servizio nel sud-est asiatico.[60] Dalla Guerra del Golfo, secondo il Dipartimento del Lavoro, alla metà del 2005 il tasso di disoccupazione tra i 3,9 milioni di veterani era del 5,2%, cioè lo 0,5% in più rispetto ai civili. Ma tra i veterani giovani dai diciotto ai ventiquattro anni il tasso di disoccupazione era quasi al 19%, cioè il doppio di quello dei loro coetanei civili.[61] Nel 2007, l'allora segretario della VA James Nicholson ha dichiarato che per i giovani veterani dell'Iraq e dell'Afghanistan il tasso di disoccupazione era circa al 15%, circa tre volte superiore al dato complessivo dell'economia americana.[62] Nel 2008 questo tasso è salito al 19% e nel 2010 ha superato il 21%, quasi il 5% in più rispetto a quello dei civili.[63] Se confrontiamo anche le statistiche per il 2012, vediamo che il 20% dei veterani tra i diciotto e i ventun anni è disoccupato, il 3,6% in più rispetto ai loro coetanei civili, laddove il tasso di disoccupazione tra i veterani dopo l'11 settembre era del 9,9%, il 2% in più rispetto ai civili.[64]

Almeno 200.000 veterani statunitensi sono barboni, vivono per strada o nelle baracche, e rappresentano circa un terzo dei senzatetto americani,[65] ma il numero di quelli che si ritrovano a vivere senza una casa almeno per una parte dell'anno è doppio.[66] Il primo studio approfondito del governo sui veterani senzatetto ha scoperto che il 16% dei barboni americani sono veterani, anche se il loro numero costituisce meno del 10% della popolazione adulta. La percentuale dei vagabondi negli Stati Uniti è di 21 ogni 10.000 abitanti, ma tra i veterani questo rapporto sale a 31.[67] Nel 2009, oltre 136.000 veterani vivevano in baracche, mentre innumerevoli erano quelli in mezzo alla strada.[68] Uno studio ha contato in una sola notte di gennaio del 2012, 62.619 veterani senzatetto, tra cui oltre 5.000 donne,[69] le quali rappresentano l'8% dei veterani vagabondi,[70] una percentuale doppia rispetto a quella delle barbone che non hanno un passato militare[71] e il 70% di questi veterani ha problemi psicologici o di tossicodipendenza.[72] Per fare un confronto, in Gran Bretagna, alla metà degli anni Novanta, un barbone ogni quattro era un veterano.[73]

Problemi di salute

Mentre terminavo di scrivere questo libro, partecipai in soli tre mesi al funerale di un veterano e ne assistei un altro, terminale. Nello stesso periodo, tre veterani a me cari si ammalarono di diabete, di morbo di Parkinson, di cancro e di altre malattie più o meno direttamente legate alla guerra. I veterani sono a rischio di deficienza immunitaria, esposti alla disabilità e alle malattie croniche, e in genere invecchiano e muoiono precocemente. Le cure di cui necessitano sono una preoccupazione continua e i costi sono astronomici. I veterani affetti da PTSD sembrano più suscettibili a varie malattie fisiche che psicologiche, infatti, come ha rilevato uno studio, "i pazienti con PTSD hanno maggiori probabilità di contrarre l'artrosi, il diabete, malattie cardiache, depressione, obesità e un'elevata concentrazione di lipidi nel sangue".[74]

Gli studi mostrano numerosi collegamenti tra PTSD, lesioni cerebrali traumatiche (TBI) e l'abuso di sostanze, così come sostengono che tutto ciò abbia una relazione con il vagabondaggio.[75] Con l'invecchiamento della popolazione dei veterani aumentano poi le esigenze mediche, le complicazioni e i costi delle cure, perché i sintomi del disturbo da stress postraumatico affliggono i veterani anziani in misura ben minore rispetto ad altri disturbi primari dovuti all'età.[76] Questi numeri aumentano se si considerano la sindrome del Golfo, le malattie derivate dall'esposizione alle radiazioni dell'uranio impoverito nelle guerre recenti e agli erbicidi tossici in Vietnam. E aumentano enormemente quando aggiungiamo il TBI e il trauma sessuale (MST), infatti le statistiche sulle aggressioni sessuali tra i militari mostrano che nel 2012 ci sono stati 26.000 episodi di molestie nelle forze armate americane, contro le 19.000 del 2010.[77]

L'indennità di invalidità e il suo costo

Conosco Ed B. da decenni come leader della sua comunità, diacono e attivista veterano. Come Marine aveva combattuto nel Pacifico nella seconda guerra mondiale, e l'ho aiutato quando aveva ormai ottant'anni a preparare per la prima volta la sua richiesta per la pensione d'invalidità. "Queste nuove guerre e il concetto osceno di 'guerra senza fine'", mi ha detto, "mi hanno fatto rivalutare tutta la mia vita adulta. Guardando i veterani più giovani e i loro guai, riesco a vedere l'impatto negativo che la guerra ha avuto su di me". Considerando solo le richieste di invalidità, nella zona dove vivo le istanze di disabilità per PTSD sono aumentate del 300% dall'inizio dell'Iraq al 2012.[78] Le richieste di risarcimento a livello nazionale sono aumentate da 120.265 nel 1999 a 215.871 nel 2004 e i pagamenti dei sussidi nello stesso periodo sono aumentati quasi del 150%, da 1,72 miliardi a 4,28 miliardi di dollari.[79] I sussidi d'invalidità e le pensioni di guerra sono aumentati vertiginosamente nel 2007 dell'81% rispetto ai livelli del 2000, con un incremento di 15,4 miliardi di dollari per un totale di 34,3 miliardi. La VA prevedeva allora che questi pagamenti sarebbero saliti a 59 miliardi entro il 2016.[80]

I costi dell'assistenza ai veterani disabili in Iraq e Afghanistan sono stati stimati sui 2,3 miliardi all'anno, con altri 2 miliardi pagati annualmente a 169.000 veterani disabili della Guerra del Golfo, per un totale di 4,3 miliardi di dollari all'anno.[81] Per quanto riguarda il TBI dei reduci dell'Iraq, il premio Nobel per l'economia Joseph Stiglitz ha spiegato che il costo delle cure per un singolo soldato durante la fase critica del recupero può superare il milione di dollari e il costo delle cure a vita per lesioni cerebrali potrebbe da solo raggiungere i 35 miliardi di dollari. Il vero costo della guerra in Iraq, tenuto conto delle spese mediche e di invalidità post-servizio, oscilla così tra uno e tre *trilioni* di dollari.[82]

Secondo il *Department of Veterans Affairs*, a partire dal gennaio del 2013 oltre 3.510.000 veterani sono stati iscritti nei registri delle indennità governative[83] e poiché gli effetti debilitanti della guerra non sono problemi che si risolvono con il tempo, i costi per la società devono essere valutati guardando alle vite umane e alla salute, alle tragedie familiari, ai lutti, ai fallimenti familiari, alle carriere interrotte e alla lacerazione della rete sociale dovuta alla disoccupazione, alle dipendenze, alla violenza domestica e al crimine, alle incarcerazioni. Le conseguenze sono disastrose per la salute e per i costi assistenziali.

Il caso del Guatemala: ritratto di una nazione traumatizzata

Sebbene questo libro si concentri principalmente sull'esperienza americana del trauma di guerra, è fondamentale riconoscere che intere nazioni e civiltà hanno subito questo medesimo trauma e che la ferita viene trasmessa attraverso la cultura e la storia fino a dare forma al carattere nazionale di un popolo. Osservare cosa è accaduto ad altre società che hanno avuto una storia simile potrebbe ispirarci a prendere coscienza della gravità della ferita in senso globale. Cito come esempio Miguel Rivera, il quale porta nel sangue una discendenza mista, poiché la sua famiglia ha da secoli rami spagnoli, maya e perfino uno polacco. È emigrato negli Stati Uniti, dove lavora come attivista sociale e mediatore culturale e ha tracciato questo quadro del trauma nazionale guatemalteco:

> Il Guatemala è sprofondato in una lunga, sanguinosa e amara guerra civile dal 1954 al 1996. Durante quei quarantadue anni di guerra, la violenza incessante ha gradualmente disumanizzato gli individui. Trovare i cadaveri maciullati per le strade, i rapimenti, la tortura, la rapina erano diventate esperienze normali. Si è assistito a una specie di intorpidimento che ha continuato a crescere come il riflesso della disperazione collettiva.[84]

Questa violenza e questo intorpidimento sono stati anche osservati con dolore dal poeta Maya Humberto Ak'abal:

> Oggi si squarciano i virgulti,
> le urla dei bambini
> non toccano nessuno, che importa:
> il cielo apre la bocca e inghiotte
> il grido che annega la morte.

La sofferenza del Guatemala per la violenza è iniziata molto tempo fa, spiega Miguel Rivera: "La popolazione autoctona è stata sottoposta allo sfruttamento e al dominio in varie maniere sin dall'arrivo dei primi europei nel 1523. I proprietari delle piantagioni e i missionari cristiani hanno soppresso la vita indigena in tutte le sue forme, isterilendo la nostra cultura". Il poeta, intanto, sente piangere tutta la sua terra:

Uccelli dalle forre,
venite a piangere con me,
grande è il mio lutto
e duole la ferita.

e lotta per trovare giustizia in un universo così opprimente:

Dio dei cieli
e della terra:
dove sei quando questo accade,
perché hai cari gli assassini...?[85]

Miguel Rivera continua:

Durante gli anni della guerra civile molte fazioni politiche hanno combattuto tra di loro, oltre cinque gruppi diversi di ribelli. Le milizie militari e private, finanziate dall'oligarchia, hanno massacrato civili innocenti e rapito i politici, torturato e terrorizzato i prigionieri, gli artisti, gli scrittori, i medici, gli avvocati, gli insegnanti e gli studenti, tutte le categorie di educatori. Questo ha lasciato il vuoto in tutto il paese. I membri degli ordini religiosi, gli operatori sociali e i rappresentanti della stampa sono stati rapiti, torturati e uccisi. I militari spesso facevano finta di essere ribelli per creare confusione e mentre il conflitto continuava la gente ha cominciato a derubare e rapire per continuare a vivere, a causa delle scarsezze economiche. Neanche dopo gli accordi di pace del 1996 la violenza è diminuita, a causa dei rimpatri dei membri delle gang statunitensi e dei corrieri della droga che hanno insediato i loro traffici nel paese. Le autorità si assumono poca o nessuna responsabilità, come nel caso di molti militari colpevoli della morte di migliaia di persone. Quando le persone chiedono giustizia, vengono oppresse e uccise, come è successo a Monsignor Juan Gerardi, il direttore e fondatore dell'Ufficio per i diritti umani dell'arcidiocesi guatemalteca.

Miguel ha riassunto così l'impatto traumatico che una simile guerra ha su qualsiasi paese:

> Un paese che soffre di continue ondate di violenza si ritrova con un popolo intorpidito e disorientato. Le infrastrutture sono abbandonate, non esiste un sistema legislativo affidabile, i tribunali sono corrotti e fanno prevalere la legge della pistola là dove il buon senso e il rispetto della vita umana erano la norma.

Sia Miguel che Humberto sperano che tornino ad affermarsi i valori umani originari e che il loro spirito sia ristabilito, come dice il secondo:

> Siamo poveri ma alacri,
> l'onestà è il nostro peccato.
> Viviamo miseri e tristi
> e anche così
> la nostra cultura
> è resistenza.

Anche Miguel si affida alla fine allo spirito resiliente della sua terra e della sua gente: "Nonostante tutte queste avversità e molto altro, è meraviglioso trovare nella terra e nella sua gente un cuore incredibile e una speranza di vita".[86]

Sul PTSD

Da questo momento in poi, limiterò rigorosamente l'uso dei termini disturbo da stress postraumatico o PTSD solo ai casi in cui si tratti di citazioni o di rapporti ufficiali, per diversi motivi. La maggior parte delle persone ha sentito parlare di *combat fatigue* e *shell-shock* riferiti alle guerre mondiali ed effettivamente a questo disturbo sono stati attribuiti più di ottanta nomi sin dai tempi antichi, a dimostrazione della sua natura pressoché universale.[87] Diverse culture tradizionali spesso lo chiamano e lo trattano come una ferita spirituale che necessita di una risposta comunitaria. Esploreremo più avanti questi principi per comprendere il trauma e la sua guarigione, per ora sospendiamo l'uso della terminologia moderna e proviamo a cercare una nuova interpretazione della ferita.

"Disturbo da stress postraumatico" è un termine moderno, medico e psichiatrico, sempre aggiornato ma mai significativamente modificato nella sua definizione del manuale diagnostico. Il PTSD è a volte indicato come: 1) PTSI o danno da stress postraumatico (*Post-traumatic Stress Injury*), un termine preferito dal Dipartimento della Difesa americano e associato a un altro termine che recentemente gode di popolarità, ovvero il "danno morale", di cui parleremo in seguito; 2) PTS o stress postraumatico, senza la "D" di "disturbo", un espediente che da un lato serve a ridurre lo stigma e la "psicologizzazione" ma che dall'altro enfatizza i cambiamenti biochimici e i relativi trattamenti d'intervento; 3) disturbo da stress operativo, come viene chiamato in alcuni circoli militari, dove si attribuisce cruciale importanza al controllo dello stress operativo e si crede quindi che tale trauma sia un danno del cervello e della mente. In Canada e in altri posti la ferita è anche nota come "stress operativo" (*Operational Stress*), cioè si sottolinea il fatto che durante il servizio militare insorgono un grave stress e i disturbi correlati. Molti presumono che il disturbo da stress postraumatico sia una malattia mentale, altri ritengono che le sue vittime dovrebbero essere affidate ai medici e al personale sanitario per ricevere cure farmacologiche e che la guarigione e il recupero abbiano poco a che fare con il resto della popolazione che non ne è affetta. Perciò, limitando l'uso del termine PTSD dove appare tra virgolette, mi sforzerò di non parlare della ferita invisibile come di una patologia.

Essere traumatizzati significa essere feriti, in modo visibile o invisibile. In guerra le ferite sono inevitabili, i combattenti tornano trasformati, in parte feriti e in parte illuminati, spaesati e confusi nei confronti della vita civile. Ritornano anche maturati, abili ed esperti su come si sopravvive all'inferno. Ogni aspetto del loro apparato mentale, fisico, emotivo e spirituale funziona in modo diverso, a seconda del singolo combattente e delle esigenze di sopravvivenza della zona di guerra. Essenzialmente, però, tornano a casa diversi rispetto alle persone che erano quando sono partiti. Nel senso più profondo, essi sono stati iniziati, il loro vecchio sé è morto e ne è emerso uno nuovo. Tutti siamo nostalgici, però, e rivogliamo la persona amata che è andata in guerra. Ma la guerra, come la vita, è un viaggio a senso unico. I valori e i tratti guerrieri e militari si radicano così profondamente nei soldati che non gli permettono di tornare del tutto alla loro identità civile di prima e gli sforzi terapeutici volti a ripristinare le loro identità precedenti comunemente falliscono. Spesso non reputano di essere danneggiati, certamente non si percepiscono come dei malati di mente, e si sentono incompresi quando li giudichiamo. Il colonnello Eric Olson, cappellano capo in pensione della Guardia Nazionale dello stato di New York dice semplicemente: "Non siamo pazzi. Non siamo malati. Siamo diversi!". David Pierce, che ha prestato servizio a bordo delle navi nucleari nel Golfo durante l'operazione Desert Storm, ha detto: "Non sono danneggiato o ferito. Sono solo diverso, come se ora avessi una forma ovale anziché rotonda".

È necessario capire i combattenti per quello che sono adesso, chi sono diventati, come capiscono e esperiscono se stessi. Il cappellano dell'esercito George Tyger, che ha prestato servizio in Afghanistan, insiste: "Non desiderare / che non fossi andato in guerra / la guerra non mi ha segnato a vita / mi ha reso più di quel che ero".[88] I tentativi di guarigione riusciti ci insegnano che le donne e gli uomini che abbiamo davanti sono davvero diversi nella mente, nel cuore, nell'esperienza, nei valori e nella filosofia. Leonard Cohen ha scritto che "uno schema non è una visione", quindi non dobbiamo attribuire alla condizione dei veterani la natura di una patologia mentale né presumere che debba essere trattata solo con cure mediche, piuttosto bisogna imparare dai veterani e aiutarli ad apprendere chi essi siano ora e come abbiano fatto a diventare "più" di quel che erano.

Possiamo fornire una visione e determinare un approccio alla guarigione fondato sulla saggezza, sulla comprensione dei fenomeni bellici e sulla spiritualità.

Molte culture tradizionali consideravano i loro guerrieri come "primi tra pari" in virtù della maturità che avevano acquisito e ai valori che avevano appreso. Noi dobbiamo vedere i combattenti come persone che hanno un "di più" e aiutarli a convivere con questo "di più", e per fare ciò dobbiamo percorrere insieme con loro il lungo e impegnativo viaggio morale e spirituale verso casa. Dobbiamo analizzare, contemplare e trattare la ferita come un'eredità psichica, spirituale e culturale della guerra, inevitabile e invisibile, e imparare ad accettarla e usarla come guida nel corso della vita.

Le guerre infliggono cicatrici

È necessario osservare la lotta dei veterani per la sopravvivenza e per la guarigione, che John Fisher chiama "la guerra dopo la guerra [...] i secondi due terzi della mia vita [...] così tormentati da quel solo anno di combattimento",[89] così come la lotta delle famiglie, degli amici, dei vicini e dei cittadini per aiutarli. Tendiamo a concentrarci sui veterani e sulle vittime occidentali, cercando di ricucire insieme le persone e la società offese, ma limitare il nostro campo di osservazione è fuorviante, infatti una testimonianza poetica dalla Cina del IX secolo suona come un incontro attuale:

> Lunga è la strada, il corpo affaticato;
> senza cibo percorre mille leghe verso casa,
> e si strappa i capelli piangendo sotto le mura cittadine
> mentre il vento d'autunno trafigge le dorate cicatrici.[90]

La guerra provoca ferite nella dimensione più profonda della nostra umanità e queste ferite causano un dolore che non andrà né dovrebbe andare via. In questo senso la ferita invisibile non è un fatto negativo né certamente una malattia. Una persona traumatizzata dalla guerra non è malata di mente ma è un'anima errante, sola e incompresa, angosciata e intrappolata "nella valle dell'ombra". La ferita non solo ci ricorda che la guerra rende diversi per sempre coloro che vi partecipano, ma è anche la prova della nostra umanità, del fatto che siamo persone premurose e vulnerabili che non possono attraversare l'inferno impunemente e che non possono danneggiare gli altri senza danneggiare anche se stesse. Piuttosto, l'immersione nella guerra colpisce profondamente e in modo permanente, rendendo i reduci bisognosi di amore e saggezza, d'attenzione, gentilezza e pazienza e di una guida che si prenda cura di loro. I veterani desiderano ardentemente tornare a casa; "nostalgia" e "voglia di casa" sono stati i primi nomi dati alla ferita invisibile. I veterani, i loro cari e i sopravvissuti di ogni età hanno bisogno degli altri per capire e rispondere alle ferite invisibili della guerra in un modo che sia radicalmente diverso da quelli che pratichiamo attualmente: un modo umanistico e olistico che coinvolga l'archetipo e l'etica del combattente. È necessario interpretare il trauma della guerra e relazionarsi con i veterani in modo da dimostrare loro che possiamo capire e che noi tutti, come comunità civile, siamo coinvolti spiritualmente ed emozionalmente, con il cuore, nelle loro storie. "Le guerre causano cicatrici", ha detto Benjamin Franklin, è così da sempre.

NOTE AL CAPITOLO 3
LA GUERRA CI FERISCE TUTTI

[1] Leo Shane III, *Vet Groups Tackle Bigger Issue than Benefits Cuts: How to Stay Relevant*, «Stars and Stripes», 7 gennaio 2014.

[2] «New York Times», 13 marzo 1862, citato in Doris Kearns Goodwin, *Team of Rivals*, New York, Simon and Schuster, 2006, p. 430.

[3] Andrew Slater, *As Far as He Can Go Inside: Kevin Powers, War Poet*, «Poets e Writers», 42, 2 (2014), 49.

[4] La maggior parte delle persone crede che i cospicui sussidi dati alla generazione della seconda guerra mondiale con la loro "GI Bill" siano la regola americana per il supporto dei veterani. A dire il vero, il trattamento della generazione della seconda guerra mondiale è stato un'anomalia nell'esperienza americana, perché la disattenzione nel portare sostegno ai veterani risale alla guerra d'Indipendenza e da allora è rimasta una materia controversa.

[5] Kate Dahlstedt, *Sentry*, in *Lessons From The Garden. Selected Poems and Essays*, Sacramento, Mandorla Books, 2020.

[6] Ayelet Berman-Cohen, *PTSD – A Confession*, poesia inedita.

[7] Jason Moon, *Trying to Find My Way Home*, Full Moon Music, 2010.

[8] Il primo suicidio fu segnalato da un membro della famiglia, il secondo da un soldato della Guardia Nazionale della stessa unità in cui era arruolata la coppia e che li conosceva personalmente. Non pubblico i nomi di queste persone per riservatezza.

[9] Bill Glauber, *Experts Tackle Suicide Prevention among Combat Veterans: Doctors, Social Workers here Join VA's Drive for Awareness*, «Milwaukee Journal Sentinel», 1 marzo 2007. Il *Suicide Data Report 2012* della VA stima il tasso al 21% rispetto al valore complessivo nazionale, sebbene i veterani rappresentino solo il 7% della popolazione.

[10] Associated Press, *Deployments Strain Troops' Mental Health: Pentagon Panel Warns Overburdened System Could Fail to Meet Needs*, 4 maggio 2007.

[11] CNN News, *Study: Suicide Risk Double among Male U.S. Veterans*, 11 giugno 2007 (cnn.com/2007/HEALTH/06/11/vets.suicide/index.html). Si tratta di un monitoraggio su veterani e civili americani maschi dalla prima guerra mondiale al 1994.

[12] Robert Gibbons, Hendricks Brown e Kwan Hur, *Is the Risk of Suicide among Veterans Elevated?*, «American Journal of Public Health», 102, 1 (2012), 17-19.

[13] *Vietnam War U.S. Military Fatal Casualty Statistics*, The National Archives, Electronic and Special Media Records Services Division Reference Report (archives.gov/research/vietnam-war/casualty-statistics.html).

[14] Si stima che il numero di veterani del Vietnam che si suicidano abbia superato il numero di soldati uccisi in azione già alla fine degli anni Ottanta (W. H. Capps, *The Unfinished War. Vietnam and the American Conscience*, Boston, Beacon Press, 1982) e che abbia superato almeno i 100.000 casi entro il 1998 (Daniel Hallock, *Hell, Healing e Resistance. Veterans Speak*, New York, Plough Publishing, 1998) e forse anche i 150.000 (Chuck Dean, *Nam Vet*, Portland, Multnomah Press, 1990).

[15] Jeff Hargarten e altri, *Suicide Rate for Veterans far Exceeds that of Civilian Population*, Center for Public Integrity (publicintegrity.org/2013/08/30/13292/suicide-rateveterans-far-exceeds-civilian-population).

[16] Ilona Meagher, *Moving a Nation to Care. Post-Traumatic Stress Disorder and America's Returning Troops*, Brooklyn, Ig Publishing, 2007. A partire dal 2007, Meagher ha citato i rapporti di suicidi di veterani iracheni dell'Illinois (p. 66), Missouri (p. 83), Connecticut (p. 92), Gran Bretagna (pp. 94-95), Ohio (pp. 100 e 119-120), California (pp. 102-103), Iraq (p. 105), Georgia (pp. 111-115) e molti altri da località non specificate.

[17] Ivi, p. 92.

[18] Jennifer Kerr, *The Battle within: Iraq Vet Suicides*, «Associated Press», pubblicato su «The Marine Corps Times», lunedì 28 maggio 2007 (https://it.cultura.militare.narkive.com/yD8kKQkg/the-battle-within-iraq-vet-suicides).

[19] *'06 Suicide Rate for Soldiers Sets a Record for the Army*, «New York Times», 17 agosto 2007, p. 15. Questi numeri "si traducono in un tasso di suicidi del 17,3 ogni 100.000 abitanti, il più alto da quando l'esercito ha iniziato a tenerne il conto nel 1980".

[20] Kevin Freking, *Veteran Suicide Rate at 22 Every Day, Department of Veterans Affairs Report Finds*, «Huffington Post», 1 febbraio 2013, p. 1.

[21] Nicholas Kristof, *A Veteran's Death, the Nation's Shame*, «New York Times», 14 aprile 2012; Ed Pilkington, *For US Soldiers, Suicide Now More Lethal Than Combat*, «The Guardian», 3 febbraio 2013 (readersupportednews.org/newssection2/323-95/15849-for-us-soldiers-suicide-now-more-lethal-than-combat).

[22] Mary Ann Boyd, Wanda Bradshaw e Marceline Robinson, *Mental Health Issues of Women Deployed to Iraq and Afghanistan*, «Archives of Psychiatric Nursing», 27, 1 (2013), 10-22.

[23] Greg Zoroya, *Suicides Rare between Soldiers at Some Foreign Outposts*, «USA Today», 19 febbraio 2013, p. 3.

[24] Penny Coleman, *Flashback. Post-Traumatic Stress Disorder, Suicide, and the Lessons of War*, Boston, Beacon Press, 2007, p. 146. Sulla base di osservazioni cliniche, i colleghi militari della NATO mi hanno segnalato questo fenomeno tra i veterani inglesi della guerra delle Falkland, quelli portoghesi dell'Angola e Mozambico e quelli olandesi dell'Indonesia.

[25] Pilkington, *For US Soldiers, Suicide Now More Lethal Than Combat*, op. cit.

[26] David Brown, *Motor Vehicle Crashes: A Little-Known Risk to Returning Veterans of Iraq and Afghanistan*, «Washington Post», 5 maggio 2013.

[27] Moni Blau, *Why Suicide Rates among Veterans May Be Higher Than 22 a Day*, «CNN» (cnn.com/2013/09/21/us/22-veteran-suicides-a-day/).

[28] Nancy Mayfield, *US Executes Gulf War Veteran*, «New York Times», 19 marzo 2003 (https://www.nytimes.com/2003/03/19/us/us-executes-gulf-war-veteran-who-raped-and-killed-a-soldier.html).

[29] Gethin Chamberlain, *Gulf War Veteran Charged with Murder*, «The Scotsman», 11 giugno 2006.

[30] Dana Hull, *Veterans' "Psychic Wounds" Untended, Critics Say*, «ContraCosta Times», 23 marzo 2007 (https://www.eastbaytimes.com/2007/03/19/veterans-psychic-wounds-untended-critics-say/).

[31] Christopher Mumola, *Veterans in Prison or Jail*, US Department of Justice, Bureau of Justice Statistics, gennaio 2000 (ojp.gov/bjs/pub/pdf/vpj.pdf).

[32] Margaret Noonan e Christopher Mumola, *Veterans in State and Federal Prison, 2004*,US Department of Justice, Bureau of Justice Statistics, maggio 2007 (ojp.usdoj. gov / bjs / pub / pdf / vsfp04.pdf).

[33] US Department of Labor Statistics, *What Providers Should Know*, «Health Progress» (2013), 11.

[34] V.I.P., Veterans in Prison, 12 giugno 2004 (vetsinprison.org.uk).

[35] V.I.P., Veterans in Prison, 15 aprile 2007 (vetsinprison.org.uk/index.php? option = com_content & task = blogcategory & id = 1 & Itemid = 26).

[36] Maria Cheng, *UK Study: Violence More Likely between Vets, Troops*, 15 marzo 2013 (news.yahoo.com/uk-study-violence-more-likely-among-vets-troops-000634030. html).

[37] *Substance Use, Dependence and Treatment among Veterans*, National Report on Drug Use and Health, Substance Abuse and Mental Health Services Administration, 10 novembre 2005 (oas.samhsa.gov/2k5/vets/vets.htm).

[38] *Alcohol Use and Alcohol Related Risk Factors Among Veterans*, Substance Abuse and Mental Health Services Administration, aggiornato il 27 luglio 2007 (oas.samhsa. gov / 2k5 / vetsAlc / vetsAlc.cfm).

[39] *Male Veterans with Co-Occurring Serious Mental Illness and a Substance Abuse Disorder*, Substance Abuse and Mental Health Services Administration, aggiornato a luglio 27, 2007 (oas.samhsa.gov/2k4/vetsDualDX/vets DualDX.cfm).

[40] Leo Shane III, *Researchers: Alcohol Use, Divorce Rates, Higher among Returning Troops*, «Stars and Stripes», Mideast edition, 9 dicembre 2005 (estripes.com/article.asp? section = 104 & article = 32730 & archive = true).

[41] Geniere della marina militare americana.

[42] Ibid.

[43] Eliza Pavalko e Glenn Elder, Jr., *World War II and Divorce: A Life-Course Perspective*, «American Journal of Sociology» , 95, 5 (1990), 1213-1234.

[44] Janie Blankenship, *War's Toll on Marriage: Study Proves War Veterans Have Higher Divorce Rate, but Vietnam Vets Have Lower Rate than Public Perception*, «VFW Magazine», marzo 2003 (findarticles.com/p/articles/mi_m0LIY/is_7_90/ai_98829332).

[45] Ibid.

[46] Zahava Solomon, *Combat Stress Reaction*, New York, Springer, 1993, p. 117.

[47] David Riggs e altri, *The Quality of the Intimate Relationships of Male Vietnam Veterans: Problems Associated with Posttraumatic Stress Disorder*, «Journal of Traumatic Stress», 11, 1 (1998), 87-101.

[48] Greg Zoroya, *Soldiers' Divorce Rate Drops after 2004 Increase*, «USA Today», 1 gennaio 2006 (usatoday.com/news/nation/2006-01-09-soldier-divorce-rate_x.htm).

[49] Donna Miles, *Programs Aim to Reduce Military Divorce Rates*, «American Forces Press Service», 9 giugno 2005 (af.mil/news/story.asp?id=123010746).

[50] *Mental Health Problems among Iraq and Afghanistan Veterans*, «Iraq e Afghanistan Veterans of America», 29 giugno 2007, p. 4 (optruth.org/documents/Mental_Health.doc).

[51] Virginia Olsen Baron, *Women in the Wake of War*, New York, Service Center, Church Women United, 1977, p. 2.

[52] Andrea Stone, *At Camp, Military Kids Bear Scars of Their Own*, «USA Today», 21 giugno, 2007 (usatoday.com/news/nation/2007-06-20-camp-cover_N.htm?csp=34).

[53] Robert Davis e Gregg Zoroya, *Study: Child Abuse, Troop Deployment Linked*, «USA Today», 7 maggio 2007 (usatoday.com/news/nation/2007-05-07-troops-childabuse_N.htm), citato in *Mental Health Problems among Iraq and Afghan Veterans*.

[54] Alison Williams, *Child Abuse in Military Families Up*, «Minneapolis-St. Paul Star Tribune» (startribune.com/484/story/1336191.html). La mobilitazione di un coniuge ha condotto a un aumento del 60% degli abusi moderati e gravi sui bambini. Complessivamente, il tasso di maltrattamento – lieve, moderato e grave – aumenta sia tra gli uomini che tra le donne del 40% quando uno dei genitori parte in missione.

[55] Rezak Hukanovic, *The Tenth Circle of Hell*, New York, Basic Books, 1993, pp. 123-124.

[56] Vedi Tick, *War and the Soul*, op. cit., pp. 71-73, per un sondaggio completo dei danni di guerra inflitti alla popolazione vietnamita, alle infrastrutture e all'ecologia del paese.

[57] Dei suoi numerosi libri sull'argomento, il più noto è *Other Lives, Other Selves.*

A Jungian psychotherapist Discovers Past Lives, New York, Bantam, 1988, cui si aggiunge anche *Healing Your Past Lives*, Boulder, Sounds True, 2010.

[58] Si tratta di una testimonianza rilasciata personalmente a me e che non è apparsa negli scritti di Woolger, il quale presenta nei suoi libri il suo e altri casi in cui i pazienti avevano ricordi immaginari di vite precedenti trascorse come soldati o vittime di guerra. Ciò dimostra come i temi di queste vite "ricordate" replichino i problemi con cui i pazienti si confrontano nel presente. Che si creda o meno nell'esistenza letterale di vite passate, il dottor Woolger dimostra che i "residui psichici" di precedenti esperienze di guerra e di violenza continuano ad avere un effetto sulla vita degli adulti. Il dottor Woolger è morto mentre stavo scrivendo questo libro, che ne onora la memoria e il lavoro.

[59] Tick, *Sacred Mountain*, op. cit., pp. 68-70.

[60] Sharon Cohany, *Employment and Unemployment between Vietnam-Era Veterans*, «Monthly Labor Review», aprile 1990, pp. 22-29.

[61] *Unemployment among Gulf War Veterans*, US Department of Labor, Bureau of Labor Statistics, 1 giugno 2006 (bls.gov/opub/ted/2006/may/wk5/art03.htm).

[62] Rudi Williams, *Veterans Affairs Strives to Find Jobs for Iraq, Afghanistan War Vets*, US Department of Defense, American Forces Press Service, 8 agosto 2007 (defenselink.mil/news/newsarticle.aspx?id=18082).

[63] *Unemployment Rate for Young Veterans Hits 21.1%*, «Washington Post», 13 marzo 2010 (washingtonpost.com/wp-dyn/content/article/2010/03/12/AR2010031204123.html).

[64] US Department of Labor Statistics, *What Providers Should Know*, «Health Progress», 20 marzo 2013, p. 11.

[65] Meagher, *Moving a Nation to Care*, op. cit., p. 126.

[66] National Coalition for Homeless Veterans, *Background and Statistics*, giugno 2007 (nchv.org/background.cfm).

[67] US Department of Labor Statistics, *What Providers Should Know*, op. cit., p. 10.

[68] William Welch, *Veterans More Likely to Be Homeless, Study Says*, «USA Today», 10 febbraio 2011 (usatoday.com/news/nation/2011-02-10-1Ahomelessvets10_ST_N.htm).

[69] National Coalition for Homeless Veterans, *Veterans and Homelessness Report* (fas. org/sgp/crs/misc/RL34024.pdf).

[70] Ibid.

[71] Congressional Research Service, *Veterans and Homelessness Report* (fas.org/sgp/crs/isc/ RL34024.pdf).

[72] Ivi, p. 127.

[73] V.I.P., *Veterans in Prison*, 15 aprile 2007.

[74] Daniella David e altri, *Comparison of Comorbid Physical Illnesses among Veterans with PTSD and Veterans with Alcohol Dependence*, «Psychiatric Services», Ame-

rican Psychiatric Association, gennaio 2004 (https://ps.psychiatryonline.org/doi/full/10.1176/appi.ps.55.1.82).

[75] US Department of Labor Statistics, *What Providers Should Know*, op. cit., p. 11.

[76] U. Nalla e altri, *Exposure to Trauma and Post-Traumatic Stress Disorder Symptoms in Older Veterans Attending Primary Care: Comorbid Conditions and Self-Related Health Status*, «Journal of the American Geriatric Society», 59, 6 (2011), 1087-1092.

[77] «New York Times», 9 maggio 2013, p. 1.

[78] Robert Reiter, Veterans Service Officer, Rensselaer County, New York, comunicazione personale, 2012.

[79] Kerr, *The Battle within: Iraq Vet Suicides*, op. cit.

[80] Meagher, *Moving a Nation to Care*, op. cit., p. 65.

[81] Ivi, p. 72.

[82] Joseph Stiglitz, *The War is Bad for the Economy*, «Spiegel Online International», 5 aprile 2006 (spiegel.de/international/spiegel/0,1518,409710,00.html).

[83] *US Wars Fact Sheet*, Department of Veterans Affairs (va.gov/opa/publications/Factsheets/fs_americas_wars.pdf).

[84] Miguel Rivera, comunicazione personale.

[85] Humberto Ak'abal, *The Yellow Flowers of the Graves*, in Jorge Aramburu e Humberto Ak'abal, *Tejiendo Las Huellas*, Montevideo, Linardi y Risso, 2006.

[86] Miguel Rivera, comunicazione personale.

[87] Meagher, *Moving a Nation to Care*, op. cit., p. 20. Un lungo elenco di nomi usati in precedenza per designare questa ferita si trova alle pp. 163-164.

[88] George Tyger, *War Zone Faith. An Army Chaplain's Reflections from Afghanistan*, Boston, Skinner House Books, 2013, p. xiv.

[89] Fisher, *The War After the War*, op. cit., pp. 22-23.

[90] Il testo è tradotto dalla versione inglese. Lu Lun, *On Meeting a Sick Soldier*, in *The White Pony. An Antology of Chinese Poetry*, a cura di Robert Payne New York, Mentor, 1947, p. 231.

Capitolo 4

Arena per l'anima

La guerra è una solenne questione religiosa.
Geronimo

Nel suo più sano rigoglio, l'archetipo del guerriero è una presenza interiore forte, bella, nobile e protettiva capace di fungere da guida e sostegno. Abbiamo visto a qual punto il guerriero può essere ferito e danneggiato e che può smarrirsi e degenerare, e abbiamo visto quanti veterani soffrono delle conseguenze di ciò insieme con i loro cari e gli altri membri della loro comunità. Ma come è stato possibile che si sia passati dall'avere una presenza psico-spirituale protettiva e utile all'attuale situazione generale, dove vediamo tanti combattenti distrutti? A questo punto è necessario comprendere la guerra come una forza archetipica e coglierne appieno gli aspetti più complessi e difficili.

Guerra e verità

Nel 490 a.C. Eschilo aveva trentacinque anni ed era già un drammaturgo celebre, quando fu mandato a combattere con i suoi concittadini ateniesi contro gli invasori persiani a Maratona, battaglia in cui cadde suo fratello Cinegiro mentre tentava di trattenere una nave nemica dalla fuga, come narra Erodoto. Eschilo combatté ancora in altri feroci battaglie, probabilmente a Platea, Salamina e Capo Artemisio,[1] e come innumerevoli veterani d'ogni epoca incontrò la guerra che si sfama "di sangue vivo".[2] Per il resto della vita Eschilo continuò a parlare della guerra attraverso l'arte teatrale, nella quale testimoniò le sofferenze di tutte le vittime, compresi i nemici, rispondendo così al bisogno di espellere ed esprimere l'orrore, esternare e ordinare i sentimenti, addolorarsi e liberarsi. La visione tragica insegna che la sofferenza è inevitabile e va abbracciata, ma che si può agire nobilmente, plasmare la bellezza ed estrarre dalla saggezza un significato per l'angoscia. Eschilo stesso dettò il proprio epitaffio, con il quale voleva essere ricordato come un ateniese, figlio di Euforione e guerriero di Maratona. Questo era tutto. Non menzionava i successi teatrali ma solo la patria e il dovere di cittadino valoroso. Duemilacinquecento anni fa Eschilo disse che "la prima vittima della guerra è la verità", ed è necessario anzitutto curare questa vittima.

L'archetipo della guerra

La guerra è un archetipo che ricorre in quasi tutte le società e le generazioni come uno schema influente che si ripete all'infinito nella storia umana. Una volta che il dio della guerra compare all'orizzonte di un popolo, esso domina la psiche e la società in modi irresistibili, esercita un potere ipnotico, isolando la ragione e negando ogni sorta di evidenza, spiegazione e consiglio, e spingendo le persone a vedere i loro vicini come malvagi e pericolosi fino al punto di desiderarne la morte, e non smette fino a che non si estingue il suo potere lasciando dietro di sé una scia di distruzione. La guerra è una bestia che dimora nel cuore e nell'anima dell'uomo e in determinate condizioni ci indemonia fino a distruggerci. La maggior parte delle religioni e delle mitologie possiedono delle divinità guerriere, mettendo così il potere della guerra nelle mani degli dei o spiegandone i fini in termini di volontà divina. In molte tradizioni, comprese quelle occidentali, si è sempre creduto che la guerra fosse uno dei mezzi che Dio ha per imporre la retta via, così sul campo di battaglia i combattenti e le nazioni fedeli erano ricompensati mentre gli infedeli venivano puniti con la sofferenza, la morte e i lutti.

La guerra ci espone agli elementi nella loro forza bruta, ai poteri cosmici, alle estreme condizioni e ai dilemmi morali più ardui. Essa modifica il nostro modo di pensare e di sentire, i sogni, la nostra capacità di agire e di adattarci alla società, i nostri gusti e le nostre credenze, le nostre idee sull'amore, la bellezza, la bontà, l'armonia, l'ordine, il rispetto, la reverenza e la soggezione. In breve la guerra – come potenza sovrumana e archetipa – trasforma le nostre relazioni con gli altri, con la società, con il divino e con noi stessi, nel cuore e nell'anima.

Il modo in cui la guerra rimodella i nostri sé e le nostre anime è l'oggetto principale di questo discorso. Nel peggiore dei casi tale trasformazione fa del reduce un individuo distrutto e arrabbiato, che si ribella e che è incapace di partecipare alla società, forse anche una persona violenta desiderosa di uccidere e morire. Nella migliore delle ipotesi, la metamorfosi può far scaturire un'identità saggia e compassionevole, matura e creativa, forte, generosa e devota, capace di recare grandi vantaggi alla società.

La guerra inevitabilmente spezza i cuori e nel peggiore dei casi li distrugge con il lutto e il dolore, rende freddi e vendicativi, facendo perdere ogni desiderio di amare e di vivere e persino spingendo a credere che la morte e la punizione eterna siano meritate. Nel caso migliore, invece, questa esperienza apre i cuori rendendoli malleabili e più ricettivi, amorevoli e compassionevoli, fornendo così la spinta a rendersi utili. Questa trasformazione dipende dalla preparazione e dal codice cui il combattente aderisce, dalle tradizioni in cui è nato e vive, dai motivi particolari per cui combatte e in nome dei quali è pronto a togliere la vita altrui e a dare la sua, nonché dal numero, dalla lunghezza, dall'intensità e dal tipo di esperienze traumatiche vissute prima e durante il servizio militare, e poi in guerra, e inoltre dal modo in cui la società impiega e si prende cura dei suoi combattenti durante il servizio militare, l'impiego e poi per il resto della vita. Il trauma violento colpisce a tutti i livelli, da quello personale a quello globale e attraverso le generazioni, minando le convinzioni culturali, religiose, etniche e archetipiche, e si riverbera nelle arti, nelle strutture sociali, nell'ambiente in cui viviamo e nelle nostre credenze e pratiche religiose. Tutto ciò è stato riconosciuto da chi si occupa di trauma e cerca di aiutare le persone ferite, anzitutto considerando che queste ferite hanno cause non individuali ma collettive, storiche, culturali, transgenerazionali, ancestrali e perfino ecologiche.[3] Quasi tutte le nazioni moderne hanno conosciuto la guerra. Da quando sono stati fondati, gli Stati Uniti hanno partecipato a nove grandi guerre e oltre cinquanta conflitti minori,[4] con più di 1.186.000 morti,[5] motivo per cui uno studioso ha definito questa nazione "un paese fatto dalla guerra".[6] Il comandante Mark Russell è stato psicologo della Marina, esperto di traumi con oltre ventisei anni di servizio, ora è professore di psicologia e sostiene:

> All'indomani della seconda guerra mondiale, il generale Dwight Eisenhower, comandante in capo dell'esercito degli Stati Uniti, fornì questa sincera spiegazione per il milione e centomila vittime neuropsichiatriche: "Mentre cerchiamo le tante cause della disabilità psichiatrica al fine di correggerle, dobbiamo mettere al primo posto l'assenza *prima della guerra* di una pianificazione per prevenirle e curarle. Questo errore è stato commesso dal Dipartimento della Guerra e dal servizio tecnico del Dipartimento di Sanità, ed è stato ignorato dagli psichiatri".[7] Tragicamente, dopo ogni grande guerra americana dal XX secolo in poi, i capi militari, compresi quelli della nostra generazione, hanno ammesso in modo analogo di ignorare le ben documentate lezioni sul trauma di guerra, fondamentali quanto un'adeguata pianificazione e preparazione. In tal modo hanno contribuito a ripetere, in tempo di guerra, il ciclo delle crisi psichiatriche che potevano essere previste *prima*, che si ripresenta nella storia degli Stati Uniti in media ogni otto-dodici anni.[8]

Non c'è nulla di nuovo in questo. Le due epopee che fondano la civiltà occidentale, l'*Iliade* e l'Antico Testamento, sono "bibbie di guerra" di immensa brutalità. Nella tradizione occidentale, come si legge nella Genesi, il primo omicidio è stato un fratricidio e da allora i fratelli si uccidono fra loro. Ci hanno insegnato per millenni che questa violenza e le sue conseguenze traumatiche ci accompagnano fin dall'inizio e quindi che la propensione alla violenza, "il dio della guerra", "la bestia", debbano necessariamente far parte della natura umana.

Le radici ferite

Alla radice del mondo occidentale, le due tradizioni sorelle giudaico-cristiana e greca hanno dato vita e forma alle nostre culture e civiltà, tanto che i loro valori, credenze, pratiche, istituzioni e opere creative costituiscono la nostra eredità ancestrale, anche per ciò che concerne la guerra. Infatti, secondo Joseph Campbell, l'*Iliade* e l'Antico Testamento sarebbero le due più grandi opere di mitologia guerriera in Occidente[9] e infatti, benché noi comunemente la consideriamo come una fonte di ispirazione e di istruzione religiosa e spirituale, la Bibbia è anche intrisa dell'orrore della guerra.[10]

Che ne siamo consapevoli o no, assorbiamo la cultura della guerra dalle radici e quindi dobbiamo vedere la profondità e il grado in cui l'impatto transgenerazionale della guerra ha plasmato ciascuno di noi e la nostra civiltà. Lungi dall'essere patologie individuali o malattie moderne, le ferite dei veterani e delle loro famiglie continuano la tradizione degli antichi guerrieri nel presente, anche se in modo forse più distruttivo. Poiché questo schema si ripete da millenni, siamo arrivati ad accettare la guerra e la violenza di massa come normali e inevitabili e ciò ha assunto una portata così generale che tolleriamo le sofferenze e la morte dei civili come "danni collaterali", giustifichiamo la tortura e l'omicidio a lunga distanza realizzato per mezzo delle macchine e permettiamo la profanazione del pianeta nella "guerra globale". Esaminiamo dunque le radici primitive e la formazione della civiltà occidentale per comprendere il grado e la profondità a cui la guerra, la violenza e il trauma ci hanno plasmato per millenni, al punto da sembrare innati nella condizione umana.

Antico Testamento e Grecia antica: echi nel tempo

L'Antico Testamento racconta una storia infinita di guerre, omicidi, stupri, incesti, tradimenti, cataclismi, schiavitù e abusi. Molta crudeltà è rivolta contro l'antico popolo ebraico,[11] che a sua volta perpetrò grande violenza contro se stesso e contro altre tribù e religioni. Ci viene detto che molto di questo fosse voluto da Dio, persino il genocidio se necessario,[12] pertanto la guerra e la violenza sarebbero una parte inevitabile della nostra condizione umana? Le produciamo da sempre? Dio le benedice o le condanna? A quali condizioni? L'Antico Testamento offre un'inquietante visione pessimistica e ambivalente della natura umana in generale e della guerra e della violenza in particolare.

Nella Genesi, Caino, il primo figlio dei primi esseri umani, uccide suo fratello Abele per gelosia, subendone le conseguenze per il resto della vita. Fin dal principio dunque, il fratello uccide il fratello per possedere la terra, il potere o la fortuna, ma chi uccide cambia, si separa dalla presenza divina, viene bandito e condannato a vagare senza casa per la terra con una colpa troppo grande da perdonare.[13] Al tempo di Noè, continua il racconto biblico, gli esseri umani diventano così corrotti che Dio ne distrugge la maggior parte per purificare la terra e ricominciare: qualunque cosa che respiri sulla terra muore[14] e il giusto Noè e la sua famiglia rimangono gli unici testimoni e sopravvissuti. Ma subito dopo essere sbarcato dall'arca, Noè offre alcuni animali e uccelli in sacrificio, pianta il primo vigneto da cui ricava il primo vino con il quale s'ubriaca fino a svenire, così che al risveglio impreca contro il figlio più giovane, Canaan, che lo ha visto nudo, e lo scaccia da sé.[15] Sono lo shock e l'orrore a spezzare l'uomo scelto da Dio per la sua bontà, fino a farne un violento? Dio perde a quel punto ogni illusione sull'umanità: "Non maledirò più il suolo a causa dell'uomo, perché l'istinto del cuore umano è incline al male fin dalla adolescenza".[16]

L'Antico Testamento procede in avanti come un racconto di traumi personali, storici e naturali che sembrano essere l'eredità umana, al punto che i personaggi biblici vengono spesso deformati da questa sofferenza. Tra i molti esempi, ricordiamo Abramo che dà sua moglie a un altro uomo per promuovere la propria posizione e che alza il coltello per uccidere suo figlio. Giacobbe mente a suo padre, ruba a suo fratello, disprezza la moglie per amore della sorella minore e fa delle preferenze tra i propri figli, e alla fine i suoi fratelli lo vendono come schiavo. Mosè uccide un egiziano, s'adira con gli israeliti e disubbidisce a Dio distruggendo una roccia per trarne dell'acqua. Il suo generale Giosuè guida orde di schiavi liberati e i loro figli nelle guerre di conquista e saccheggia altri popoli e le loro terre, a volte fino a eccessi di distruzione genocida, al punto che Joseph Campbell chiama il Libro di Giosuè il più grande libro di guerra.[17] Il resto dell'Antico Testamento narra una serie di eventi traumatici grandi e piccoli, personali e collettivi, nei quali ritroviamo sempre l'antico avvertimento: "L'istinto del cuore umano è incline al male fin dalla adolescenza".

Mosè dice "scegli la vita", ma la guerra è intrinsecamente una scelta di morte e quando viene eletta bisogna essere assolutamente sicuri che questa è l'ultima e unica opzione rimasta dopo che tutti gli altri sforzi sono falliti, ed esclusivamente al fine di proteggersi in modo tale che i danni siano minimi e gli innocenti non siano messi in pericolo, come viene ripetutamente raccomandato dalla saggezza biblica. A re David viene consigliato di non uccidere senza motivo o per vendetta in modo che non debba provarne rimorso o dolore,[18] ed è scritto che tra le "sette cose che il Signore odia e non può tollerare" ci sono le condizioni della guerra – cioè "occhi alteri, lingua bugiarda, mani che versano sangue innocente, cuore che trama iniqui progetti, piedi che corrono rapidi verso il male".[19] La tradizione biblica insegna non solo a evitare di compiere azioni sbagliate, ma anche ad agire bene in guerra. Nella storia di Abramo, il patriarca si rifiuta di combattere per la terra, il potere e la conquista delle risorse durante la guerra dei nove re, ma quando suo nipote Lot viene preso prigioniero allora si arma e lotta per liberarlo e rifiuta il bottino, permettendo ai suoi uomini di prendere solo quei beni che avevano perduto durante i combattimenti.[20]

Tuttavia, Dio ordina ad Abramo di sacrificare Isacco e Abramo bandisce l'altro suo figlio, Ismaele, nel deserto. Questo modo di trattare i figli suggerisce due metafore per riflettere su altrettanti fenomeni prodotti dalla guerra, ovvero il trauma di sentirsi sacrificati da chi dovrebbe invece proteggere e amare i propri figli, e il trauma di essere emarginati.[21]

Anche la storia di Sara, che segue il salvataggio di Isacco, fornisce una metafora di guerra: mio zio servì come medico nella Battaglia delle Ardenne e quando venne dichiarato disperso, i capelli di mia nonna diventarono bianchi quasi da un giorno all'altro. Come Sara, anche lei morì di una morte prematura e dolorosa solo pochi anni dopo il ritorno del figlio, e come accadde per mio zio traumatizzato, difficilmente sentiamo parlare di Isacco dopo il suo mancato sacrificio. La vicenda di Isacco è stata menzionata da diversi sopravvissuti per dimostrare che la guerra è un tradimento perpetrato dai padri che sacrificano i figli in nome della patria.[22] Questa storia è chiamata *Akedah*, che in ebraico significa "legame", e si riferisce sia all'immobilizzazione letterale di Isacco sull'altare che al vincolo simbolico tra Abramo, Isacco e Dio sancito da un giuramento. Ora, con i giuramenti si celebrano i matrimoni, si concede la cittadinanza agli stranieri immigrati, si trasforma un privato cittadino in un funzionario pubblico, e soprattutto un civile in un soldato. I giuramenti legano in modo irrevocabile e implicano una trasformazione dell'identità con il conseguente cambiamento dello status sociale. I civili che prestano il giuramento militare sono obbligati a servire e a sacrificarsi, a prescindere da ciò che gli venga chiesto di fare, fosse anche uccidere o essere uccisi. Poiché anche l'esperienza di combattimento è un legame che produce un'intensa intimità tra i combattenti, anche con i nemici, spesso i sopravvissuti giurano eterna fedeltà a coloro con cui hanno condiviso questa esperienza estrema. Si impegnano a onorare la memoria dei caduti, a dimostrarsi degni del loro sacrificio e a mantenere le ultime promesse che hanno fatto ai compagni morenti, per esempio recapitare i loro ultimi messaggi a casa. Per fare un esempio, il poeta Walt Whitman aveva quarantadue anni quando partecipò alla guerra civile e nel dicembre del 1862 si recò a Washington per prendersi cura di suo fratello ferito. Commosso dalle sofferenze di tutti i feriti che erano con lui, decise di prestare servizio come infermiere per il resto della guerra, seduto "accanto ai feriti per curarli", o vegliando "silenzioso, i morti".[23] Whitman continuò a ricordare e sognare quei feriti ancora decenni dopo: "Nel sonno di mezza notte molti visi di angoscia io sogno / Da prima sembianze di feriti mortalmente [...] / Poi di morti, giacenti sul loro dorso, con le braccia distese, / Io sogno, io sogno, io sogno".[24] I sopravvissuti improntano le loro vite e interpretano i loro incubi come manifestazioni di fedeltà verso i caduti, come per esempio nel caso della poesia del tenente colonnello canadese John McRae *In Flanders Fields*: "Se non sarai fedele a noi che moriamo / noi non dormiremo".

La guerra, quindi, ripropone eternamente questo legame in modo archetipo perché essa è sempre, in sostanza, l'altare sacrificale dove il padre alza il coltello e il figlio attende.[25] Così come i commentatori si sono chiesti per secoli se Abramo adempia o fallisca la prova impostagli da Dio, similmente possiamo chiederci se le nostre truppe, dopo che il frastuono svanisce, possano ritenere che la causa giustifichi gli ordini e le loro conseguenze. I politici legittimano sempre il sacrificio dei soldati ammantandolo di retorica e nobiltà, ma come viene vissuto il sacrificio dei figli dai genitori? Un giovane americano di nome Barry mi disse che aveva pensato di fuggire in Canada piuttosto che andare in Vietnam e sua la madre gli aveva detto: "Se lo fai, non metterai mai più piede in casa mia", e così lui partì per una guerra in cui non credeva. Troppo spesso i veterani e l'opinione pubblica si trovano paralizzati nel dubbio che il loro sacrificio sia inutile. Il veterano della prima guerra mondiale Wilfred Owen si chiedeva quale trasformazione permanente avesse cambiato il mondo, al punto da far diventare lecito il sacrificio violento dei figli da parte dei genitori.

Esiste un ambiguo legame tra il sacrificio e il senso di colpa. Roy era un mitragliere elicotterista in Vietnam e mi confessò che durante la guerra sparava con la mitragliatrice pesante contro i bufali ogni volta che ne aveva la possibilità, facendoli letteralmente esplodere. Diceva di aver ucciso persone e animali a distanza, dall'elicottero, solo per vendicare i compagni caduti o per divertimento, perché era un ragazzino sempre imbottito di droga come tutti gli altri e quella era la sua reazione. La famiglia, gli assistenti sociali e altri veterani americani e vietnamiti gli hanno offerto amore, comprensione e perdono, ma lui non si è mai perdonato. Come i figli di Giacobbe, anche lui ha "ucciso le persone" e "storpiato i bufali" con ira e non ha mai sentito di meritare alcuna benedizione, dopo avere scoperto di essere stato così "feroce" e "crudele" e di portare addosso la maledizione di Giacobbe.[26]

I greci, l'altra radice della cultura occidentale, hanno tramandato molte storie di traumi di guerra attraverso la mitologia, la letteratura e la storia. Nelle *Storie*, Erodoto scrive di uomini che tremano scioccati sia prima che dopo la battaglia e racconta di due dei trecento spartani inviati alle Termopili per rallentare l'invasione persiana, i quali furono congedati affinché si facessero curare delle infiammazioni agli occhi. Uno di loro tornò a combattere e fu ucciso mentre l'altro, dopo essere tornato a casa, visse in disgrazia e nella depressione e fu soprannominato "il tremante", e soltanto provando il proprio valore nella battaglia di Platea recuperò in seguito l'onore perduto. Un altro dei trecento, che non aveva combattuto perché incaricato di portare un messaggio lontano dalla battaglia, si impiccò dopo la strage dei compagni.

Storie simili continuano a ripetersi anche oggi. Jeremy, un Marine che si era offerto volontario per il servizio mortuario in Iraq, era in ospedale ammalato quando la sua unità fu schierata. Benché fosse rimasto negli Stati Uniti, continuò a prendersi cura dei corpi dei compagni caduti per un anno con rispetto e dignità. Tuttavia, sentendosi sminuito come persona e come Marine per il fatto di non essere con i suoi compagni nella zona calda, e maturò sensi di colpa e intenzioni suicide. Ogni soldato, antico o moderno che sia, può a volte restare escluso o essere allontanato dal combattimento a causa di malattie, lesioni o condizioni psicosomatiche, e questo non di rado causa sofferenza, depressione e pensieri suicidi.

Un altro esempio antico è in Plutarco, che racconta come i difensori di Siracusa assediata dai romani divennero muti per il terrore. Anche i soldati delle guerre moderne sono spesso affetti dal mutismo, che è stato un fenomeno comune, per esempio, durante la prima guerra mondiale, spesso così grave che i soldati venivano sottoposti a forti scariche elettriche, molto dolorose, affinché ne guarissero. Jonathan Shay ha mostrato sorprendenti parallelismi tra i soldati delle guerre di 3000 anni fa, riportate nei poemi epici di Omero, e la Guerra del Vietnam e ha giustamente scritto che Omero notava cose di cui noi, con la psichiatria e la psicologia, quasi non ci accorgiamo, soprattutto il trauma morale – che Shay chiama il "tradimento di ciò che è giusto" – e l'importanza che ricopre il cosiddetto stato del *berserk*.[27] Secondo Shay, l'*Iliade* può essere letta quasi come un "manuale" sulle ferite traumatiche di guerra. Prendiamo l'esempio di Achille, il guerriero più feroce dell'esercito greco che prima del conflitto aveva tentato di sottrarsi alla guerra camuffandosi da ragazza quando i "reclutatori" erano andati a cercarlo, perché non credeva in quel conflitto ma non vedeva nessun modo onorevole per tirarsi indietro. Achille disprezza gli altri condottieri, che reputa incompetenti ed egoisti, non condivide le ragioni della guerra contro Troia né il modo in cui viene condotta, e soprattutto odia Agamennone che gli ha sottratto il bottino. La sua furia nei confronti di Agamennone è tale che solo l'intervento divino può scongiurarne l'assassinio, quando Atena ordina ad Achille di uccidere il suo avversario con le parole invece che con le armi. Questo intervento della dea, però, lo scoraggia al punto che l'eroe si tira fuori dalla lotta e solo la morte dell'amico Patroclo, ucciso in battaglia mentre indossa le sue armi, lo convince a tornare sul campo dove massacra i guerrieri nemici, i prigionieri e commette terribili atrocità.

Achille cade nella frenesia del *berserker*, una parola originariamente usata nella tradizione nordica per indicare i guerrieri posseduti dallo spirito selvaggio dell'orso e del lupo.[28] Persi i sentimenti umani e sprofondato in un dolore inconsolabile, combatte per vendetta benché sia al corrente della profezia secondo la quale, se fosse rimasto in battaglia, sarebbe stato ucciso ma ricordato con onore. Achille preferisce questo destino a una vita civile placida ma consumata dalla vecchiaia e dalla decrepitezza. I greci arcaici ritenevano che questa fosse una scelta nobile e ancora oggi ci sono molti veterani che hanno l'impressione di poter vivere soltanto nel mezzo del combattimento, che questo sia l'unico posto in cui vale la pena di stare, o che l'unica scelta di vita onorevole sia quella di combattere fino alla morte al fianco dei propri compagni.

La prima parola dell'*Iliade* è *minis*, che indica una "rabbia", "ira" o "furia" così estrema che sembra sovrumana e che Jonathan Shay traduce con "ira indignata" aggiungendo che "*La rabbia* sarebbe il titolo appropriato per il poema di Omero".[29] In ogni conflitto armato il combattente è incline all'ira perché la sua vita e quelle dei compagni sono poste sotto l'immediata minaccia della violenza. L'ira vince il terrore perché permette al combattente di scagliarsi contro chi lo minaccia, e ciò fa comprendere il modo di dire "uccidere o essere ucciso". Per fare un esempio, Jack si trovava nella giungla a capo di una squadra di ricognizione alla quale si attribuivano oltre duecento uccisioni di vietcong. "Non uccidi perché vuoi fare del male a qualcuno", mi spiegava. "Solo i malati di mente lo fanno. Si tratta di una rabbia omicida, una rabbia che ti salva la vita [...]. Nella boscaglia non uccidi per rabbia ma per paura".[30] L'ira può salvare il combattente ma alla fine può anche sopraffarlo e distorcerne l'ego e la ragione, quelle parti della psiche responsabili di regolare e canalizzare le emozioni intense. Il generale britannico Fuller osservò alla fine della seconda guerra mondiale – che secondo lui era stata una guerra di "distruzione senza precedenti" e "di impareggiabile disumanità" – che "se lo scopo dell'uomo di stato è puramente distruttivo, allora chiaramente l'attività del soldato deve diventare degna d'un mattatoio [...]. Se la politica è folle, la guerra non può essere altro che follia resa letale".[31] Infatti, quando le cause o i comandanti di una guerra troppo lunga e insopportabile si dimostrano ingiusti, immorali o discutibili, le perdite sono sproporzionate, chi rimane a casa è indifferente o addirittura ostile, e l'ira nei combattenti diventa davvero incontrollabile.

Nell'*Iliade*, il vero avversario di Achille è il principe troiano Ettore che, ugualmente impegnato nella lotta e nel massacro, fa un uso rigorosamente morale e altruistico della forza, in quanto combatte per proteggere sua moglie e suo figlio, i genitori anziani, la sua gente e la città dagli invasori. Shannon French, quando insegnava all'Accademia navale degli Stati Uniti, citava il carattere e il destino di Ettore per formare gli ufficiali di Marina:

> Ettore trae il suo codice dal giudizio collettivo della sua cultura e dai suoi coetanei [...]. Achille combatte per motivi personali e non si preoccupa del benessere altrui [...] mentre Ettore lotta per difendere Troia e il suo popolo. Achille non sogna alcun futuro oltre il campo di battaglia, Ettore desidera invece una vita pacifica, a casa con la sua famiglia. Achille è consumato dalla rabbia, Ettore è spinto dal dovere.[32]

Gli studenti della professoressa French pensavano quindi che il più grande guerriero è un Ettore vittorioso, il cui codice rigoroso è lo scudo che lo protegge dal trauma. Le tragedie della guerra accadono a volte perché gli "Ettori" non vincono e perché le armi non fanno distinzione tra il bene e il male, poiché la superiorità morale non è garanzia di vittoria né di sopravvivenza. Anche se Ettore dovesse trionfare, la sofferenza rimarrebbe grave, così che molti sopravvissuti arrivano alla conclusione che in guerra non esistono vincitori. Come può allora un soldato costruirsi uno scudo morale come quello di Ettore nelle condizioni della guerra moderna?

Per rispondere, menzionerò i viaggi di guarigione e riconciliazione che ogni anno faccio in Vietnam con gruppi di veterani e civili nel delta del Mekong, dove incontriamo i veterani vietcong. Lì c'è Nguyen Tam Ho, noto come "il signor Tiger", che ha novantadue anni, venticinque dei quali trascorsi combattendo contro tre generazioni di invasori, giapponesi prima, francesi poi e americani per ultimi. In principio era un *vietminh*, poi un vietcong e infine uno dei primi *minutemen* americani, le milizie locali non pagate e incaricate di organizzare servizi di difesa. Nonostante sia stato un combattente per un quarto di secolo, il signor Tiger è sano e felice, amichevole e sereno. Vive su una piccola isola circondato da tre generazioni della sua famiglia e si crogiola nella bellezza del delta, che da quarant'anni aiuta a bonificare dalle bombe e dai veleni. Ben, che in Vietnam era mitragliere sugli elicotteri e sparava "a tutto ciò che si muoveva" fu abbattuto e ferito dopo pochi mesi e circa una decina di missioni. In seguito all'incidente fu trasferito nel Pacifico a caricare le bombe che andavano poi a devastare proprio quella terra dove noi adesso stavamo con il signor Tiger. Le ferite gli causarono parecchie complicazioni fisiche che si andarono ad assommare alle malattie dovute all'esposizione all'Agente Orange e ai frequenti incubi in cui Ben riviveva l'incidente e la morte dei compagni d'equipaggio. "Non capisco," sbottò un giorno Ben, all'ombra delle fronde di palma sul portico della casa del signor Tiger. "Sei stato in guerra per venticinque anni e dormi come un bambino. Io ci sono stato solo quattro mesi e questa cosa mi ha torturato per tutta la vita. Qual è la differenza tra noi?". "Per quanto ho capito", gli ha risposto il signor Tiger, "non esiste alcun disturbo da stress postraumatico tra i veterani in Vietnam, nessuna ferita psicologica. Questo perché non eravamo noi gli invasori. Abbiamo combattuto solo per proteggere le nostre famiglie, le case e il paese". Poi ha allargato le mani come per abbracciare il nostro gruppo e ha aggiunto: "Durante la guerra non ho mai pensato a voi come americani. Ho sempre rispettato l'America. Un invasore, al contrario, è qualcuno che viene nel tuo paese e tenta di ucciderti i figli e di rubarti la terra. Io ho sempre combattuto gli invasori".[33]

Tanto nell'antichità quanto oggi, dalla Bibbia alla Convenzione di Ginevra, dal George Bush che ridefinisce la "tortura" al Barack Obama che giustifica le uccisioni compiute tramite gli aerei-droni, i leader politici hanno stabilito quale fosse l'uso morale e immorale della forza e della violenza. I soldati devono eseguire gli ordini, ma vogliono giustamente sapere cosa devono fare in combattimento e quale sia la miglior condotta, come disse il generale William Lennox Jr. mentre era sovrintendente a West Point, aggiungendo che il possibile sacrificio della vita impone che la causa ne valga la pena.[34] Nick, per esempio, un altro mio testimone, desiderava essere un grande guerriero in qualche battaglia epocale e ha servito nella Guardia Nazionale per vent'anni prima che gli si presentasse la possibilità di farlo. "Sono andato in guerra", mi ha detto, "per essere come Ettore che difende le porte di Troia. Ma non mi hanno dato Troia o Gettysburg o la spiaggia della Normandia. Mi hanno dato quella sporca, merdosa guerricciola in Iraq". Per proteggersi dai traumi e uscire dalla guerra con onore, i combattenti dovrebbero sempre emulare Ettore anziché Achille, o il signor Tiger invece che il mitragliere Ben. Ed è invece compito della società proteggere i combattenti dal finire sacrificati in cause che ne tradiscano la coscienza.

Guerra, trauma e religione

La devozione e la ricerca religiosa del senso sembrano in contraddizione con la guerra, ma di fatto sono profondamente correlati perché non è possibile togliere la vita, perdere i cittadini e le persone care o devastare la terra e ferire chi vi abita e le sue risorse senza anzitutto danneggiare se stessi. C'è quindi bisogno di un orientamento morale, spirituale e religioso che aiuti a evitare i conflitti o almeno a ridurne i danni immediati e a lungo termine. Tuttavia, nel corso della storia spesso sono proprio le religioni a causare o promuovere le guerre e le violenze, perché ogni qualvolta crediamo che la nostra aggressività adempie la volontà di Dio, allora il connubio tra religione e potere scatena selvagge forze distruttive.

In ogni situazione di antagonismo si tende a invocare argomenti etici e religiosi per rafforzare le proprie posizioni e respingere i nemici: "Osserva, Dio, e giudica noi e i nostri nemici che ci hanno imposto questa guerra empia e contro natura". Così predicava il rabbino James Gutheim dal suo pulpito a Montgomery in Alabama, durante la guerra civile a sostegno della Confederazione e della schiavitù: "Benedici, o Padre, i nostri sforzi per una causa che concepiamo come giusta [...] benedici e proteggi gli eserciti armati".[35] La posizione comune di "noi siamo giusti e santi, loro hanno torto e sono il male" rafforza la violenza mentre ciascuna parte cerca di dimostrare la propria posizione, che include anche la giustificazione dei crimini attraverso la vittoria militare. Tutte le parti replicano in tal modo la stessa convinzione che aveva re

David pregando il suo Dio: "Mi hai liberato dalle contese del mio popolo, mi hai conservato capo delle nazioni; un popolo che non conoscevo mi ha servito [...]. È Dio che fa la vendetta per me; mi sottomette i popoli, e mi libera dai miei nemici".[36]

Può sembrare che un abisso incolmabile separi la dimensione spirituale ed etica dalla nostra realtà mondana e politica e che il senso comune e le azioni violente spesso si rinforzino a vicenda piuttosto che limitarsi. I veterani confessano spesso di sentirsi traditi a causa di queste contraddizioni in modo quasi formulaico: "Pensavo di andare in guerra per questo, ma poi laggiù ho fatto quest'altro, invece. Mi sento un mercenario piuttosto che un combattente e mi chiedo se sono un assassino". Alcune persone trascorrono talvolta l'intera esistenza rivivendo senza sosta questi tormenti che ricordano la storia di Giobbe, perché perdono gli amici, i beni, la casa e vedono con impotenza il loro intero mondo crollare ingiustamente e inaspettatamente.

Qual è stato il risultato? Come Giobbe, che finisce con il giacere su un mucchio di letame, i reduci di guerra si sentono traditi dall'umanità e non riescono a riprendere la vita ordinaria, così maledicono Dio, del quale non sentono più la voce. Dove si trova in tutto ciò Dio?, si domandano spinti dalla sofferenza. Perché Dio permette le guerre e lascia che gli innocenti muoiano? Ha senso lottare contro il male? I reduci, nel dubbio di essere colpevoli e meritevoli della sofferenza che li affligge, si chiedono allora se abbia senso continuare a vivere. Tina, tenente dell'esercito, mi disse quando tornò dall'Afghanistan: "A volte io e i miei compagni ci sentiamo come se fossimo in combutta con il diavolo". Un colonnello disse, dopo diverse missioni: "Sono giunto a credere che l'esercito degli Stati Uniti possa far torto persino a Dio stesso". E un altro cappellano di battaglione appena tornato dall'Afghanistan mi ha detto: "L'esercito era lì per uccidere, non per la verità o per la giustizia". Come si vede, l'impatto del male e della morte può scuotere e distruggere le basi morali e spirituali dei sopravvissuti, i quali non hanno la fede per dire "Anche se vado per una valle oscura, non temo alcun male, perché tu sei con me",[37] ma piuttosto dicono: "Salvami, o Dio, perché le acque mi sono penetrate fino all'anima".[38]

Chiunque sopravviva alla guerra potrebbe far propri questi sentimenti contrastanti, dubitare di Dio e del bene, scoprendosi incapace di trovare risposte o compagni con cui confidarsi. Dalle testimonianze antiche e moderne apprendiamo che la guerra è così brutale e distruttiva che causa sofferenza universale, essa è un arena in cui l'anima è sottoposta alle prove più ardue. Il cappellano militare Tyger ha concluso, dopo essere stato in Afghanistan: "In combattimento, l'onestà ci richiede alla fine di essere chiari con noi stessi e di ammettere che non ci sono risposte finali alle domande sulla fragilità umana, ma solo tentativi umani di trovarle".[39] Certo, ammettere tale onestà quando si parla di guerra può essere molto difficile perché il prezzo potrebbe essere molto caro, come mi insegna la vicenda di Peter, un soldato sopravvissuto ai proiettili durante l'assedio di Khe Sanh e nella zona demilitarizzata in Vietnam, e poi successivamente scampato alle sparatorie di Kent State, in Ohio. Dopo decenni di silenzio, mi ha detto alla fine:

> Lungi dal "fare il mio dovere in modo onorevole", l'ho svolto solo perché non ho avuto il coraggio di andarmene dal campo di battaglia. L'orrore che si somma all'orrore sta nel fatto che abbiamo sacrificato volontariamente così tanti dei nostri e venti volte dei LORO, quando perfino i nostri capi ormai dubitavano della causa. La mia terribile verità è che sapevo allora che il nemico che stavo affrontando meritava di vincere. Ecco, l'ho detto. HANNO MERITATO DI VINCERE. E NOI ABBIAMO FATTO UNA CAZZATA. E non possiamo farci proprio niente, non importa quanti Giorni del Veterano o Quattro Luglio ci butti sopra. Cosa c'è di onorevole nell'essere stati usati in modo tanto disonorevole? Una banda di fratelli? Sì, ma questa banda di fratelli accetta di esser congedata con onore da una causa disonorevole? E possiamo resistere al facile mito degli eroi che devono emergere da avventure tutt'altro che eroiche?[40]

Quando si tratta di guerra, non possiamo sovraimporre ad essa i nostri desideri e le proiezioni fantastiche per glorificarla, giustificarla e per proteggerci dal dolore. Della guerra bisognerebbe affermare soltanto la verità.

Quattro verità sull'essere soldati

Il generale Kevin Turner è assistente capo dei cappellani dell'esercito americano, è un uomo forte e diretto con una corporatura da bulldog, occhi d'un blu profondo e la testa ben rasata. Turner è un militare da ventotto anni e ha iniziato la carriera come soldato di fanteria, prima di essere ufficiale delle forze speciali per otto anni, durante i quali ha partecipato a molte missioni, inclusa quella nel nord dell'Iraq negli anni Novanta. In seguito è diventato cappellano benché all'inizio, come mi ha detto, non avesse una forte vocazione. Tuttavia ne aveva abbastanza di combattere e questo era sufficiente. Ironia della sorte, ha aggiunto, i suoi anni migliori nell'esercito sono stati i quattro e mezzo in cui ha servito come cappellano per gli operatori speciali di tutte le specialità. Molti cappellani militari nascono come combattenti e Turner ed io abbiamo riflettuto insieme chiedendoci se diventare cappellano aiuti forse a "bilanciare la bestia con il sacerdote", o se non sia un percorso di espiazione. Il generale Turner si è recato in Afghanistan nel 2013 per sostenere il dialogo tra i militari e il fronte interno. Voleva che le truppe sapessero che la popolazione le sosteneva e allo stesso tempo voleva che la gente a casa conoscesse le difficoltà e le esigenze delle truppe al fronte. Assieme abbiamo tenuto una conferenza nei corsi di formazione del 2012 per i cappellani dell'esercito.[41] Dal podio Turner fissava il pubblico di parecchie centinaia di militari, i quali indossavano diverse migliaia di nastrini, e ha detto: "Tutti i soldati hanno paura, si sentono in colpa e si vergognano. Tutti i soldati chiedono "perché?". Ed è nostro compito amarli". Poi si è seduto. Non esistono solo gli archetipi della guerra e del guerriero, ma esiste anche una dimensione universale della vita militare e della guerra che ricorre in tutte le epoche e in ogni luogo dove si svolgono i conflitti. Il cappellano Turner ci ricorda che "tutti i soldati" sperimenteranno in combattimento delle condizioni primordiali, intrinseche alla guerra, che mettono alla prova il loro corpo e spirito in maniera radicale.[42]

La guerra come arena sacra

In guerra gli esseri umani assumono la prerogativa divina di risparmiare la vita o di infliggere la morte, determinando "attraverso il fuoco o l'acqua" chi sarà sommerso o salvato. Togliere la vita è l'essenza della guerra ed è anche un atto essenzialmente morale e spirituale, infatti la nostra cultura ci insegna che tale potere supremo può essere esercitato solo per gli scopi più elevati. Alcune culture tradizionali imponevano persino ai loro guerrieri di spiegare alle vittime i motivi per cui morivano. Proprio perché diventiamo arbitri della vita, della morte e del destino, con la guerra entriamo in una dimensione spirituale dove dobbiamo affrontare questioni estreme, perciò Karl Marlantes chiama "questo spazio sacro in tempo di guerra" il "Tempio di Marte".[43] Il celebre capotribù *apache* Geronimo spiegava, parlando del suo popolo, che "Dal momento in cui viene dato il comando di muovere guerra [...] tutto assume una veste religiosa".[44] Per gli *apache*, la guerra e la sua funzione di conservazione della vita erano così sacre, profonde e necessarie alla sopravvivenza che durante conflitto il loro intero modo di vivere cambiava. Attività fondamentali come montare l'accampamento e la preparazione del cibo erano vietate e tutti gli oggetti relativi alla guerra venivano ribattezzati con nomi sacri, "Non si diceva più 'cavallo' ma 'cavallo da guerra' o 'destriero'; non 'freccia' ma 'dardo di morte'". Un codice guerriero li guidava, esprimendo una tradizione nella quale "non era empio uccidere i nemici". I guerrieri erano chiamati con titoli onorifici come "coraggioso" o "capo", a cui seguivano i loro nomi sacri, e venivano serviti da giovani per quattro anni che li seguivano anche in battaglia prima di diventare essi stessi guerrieri. Un aspetto della preparazione del combattente consisteva nell'apprendimento del linguaggio sacro perché la guerra – riassunse Geronimo – "è una solenne pratica religiosa".[45]

I popoli antichi condividevano pratiche simili di trasformazione del mondano in sacro durante la guerra, vestendo con massima cura i guerrieri, che indossavano amuleti magici e partecipavano alle cerimonie spirituali e comunitarie prima, durante e dopo il conflitto. A volte trascorrevano del tempo in rituali di purificazione o restando da soli nel deserto per parlare con gli spiriti e spesso gli uomini sacri li accompagnavano in combattimento. Andare in battaglia era un atto di portata sovrumana ed era necessario avere un supporto spirituale, perciò gli spiriti guerrieri che venivano evocati erano identificati con il potere cosmico ed erano spesso gli stessi eroi delle tradizioni mitiche. Diversamente dal moderno soldato comune, che si perde tra milioni di uniformi identiche nelle battaglie di massa, il guerriero individuale incarnava gli eroi della sua cultura che avevano combattuto per cause sacre sotto la protezione divina, maneggiando armi potenti o addirittura benedette e destinate a servire scopi elevati. In questo modo, consapevolmente oppure no, i guerrieri credevano di servire non soltanto il proprio popolo ma anche gli dei. I testi sacri, la mitologia e la fede politica connettono così nel tempo l'archetipo del guerriero alla sfera sacra ed è per questo che i combattenti di entrambi i lati spesso si concepiscono come servitori di una causa santa, a prescindere da cosa il nemico pensi di loro, della loro storia o della causa stessa.

Credenze, fede e guerra

Davanti a me stavano seduti ventiquattro veterani della seconda guerra mondiale. Nodosi e brizzolati, alcuni indossavano dei berretti da baseball con le insegne delle loro vecchie unità, navi o i luoghi dove avevano servito. Alcuni avevano portato perfino dei cimeli. Stavamo discutendo dell'impatto della guerra sui loro sistemi di credenze. Che cosa ne è della fede e dell'urgenza di pregare, nei momenti in cui la morte ci fissa naso a naso? In risposta citai l'adagio: "Non ci sono atei in trincea". Tre dei vecchi veterani erano stati tra i liberatori dei campi di concentramento e sentendo le mie parole uno saltò in piedi protestando, un altro diventò tutto rosso e il terzo scosse tristemente la testa. "Quel proverbio serve solo a consolare voialtri che non sapete", sbottò quello in piedi. "Qualcuno di voi è stato in quei campi? Avete mai visto che cosa gli esseri umani fanno ai propri simili? È peggio del combattimento. Nessun dio lo permetterebbe! Niente atei? Cazzate! La trincea crea gli atei!".

Legioni di sopravvissuti perdono le illusioni e la fiducia nel divino a causa dell'esperienza di guerra. Se siamo creati a immagine di Dio e quell'immagine include la guerra, l'ombra e tutti gli orrori che commettiamo sui nostri simili, chi è allora, dove è, che cosa è Dio? La guerra, come testimoniarono quei veterani, può far precipitare chi la esperisce in una disperazione tale da far smarrire il sentimento del divino e da far credere che non esista alcun Dio a prendersi cura di noi. Il poeta Siegfried Sassoon descrive questa condizione che aveva conosciuto nelle trincee della prima guerra mondiale:

> Abbiamo la forza di andare avanti
> noi che non adoriamo più Cristo?
> Resta di legno o di pietra questo Dio,
> mentre quelli che l'hanno servito gemono e si torcono
> sacrificati sull'altare della guerra?[46]

Wilfred Owen, poeta e amico di Sassoon e affetto da *shell-shock*, scrive: "I figli che offrimmo, rimpiangerebbero d'esser morti / se non ottenessimo in cambio niente di duraturo".[47] I sopravvissuti si chiedono sempre come gli altri giudicheranno il loro operato, e se i risultati siano validi e degni dei costi. Questo perché il peggio dell'umanità e del destino gli hanno preso tutto, come mi fece capire un veterano dell'Afghanistan dicendomi che nulla più suscitava il suo interesse, a meno che non si trattasse di qualcosa che stava per esplodere. I veterani diventano ciechi e insensibili all'esistenza civile, con i suoi piccoli piaceri e le sue difficoltà, e non possono essere riportati a quella vita fino a quando, come Giobbe, non avranno raggiunto una visione che consenta loro di dare un significato alle esperienze vissute e così di redimerle. Senza questa prospettiva, sono destinati a condurre una vita di cenere.

Questa ultima conseguenza della guerra ci porta giustamente al cuore del sacro, poiché la guarigione spirituale è necessaria per la riabilitazione dell'anima ferita, anche se proprio questi due aspetti del trauma sono rimasti seriamente trascurati. Duncan Sinclair era un cappellano in Vietnam che dopo la guerra ha continuato a lavorare come prete e medico, e più di vent'anni fa ha distinto il "trauma orribile" dal "trauma minore", sostenendo che il primo si vede soprattutto nello spirito, "dove si produce il danno profondo" e che proprio questo è l'aspetto che spesso i metodi di cura mentale finiscono con il sottovalutare. Sinclair sostiene che la condizione del disturbo da stress postraumatico è spirituale e che si verifica ai livelli più profondi,[48] e sottolinea che "la persona che ne sperimenta appieno l'impatto [...] viene impoverita e perde quegli attributi vitali e spirituali essenziali per vivere una vita piena", i quali includono la speranza, l'intimità, il senso del futuro, la serenità, i ricordi positivi, la spontaneità, l'integrità, l'innocenza, la fiducia e il timore.[49] Questo mi fa tornare in mente la moglie di Lot, che dopo aver visto la distruzione della sua città si trasforma in una colonna di sale, e la moglie di Giobbe che dice: "maledici Dio e muori". La perdita della capacità di meravigliarsi completa la disconnessione tra gli individui e il mondo perché crea "la convinzione che non ci sia niente di più grande nell'universo di quello che ha inflitto il dolore originale".[50] E quando il sopravvissuto smette di credere che esista qualche forza benevola nel mondo, il trauma stesso diventa quel potere supremo e la vita viene così definita dalle ferite che la guerra ha inflitto, mentre l'esistenza che rimane da vivere avvizzisce. Ayelet Berman-Cohen, veterano dell'aeronautica israeliana, esprime in versi l'orrore come essenza della guerra, un orrore che purtroppo desideriamo, la cui ferita diventa la nostra identità e che dopo unisce in una sola entità la guerra, l'individuo e le sue ferite:

PTSD, Dio della Guerra, abita in noi…
Noi l'ospitiamo.
PTSD nostra lingua segreta.
Celiamo la nostra devozione e l'amore per la guerra
e l'orrore che infligge dentro di noi…
Abbiamo danzato, ammazzato e partecipato
a ferire il cuore del mondo… e adesso…
con devozione e fiera intenzione
cogliamo la virtù della guerra,
per come la conosciamo, per quanto l'amiamo,
il nostro amato, spietato Dio della Guerra.[51]

Il terrore e l'orrore dell'uccidere, della morte e della distruzione in guerra hanno effetti così gravi, eppure nascosti o ignorati, che ci vuole coraggio per osservarli con sguardo schietto. La guerra non è solo un'arena sacra dove l'anima affronta delle sfide, essa è un vero e proprio viaggio attraverso l'inferno. Per capire la ferita della guerra e capire come curarla, dobbiamo adesso inoltrarci più profondamente in quell'inferno.

Note al capitolo 4
Arena per l'anima

[1] Richard Lattimore, *Introduction to the Oresteia*, in *The Complete Greek Tragedies. Vol. I: Aeschylus*, Chicago, University of Chicago Press, 1991, p. 1.

[2] Eschilo, *I sette contro Tebe*, in *Prometeo incatenato – I Persiani – I sette contro Tebe – Le supplici*, Milano, Garzanti, 1991[6], p. 173, v. 244. Epiteti simili ricorrono nei sette drammi sopravvissuti di Eschilo e dimostrano il grado in cui la società greca fosse familiare con gli orrori del combattimento e impiegasse le arti espressive per rappresentarli e purificarsene.

[3] Lisa Gale Garrigues, *Healing the Past*, «Yes! #», 66 (2013), 49-50.

[4] Questo numero è in realtà molto più alto se contiamo le cosiddette guerre indiane, iniziate quando gli Stati Uniti erano ancora una colonia e durate fino al 1890, con il massacro di Wounded Knee, come conflitti combattuti contro singole comunità indigene.

[5] Questa cifra include le morti in combattimento sommate a quelle in servizio. *Fact Sheet – America's Wars, 1775-1991*, US Department of Veterans Affairs (va.gov/opa / pubblicazioni / Factsheets / fs_americas_wars.pdf).

[6] Geoffrey Perret, *A Country Made by War*, New York, Random House, 1989.

[7] Il generale di brigata William Menninger era il consulente a capo della neuropsichiatria dell'esercito americano durante la seconda guerra mondiale e citò il generale Eisenhower in *Reactions to Combat. Psychiatry in a Troubled World*, New York, MacMillan, 1948, pp. 134-152 e 532.

[8] Il professor Russell ha fondato lo Institute of War Stress Injuries, Recovery, and Social Justice presso la Antioch University di Seattle, dedicato allo studio e all'informazione pubblica relativa alla prevenzione dei danni psicologici di guerra.

[9] Joseph Campbell, *Miti per vivere. Sulla terra e sulla luna, in guerra, in pace, in amore*, trad. Emma Milano, Mondadori, 1996.

[10] Bisogna tenere a mente che negli Stati Uniti la lettura della Bibbia è molto diffusa tra i cristiani come pratica spirituale fondamentale. L'influenza della sacra scrittura sulla coscienza morale degli americani è quindi molto forte ed effettiva [n.d.t.]

[11] Per essere precisi, Mosè, Davide e gli altri primi antenati della nostra civiltà erano ebrei. La parola *giudeo* venne ampiamente utilizzata per indicare i discendenti della tribù derivata da Giuda, una delle due che sopravvissero – tra le dodici tribù originarie – alla conquista assira e all'esilio intorno al 600 a.C. Prima di allora, "giudeo" si riferiva ai membri della tribù di Giuda, mentre la Giudea era uno dei due antichi regni del popolo ebraico. I giudei sono ciò che resta degli ebrei sopravvissuti e che hanno mantenuto l'eredità di Abramo.

[12] Dice Mosè al suo popolo: "Quando il Signore tuo Dio ti avrà introdotto nel

paese che vai a prendere in possesso e ne avrà scacciate davanti a te molte nazioni [...] più grandi e più potenti di te, quando il Signore tuo Dio le avrà messe in tuo potere e tu le avrai sconfitte, tu le voterai allo sterminio; non farai con esse alleanza né farai loro grazia". Deuteronomio 7: 1-6.

[13] Genesi 4: 13.

[14] Genesi 7: 22.

[15] Genesi 9: 25. La maledizione di Noè è stata storicamente usata per giustificare la schiavitù, perché il vecchio dice di suo figlio: "schiavo degli schiavi sarà per i suoi fratelli".

[16] Genesi 8: 21.

[17] Campbell, *Miti per vivere*, op. cit.

[18] Samuele 25: 30-31.

[19] Proverbi 6: 16-19. Pensando a questo passo della Bibbia possiamo domandarci come dovrebbero sentirsi i soldati che sono stati in Vietnam o in Iraq riguardo le menzogne che hanno causato quelle guerre? O i soldati che arrivano a credere che la loro guerra sia immorale? O qualcuno che per errore o a causa delle regole di ingaggio uccide dei civili? Come si sentono i soldati quando quelle stesse regole create per proteggerli li inducono invece ad agire in un modo che la Bibbia stigmatizza come un'offesa?

[20] Genesi 14: 1-24. Questa storia potrebbe insegnare che sebbene sia necessario lottare per la sopravvivenza o per salvare un proprio caro, sarebbe sempre opportuno non cercare di trarre profitto dalla guerra.

[21] Il fatto che entrambi i figli vengano risparmiati solo dall'intervento divino, non per mano di Abramo né dal caso, è un'ulteriore metafora di come il sopravvissuto trovi salvezza nella dimensione spirituale. L'interpretazione di questi traumi originali potrebbe suggerire, ancora metaforicamente, che la storia millenaria delle guerre in Medio Oriente prosegue le lotte transgenerazionali tra i discendenti di Isacco e di Ismaele, su cui grava l'eredità del padre. Sul letto di morte, infatti, il nipote di Abramo Giacobbe impartisce l'ultima benedizione a ognuno dei suoi figli, rifiutandosi però di onorare Simeone e Levi e di augurare loro fortuna nella vita (Genesi 49: 5-7). Ciò fa anche riflettere sul fatto che alcune famiglie hanno dovuto mandare in guerra molti o tutti i loro figli, spesso perdendoli. Ci sono oltre 44.200 madri in Vietnam, dette "eroiche madri vietnamite" (*Bà Me Viêt Nam Anh Hung*) e onorate dal loro paese, che nelle guerre contro i francesi e gli americani hanno perso molti o tutti i loro parenti. Negli Stati Uniti, le madri che subiscono qualcosa di simile possono ottenere supporto dall'associazione *Gold Star Mothers* e un riconoscimento durante le parate, ma il più delle volte sono destinate a patire in solitudine.

[22] Per un'analisi completa di questa interpretazione, vedi Tick, *War and the Soul*, op. cit., pp. 270-272.

[23] Walt Whitman, *L'assistente dei feriti*, in *Foglie di erba*, Milano, Sandron, 1907. p. 305.

[24] Id., *Vecchi sogni di guerra*, in *Foglie di erba*, op. cit., p. 475.

[25] Tick, *War and the Soul*, op. cit., p. 271.

[26] Dice Giacobbe sul letto di morte dei figli Simeone e Levi, cui nega ogni perdono: "nel loro conciliabolo non entri l'anima mia, al loro convegno non si unisca il mio cuore. Perché con ira hanno ucciso gli uomini e con passione hanno storpiato i tori. Maledetta la loro ira, perché violenta, e la loro collera, perché crudele!", Genesi 49: 5-7.

[27] Jonathan Shay, *Achilles in Vietnam. Combat Trauma and the Undoing of Character*, New York, Athenaeum, 1994, p. xiii. Vedi anche Id., *Odysseus in America. Combat Trauma and the Trials of Homecoming*, New York: Scribner, 2002.

[28] Vedi Shay, *Achilles in Vietnam*, op. cit., pp. 77-99 e Tick, *War and the Soul*, op. cit., pp. 36-38, 90 e 178.

[29] Shay, *Achilles in Vietnam*, op. cit., pp. 20-21.

[30] Tick, *War and the Soul*, op. cit., pp. 88-89.

[31] John Fuller, *The Second World War. 1939-45*, New York, Duell, Sloan e Pearce, 1949, pp. 398 e 401-402.

[32] French, *The Code of the Warrior*, op. cit., p. 60.

[33] Parti di questo incontro sono state filmate e appaiono nel documentario di Stephen Olsson, *Healing a Solder's Heart*, Sausalito, CEM Productions, 2013.

[34] Chris Hedges, *In Training War Leaders, Lessons from Poetry*, «New York Times», 17 gennaio 2003, p. 2.

[35] Citato in Robert Rosen, *The Jewish Confederates*, Columbia, University of South Carolina Press, 2000, p. 257.

[36] II Samuele 22: 44 e 48-49.

[37] Salmo 23.

[38] Salmo 69: 1-3, 19-20.

[39] Tyger, *War Zone Faith*, op. cit., p. 53.

[40] Peter fece queste affermazioni in risposta alle commemorazioni del quarantesimo anniversario della fine della guerra del Vietnam, riferendosi a certe reinterpretazioni che di quella guerra erano state fatte. Come sopravvissuto sia ai combattimenti in Vietnam che alla sparatoria di Kent State, Peter rappresenta un testimone unico. Si veda anche Peter Winnen, *Kent State: Reaching Beyond "Them" e "Us"*, «Akron Beacon Journal», 27 luglio 1986, pp. 1 e 4.

[41] Le nostre lezioni si sono svolte al Chaplain Annual Sustainment Training (CAST) nel 2012, nel contesto delle conferenze che l'esercito forniva a tutte le sue squadre dei ministri di culto (*United Ministry Teams*), consistenti di oltre 2.000 cappellani e assistenti cappellani. Io ero in quell'occasione l'esperto CAST dell'esercito e formatore sul tema del PTSD. Questi ritiri annuali erano

le uniche attività di aggiornamento per i nostri cappellani, ma dopo il 2012 sono stati aboliti a causa dei tagli alle spese e questo purtroppo renderà i ministri di culto militari più vulnerabili alle crisi emotive e spirituali. Molti hanno confessato, in quell'occasione, di essere traumatizzati, altri di sentirsi esausti: tutti sentivano il bisogno di essere sostenuti e soffrivano quando questo sostegno mancava.

[42] Dire che ciò valga per "tutti i soldati" è leggermente esagerato. L'unico tipo di personalità che, come è stato dimostrato, tende a non cambiare durante l'esperienza militare e il combattimento è l'antisociale, psicopatico o sociopatico. Per queste persone, che costituiscono circa il 2% della popolazione, le condizioni di combattimento corrispondono a quelle della loro psiche. È vero però che tutti gli altri cambiano dopo l'esperienza del combattimento. Vedi Richard Gabriel, *No More Heroes. Madness and Psychiatry in War*, New York, Hill and Wang, 1987, p. 88; e Tick, *War and the Soul*, op. cit., p. 77.

[43] Karl Marlantes, *What It Is Like to Go to War*, New York, Atlantic Monthly Press, 2011, p. 3.

[44] *Geronimo. My Life, as told to S. M. Barrett*, Mineola, Dover, 2005, p. 34.

[45] Ivi, pp. 18, 34 e 108.

[46] Sigfried Sassoon, *The Prince of Wounds*, in *The War Poems*, London, Faber and Faber, 1999, p. 7.

[47] Wilfred Owen, *Sorridete, sorridete, sorridete*, in *Poesie di guerra*, Torino, Einaudi, 1985, p. 97.

[48] Duncan Sinclair, *Horrific Traumata. A Pastoral Response to the Post-Traumatic Stress Disorder*, New York, Haworth Press, 1993, p. 65.

[49] Ivi, pp. 66-72.

[50] Ivi, p. 67

[51] Ayelet Berman-Cohen, *PTSD – A Confession*, op. cit.

Capitolo 5

Il viaggio attraverso l'inferno

Ma una volta in guerra ho capito
che qualsiasi bambino massacrato dai grandi bombardieri notturni
era migliore di me.

Harry C. Staley, *Memorie di un cappellano traumatizzato*

Jim pilotava i caccia Phantom F4 in Vietnam e non si ritiene un vero veterano perché era al sicuro, lontano dalla lotta e dalla mischia, mentre sfrecciava al di sopra della battaglia invece di stare nel fango con gli altri "porci".

"Ti hanno mai sparato? Hai mai corso il pericolo di essere abbattuto?", gli chiedo.

"Certo", alza le spalle.

"Colpivi le truppe a terra?".

"Sì, ma avere sparato ed essere stato bersagliato dall'antiaerea non fa di me un veterano combattente".

"Quante missioni hai fatto?".

"274", mi risponde.

"In un anno?", gli chiedo attonito e quasi con le lacrime, pensando a quante volte si sarà sentito solo e vulnerabile nell'abitacolo. Jim mi guarda e impallidisce.

"Sei salito a bordo 274 volte? Come ti sentivi? A che cosa pensavi ogni volta?".

"Mi faceva male lo stomaco. Mi piaceva volare ma odiavo il motivo per cui lo facevo. Avevo sempre paura che il fuoco nemico mi facesse saltare le palle. Ogni volta che dovevo sparare alla gente di sotto mi veniva la nausea, per decenni non sono riuscito a pensare a loro come a esseri umani. Ma non ho mai riflettuto su quel che ciò ha fatto a me, almeno fino ad oggi, adesso che vedo i sentimenti che tu provi per la mia situazione".

Restiamo in silenzio per alcuni minuti.

"Anche se stavo nel mio jet al di sopra della battaglia, anche per me non si trattava di altro che 'uccidere o essere ucciso'", riflette infine Jim. "Sono un veterano combattente anch'io, sì. Me lo sono guadagnato".

Questo è il grado zero della guerra. Le ragioni, le cause, le storie personali e collettive che tutte queste persone condividono sembrano scomparire e tutto si riduce a un momento preciso, quello dell'uccidere, che definisce e modella la vita del sopravvissuto per sempre. Bisogna farlo velocemente, senza pensarci due volte, prima che il nemico uccida te, e Karl Marlantes ne parla senza mezzi termini: "I combattenti affrontano la morte e tolgono la vita agli altri, il che è normalmente il ruolo di Dio. [...] Nei Marines mi hanno insegnato a uccidere, ma non mi hanno insegnato come affrontarne le conseguenze".[1]

Dall'antica Grecia è sopravvissuto fino a noi l'Inno ad Ares, risalente al 600 a.C. circa. I nostri antenati pregavano la divinità della guerra non per incoraggiare il massacro ma per raffrenare il furore che conduce il guerriero a intraprendere la lotta con agghiacciante sete di sangue.[2] Nell'immaginario collettivo l'inferno della guerra è la bestia che infuria libera dentro e intorno ai combattenti, che suscita l'ira e si imprime per sempre nella persona. Durante la prima guerra mondiale, Wilfred Owen scriveva che con i suoi compagni si trovavano "in una delle tante bocche d'Inferno",[3] mentre un altro soldato britannico, ucciso a trentasette anni, sposato e con cinque bambini, scrisse a casa che la vita al fronte era "qualcosa di infernale".[4] Tyler Boudreau portò con sé l'*Inferno* di Dante in Iraq perché gli facesse da guida durante il combattimento e mi ha detto: "L'inferno è la guerra. Se vuoi maledire qualcuno, digli di 'andare in guerra'".[5] Anche il generale Sherman descrive l'inferno della guerra in numerosi occasioni pubbliche e private e alla fine della guerra civile scrisse:

> Confesso, senza vergogna, che sono stufo e disgustato della guerra, la cui gloria è solo un chiaro di luna. Anche il successo più brillante si paga con

> i cadaveri e i corpi mutilati, con l'angoscia e i lamenti delle famiglie lontane che si appellano a me per sapere dei loro figli, dei mariti e dei padri [...] La guerra è gloriosa solo per quelli che non hanno mai sentito uno sparo, le urla e i gemiti di feriti [...] e che gridano forte per vedere più sangue, più vendetta, più desolazione.[6]

Di seguito il generale Sherman esortò i futuri soldati a non glorificare la guerra e, come nell'inno greco, a frenare il proprio entusiasmo:

> Sono stato dove siete voi ora e so come vi sentite. È del tutto naturale che nel petto di ognuno di voi battano la speranza e il desiderio di poter usare un giorno le abilità che avete acquisito qui. *Sopprimetelo!* Non conoscete gli aspetti orribili della guerra ma io, che ne ho viste due, lo so. Ho visto città e case ridotte in cenere [...] migliaia di uomini abbattuti, con i volti spenti al cielo. Vi dico che la guerra è l'inferno![7]

Anche in caso di vittoria il combattimento può causare ferite traumatiche. Ricordo qui l'esempio di un giovane soldato unionista che riassunse la propria esperienza della battaglia a suo padre dicendo semplicemente "è stata una lotta sanguinosa". Solo sette uomini su ottantacinque erano sopravvissuti nella sua compagnia e malgrado la vittoria "la bandiera fu alzata a mezz'asta" e lui rimase a guardare "triste, solitario e abbattuto".[8]

Anche le catastrofi naturali come gli uragani, le inondazioni, gli incendi e i maremoti causano sofferenza, ma questi eventi non sono di origine umana. Al contrario, sono gli umani a immaginare, inventare, creare e mettere in pratica la guerra, definendo i propri simili nemici dei subumani da sradicare e invisi a Dio, per giustificarne l'uccisione. Poiché vengono impiegate risorse incommensurabili per inventare strumenti e modi efficaci per uccidere, la minaccia di una "guerra senza fine" – compresa quella contro il "terrore" – non è nuova, bensì è soltanto la forma moderna dell'infinita serie di conflitti che l'umanità combatte da millenni,[9] e proprio grazie alla tecnologia avanzata la guerra si manifesta oggi in tutto il pianeta mescolando le forme antiche con le nuove, con una brutalità senza precedenti.

La letteratura sacra e le mitologie parlano della discesa dell'eroe negli inferi. Nella mappa del viaggio dell'eroe universale descritta da

Joseph Campbell, questa discesa rappresenta un passo necessario per chi lascia la confortevole vita famigliare e parte per un'avventura. Fa parte del processo di iniziazione e si ritrova in tutte le tradizioni del mondo, compresa quella cristiana, dove Gesù incontra Satana e resiste alle sue tentazioni, scende nell'Inferno e risorge. Sia nella mitologia greca che in quella latina, gli eroi sopravvissuti alla guerra di Troia devono superare lunghe e terribili ordalie per tornare a casa e molti di loro non sopravvivono. Due dei più grandi eroi, Odisseo e il troiano Enea, devono scendere negli inferi per incontrare e propiziarsi i morti affinché questi rivelino loro il destino che li attende. Senza questa seconda discesa nell'inferno, dopo il tumulto del combattimento, il guerriero non può fare ritorno a casa, perché soltanto se incontra i fantasmi dei morti può sperare di far pace con loro e di ritrovare la via verso casa. L'incontro con i poteri inferi trasforma il sopravvissuto, che ritorna dopo aver visto e fatto cose sconosciute e inaccessibili agli altri. E poiché gli atti con i quali i combattenti proteggono la comunità cui appartengono sono al contempo anche in contrasto con i valori civili fondamentali, questo loro viaggio attraverso l'inferno merita di essere trattato come una discesa sacra e iniziatica.

Uccidere o essere uccisi

Uccidere un altro essere umano può essere l'atto più traumatico che si possa compiere. I cappellani riferiscono che molti soldati che si rivolgono a loro per ricevere conforto hanno spesso lo stesso dubbio: hanno ucciso oppure hanno assassinato? Non importa quale sia la giustificazione, o quanto l'atto di uccidere sia schermato dietro l'alibi della necessità o dietro qualche scudo morale, l'omicidio rimane causa di disturbi profondi. Il tenente colonnello Grossman scrive che "il soldato morto si porta via con sé la propria miseria, ma quello che lo ha ucciso dovrà per sempre convivere con lui, fino alla morte. La guerra sta tutta nell'uccidere e per sua stessa natura l'uccisione provoca profonde ferite, dolore e sensi di colpa".[10] Ho già menzionato che la tradizione religiosa occidentale rimette la guerra, le sue conseguenze, le vittorie e le sconfitte, nelle mani di Dio, che nella Bibbia è chiamato "signore della guerra". È lui che concede la vittoria al suo popolo quando questo gli è fedele e segue i comandi divini con rettitudine, mentre il suo destino è la sconfitta quando invece disobbedisce.[11]

Ci viene insegnato a distinguere tra uccisioni giuste e ingiuste e che a volte uccidere può essere necessario per proteggere noi stessi o liberare la società da persone che commettono tali violenze da non essere redimibili. Nella Bibbia il sesto comandamento impone letteralmente di non commettere omicidio, non semplicemente di non uccidere, e nel testo sacro si trovano numerosi passi dove è specificato quando e come sia lecito togliere la vita di un altro essere umano, rimettendo questo atto a ragioni trascendenti che lo giustifichino, affinché la morte inflitta appaia come il male minore che s'è scelto di compiere in linea con la legge superiore.[12] Un soldato in Afghanistan potrebbe sentirsi moralmente nel giusto se uccidesse un talebano armato, ma come si sentirebbe se nello stesso scontro a fuoco uccidesse anche dei civili? I soldati subiscono sempre un trauma morale se uccidono quando non avrebbero dovuto, o uccidono le persone sbagliate, i civili, o degli esseri umani che il loro governo ha definito nemici ma che in realtà non rappresentano una minaccia per la patria. Oppure quando, dopo aver ucciso questi avversari, si rendono conto grazie allo studio della storia e della politica di aver commesso un'azione sbagliata ma rappresentata in modo tale da sembrare giusta. A volte basta solo rendersi conto che l'altro era un essere umano, perché l'uccisione causi un trauma. I veterani spesso si lamentano dell'errore dei terapisti e dicono: "Non ci parlano degli omicidi che abbiamo commesso, ma solo di quello che abbiamo subito. Ci trattano come se fossimo noi le vittime, quando invece il nostro disturbo da stress postraumatico è quello del colpevole".

Una caratteristica unica della guerra moderna, di cui ancora non comprendiamo pienamente l'impatto, è la tecnologia che permette di uccidere altri esseri umani dall'altra parte del mondo senza mai correre il pericolo di essere uccisi. Come ha testimoniato il pilota Jim, già menzionato, molti soldati impegnati in azioni militari a distanza spesso vivono l'esperienza dell'uccisione restando distaccati tanto dalle loro vittime quanto dal loro status di combattenti. Un pericolo per questi soldati è quello di non riuscire a riumanizzare il nemico e a riconciliarsi con le proprie storie per molto tempo, ammesso che ci riescano. Paul

Tibbets e il suo equipaggio dell'*Enola Gay* sostennero fino alla morte di non aver provato rimorso per aver lanciato la bomba atomica su Hiroshima e che questo fatto non li aveva mai disturbati, in quanto credevano che fosse un'azione adeguata, imposta dalla necessità militare.

La guerra con i droni, oggi, incarna il problema dell'uccisione a distanza. I nuovi arsenali tecnologici cambiano le condizioni in qui si trovano a operare le truppe, alienandole dalla dimensione dell'"uccidere o essere ucciso" per introdurli a quella dell'"uccidi, torna a casa per cena e fattene una ragione". Più la tecnologia si sviluppa per proteggere i soldati sulla linea del fronte, permettendoci di colpire i nemici da lontano, più grave diventa il distacco dall'esperienza del combattimento reale e dal modello del guerriero tradizionale. Più il combattimento diventa strano e irreale, più il soldato perde il contatto con le conseguenze delle sue azioni. Molti combattenti hanno ammesso di poter tollerare il fatto di dover uccidere perché si erano trovati in uno scontro leale di fronte a combattenti armati che a loro volta cercavano di ucciderli. Questo non è il caso dell'uccisione a distanza. Ancora una volta, solo il metodo è nuovo, ma non l'impulso, la determinazione, o il dispendio di risorse. Medea Benjamin, dopo una lunga ricerca, ha fatto notare che "i droni non rivoluzionano la guerra; sono, piuttosto, un'evoluzione progressista nel tentativo di rendere l'omicidio semplice e pulito".[13] Questa difficoltà l'abbiamo creata noi stessi: si può uccidere impunemente restando lontani ed estranei all'evento, e poi alla fine della giornata tornare a casa indisturbati dalla famiglia? Il cappellano Antal ha scritto dall'Afghanistan nel 2013:

> Una delle cause principali della mia angoscia morale durante i cinque mesi passati sotto i droni all'Aerodromo I di Kandahar, era pensare: *non ho alcuna volontà di fare del male a qualcun altro, ma conosco bene il Comandante in Capo, che ha la sua lista di bersagli [...] e un'intera flotta di droni armati da spedire su richiesta in tutto il mondo [...].* La guerra fa male e *il dolore morale* può essere la ferita più atroce della guerra: il dolore morale di sapere che ho contribuito alla sofferenza degli innocenti, come quando un infernale missile lanciato a distanza da un drone senza pilota squarcia gli spazi più intimi dei salotti e il suolo sacro delle scuole.

Un soldato di ritorno da una missione in Afghanistan mi ha detto una volta: "Sulla strada verso casa mi sono fermato a Fort Bliss, dove i militari mi hanno consegnato un modulo da compilare. Una delle domande era: 'hai ricevuto ferite in Afghanistan?' Ho pensato tra me e me: 'sì, la guerra ferisce e *ha ferito me*'". La dimensione morale – se uccidere sia giusto o sbagliato, giustificato o no – non è l'unica da considerare perché c'è un'altra questione immediata e fondamentale da affrontare e inizierò a farlo parlando di Brian Turner, che prima di andare in Iraq era un poeta e durante la missione ha usato la poesia per testimoniare e sopportare il proprio viaggio nello "scatolone di sabbia":

> Dovrebbe farti patire e sudare,
> tormentarti di notte, abbandonarti in un deserto...
> non importa
> quanto dolore scricchiolante e rabbia
> stringi nei pugni, amico mio,
> dovrebbe spezzarti il cuore fino ad ammazzarti.[14]

Di là dalla minaccia, la rabbia, la vendetta, la necessità di proteggersi, la politica, i codici, le regole di ingaggio e tutti i fattori tesi a guidare le truppe in combattimento, è semplice, vero e reale affermare che uccidere fa male, o che dovrebbe. Quando non lo fa, è giunta l'ora di preoccuparsi del fatto che forse il sopravvissuto è diventato insensibile o che forse sta cercando di proteggere il proprio cuore ricorrendo a mezzi razionali e disumani. Il veterano dell'Iraq Kevin Powers ha detto semplicemente che dopo la battaglia, quando le urla non smettono di risuonare, "Non devi dartene pena, devi invece chiamarlo 'sollievo'".[15] La maggior parte delle persone crede che bisogna essere insensibili per disumanizzare l'altro e ucciderlo e che dopo non se ne debba provare tristezza. In effetti, i soldati comunemente nascondono o reprimono il loro dolore per aver ucciso, fingendo di non sentirlo, mantenendolo segreto o trasformandolo in incubi.

A causa del dolore causato dall'aver ucciso e del fatto che i soldati faticano a capire chi sono diventati, e poiché essi si domandano se tutto ciò sia buono agli occhi di Dio, il cappellano dell'esercito Adams mi ha detto: "Sono arrivato a capire che il mio compito come cappellano militare è quello di aiutare i miei soldati a creare una nuova alleanza con Dio che deve includere le loro azioni, così che possano trovare perdono e conforto. Un'alleanza che sarà per sempre diversa dal patto tradizionale che lega i civili a Dio".

La Bestia e le Furie: la coscienza torturata

I sopravvissuti al combattimento parlano della "Bestia" che si è risvegliata in combattimento, li ha resi dei selvaggi, li ha spinti nella "follia" e continua a inseguirli negli incubi e nell'angoscia, mentre loro arrancano nella vita alla sua ombra. Il selvaggio che si presenta in noi come una bestia infuriata è una personificazione del *berserk*.[16] In Vietnam Willy era un Marine, caposquadra da ricognizione nel profondo della giungla, e andava in zone dove nessun altro avrebbe accettato di addentrarsi. Non contava quanti uomini avesse ucciso perché questo era un disonore, ma certamente eccelleva nell'arte della guerra. Poiché, come dice Eschilo nell'*Agamennone*, "su chi causa la morte di molti / gli dei non mancano di volgere lo sguardo" (vv. 461-462), la Bestia ha continuato a inseguire Willy che, come molti altri combattenti prima di lui, ha composto la sua "Cerimonia della Bestia":

> Sento dentro suoni cavernosi.
> Dapprima un brontolio come un'ira potente,
> scuote tutto risalendo, cresce
> come la prima fiamma...
> figlia di guerra, fertile terreno,
> Morte è la sua amante...
> Eccola che arriva, la bestia,
> la macchina di morte...
> è sempre con me...
> il mio nome non è che un monumento
> del fiero suo passaggio.

La Bestia è il nucleo primitivo e selvaggio che vive in noi, che può impazzire e distruggere il mondo. Le Erinni della mitologia greca sono le forze primitive della punizione che sorgono contro chi agisce in modo sbagliato e contro di loro non c'è mai via di fuga. Nelle Erinni gli antichi udivano le urla dell'anima imprigionata nel cuore del trauma, perseguitata, tormentata dal dolore e dal senso di colpa. Eraclito le definiva le "aiutanti di Giustizia",[17] spiriti giusti ma brutali e implacabili che dal punto di vista archetipico rappresentavano la giustizia non temperata dalla misericordia. Presso i romani il nome *Furiae* deriva dalla parola omonima che significava rabbia, follia e passione violenta. Dal punto di vista cosmologico, invece, esse erano considerate delle forze sovrumane e primitive, cui era affidato il compito di assicurare l'armonia cosmica[18] e di inseguire e tormentare coloro che si macchiavano di empietà. Dal punto di vista psicologico le Erinni sono una personificazione della coscienza sporca, che tortura il colpevole con il senso di colpa e l'angoscia fino a quando quello espia, acquisisce la saggezza o si autodistrugge. Infatti, chi veniva posseduto da questi spiriti vendicativi, era sopraffatto dalle passioni fino a perdere la ragione. Queste figure mitologiche imponevano il più primitivo e semplice codice di giustizia, ossia quello della vendetta che prevede che il sangue versato sia lavato con altro sangue. Le Erinni rappresentano perciò quella moralità primitiva che sta inscritta nella nostra natura e nei codici delle prime civiltà, che ancora oggi persiste in noi. Per fare un esempio, ricordo che subito dopo l'11 settembre un veterano della Marina, un uomo normalmente compassionevole, gridò: "Hanno distrutto due dei nostri edifici. Eliminiamo due dei loro stati!".

L'*Orestea* di Eschilo mette in scena il trauma transgenerazionale di guerra e offre un ritratto delle Erinni. Agamennone, comandante delle forze greche partite contro Troia, per ingraziarsi il favore degli dei e propiziare i venti favorevoli che conducano la flotta a destinazione, uccide sua figlia Ifigenia offrendola in sacrificio. Al suo ritorno, dopo dieci anni di assedio e massacri, ritrova sua moglie Clitennestra al potere insieme con l'amante Egisto, i quali lo uccidono per vendicare Ifigenia. Quando Oreste, figlio di Agamennone e di Clitennestra esiliato da Egisto, torna alla reggia e uccide sua madre, allora il fantasma dell'assassinata invoca le Erinni che si manifestano al figlio per torturarlo. In questa trilogia tragica vengono rappresentati diversi aspetti della distruttività della guerra: una bambina viene sacrificata quando suo padre parte per la guerra; un marito va in guerra, diventa selvaggio e crudele e uccide i propri sentimenti umani; la moglie prende le redini della casa in assenza del marito e cerca l'amore altrove. Quando il guerriero ritorna, non ritrova più l'intimità con la sposa, il matrimonio e la famiglia sono stati distrutti mentre il dolore, la rabbia e il senso di colpa si tramandano di generazione in generazione e gli spiriti dei morti, pieni di rancore, perseguitano i sopravvissuti che nel rimorso scatenano la violenza gli uni contro gli altri.

In America, oggi, un numero incalcolabile di veterani lontani dai propri cari, soffre di sensi di colpa e si sente perseguitato dal dolore e dai fantasmi. Queste persone cambiano costantemente casa, lavoro e partner e distruggono tutto ciò che hanno costruito, proprio come Oreste che fugge inseguito ovunque dalle Erinni, che non permettono di trovare pace, riposo o sollievo, una retribuzione che coincide con i sintomi e le tribolazioni di chi ha subito il trauma di guerra. Come Oreste, che si sente prosciugato dalla morte al punto che la coscienza torturata è il suo unico compagno, i veterani afflitti dal rimorso perdono oltre la gioia anche la sensibilità.

Oggi parliamo del trauma di guerra come di una condizione clinica, releghiamo il suo trattamento negli ospedali e nei centri di salute mentale, lo analizziamo come patologia e bombardiamo chi ne è affetto con farmaci, ricalibratura cognitiva e terapie del pensiero positivo. Nell'antica Grecia, la risposta a un trauma era solennemente espressa nella preghiera e nella poesia attraverso il rito pubblico, che includeva le rappresentazioni drammatiche, come un invito a vivere la sofferenza con tragica nobiltà e riverenza. I poteri risvegliati della guerra dovevano essere invocati, adorati e propiziati perché le ferite traumatiche portavano l'individuo in collisione con le forze cosmiche primitive, da cui cadevano tuttavia dei semi di moralità. Lo stato di allucinazione che gli antichi rappresentavano con le Erinni si ripete ogni qual volta perpetriamo la violenza per fini egoistici, immorali o innaturali, così come quando pretendiamo di sovvertire le leggi naturali. Tali azioni, sottolinea Jonathan Shay, sono il tradimento di quella figura che nella mitologia greca prende il nome di Temi, che Esiodo chiama "venerabile" figlia del cielo, incarnazione di un potere divino iscritto nell'ordine del cosmo, "forma augusta [...] che rappresentava il Giusto, o la Giustizia

Divina".[19] Temi siede accanto a Zeus sul Monte Olimpo e lo aiuta a proteggere l'equilibrio dell'universo e Shay la descrive come "ciò che è giusto in tutte le cose",[20] quindi possiamo intenderla come l'ordine morale nell'universo, che le Erinni imponevano di osservare. Tradire Temi, con la guerra o altre forme di violenza, scatena la vendetta che nella sofferenza può durare fino alla morte, e neanche lì il reo trova pace o assoluzione.[21]

La guerra era così diffusa nel mondo antico che le persone erano "alfabetizzate alla guerra" come non lo siamo più oggi. Possiamo dire che gli eroi traumatizzati del mito greco fossero stati trafitti fino al midollo dalla violenza del mondo e traditi dai loro capi. Afflitti da una rabbia esagerata, essi erano "furiosi", perseguitati dai demoni interiori che li gettavano nell'angoscia morale a causa della violenza subita e anche le loro donne e i loro figli ne erano vittime indifese che finivano con il maledire il mondo. Se volessimo immaginare il destino di un combattente traumatizzato in termini antichi, potremmo dire che è andato in guerra per proteggere la vita e l'ordine come servitore di Atena, dea della saggezza e della civiltà, ma in guerra è diventato un servitore di Ares, il dio-*berserker*, e come un'arma nelle sue mani ha seminato caos, terrore e distruzione, e con la caduta ha imparato a maledire il mondo.

La relazione con la morte

I combattenti acquisiscono familiarità con la morte, vengono macchiati dalla sua presenza e affascinati dalla sua mistica. Il capitano Frank Hill, ufficiale esecutivo di un'équipe chirurgica da campo in Afghanistan, mi disse nel 2006: "Altri tre americani sono stati uccisi qui ieri e tre loro amici [...] sono imbottiti di schegge [...]. Essere occupati [in attività pratiche] fa passare il tempo ma alla lunga lascia il segno". Un mese dopo scriveva:

> È un caos terribile e turbolento, senza tregua, ma al centro di tutta questa follia esiste un momento di calma, quando tutti gli allarmi e i cercapersone tacciono e si ferma anche il cigolio che fanno le scarpe intrise di sangue sul linoleum. In quell'istante, in cui non c'è niente da fare e niente da dire, non ci sono parole, pensieri, volontà o desideri. Non hai alcun ordine

da impartire, non trovi più nulla di superfluo al di fuori della verità di quel momento. L'inevitabile, aspra verità che è sempre presente e fastidiosamente intangibile: quest'uomo, questo fratello, il cui nome ricorderai per sempre, è morto oggi.[22]

A differenza dei civili, i combattenti sono sovraesposti alla morte e anche questa differenza tra i due gruppi è rilevante. Il capitano Hill aveva il dovere di salvare vite umane, eppure gli è rimasta impressa dentro l'"impronta della morte". Possiamo figurarci quanto più profondo sia questo marchio quando il combattente è anche la causa della morte: in questo caso il marchio è un fatto irrimediabile che resta per tutta la vita. Nupkus Roger Shourds, è l'unico tra i veterani esperti e ben addestrati che ho citato in precedenza ad avere parlato apertamente dell'incontro con la morte in quanto tale. La cultura indigena di Nupkus identifica schiettamente l'essenza del combattente con l'incontro con la morte. Sono pochi i veterani che parlano di questo aspetto con gli estranei, ma lo scopo della guerra è uccidere ed essere un combattente significa entrare in confidenza con la morte, per infliggerla agli altri e per accettare la propria, in qualsiasi modo e momento questo dovesse succedere. Presso molte tribù di nativi americani, i guerrieri erano soliti dipingere se stessi e i cavalli da guerra di rosso, per simboleggiare il fatto che erano stati in battaglia e avevano sparso sangue, mentre il nero simboleggiava l'incontro con la morte. I *lakota*, ad esempio, dipingevano il volto di nero in occasione della danza di ritorno dalla battaglia: "Sappiamo che scendendo sul sentiero di guerra", spiegava lo sciamano Alce Nero, "abbiamo fatto qualcosa di male e perciò desideriamo nascondere i nostri volti a *Wakan Tanka*".[23]

Durante la prima guerra mondiale, Wilfred Owen espresse ciò che milioni di altri combattenti avevano esperito, scrivendo: "Siamo andati là, incontro alla morte, in amicizia".[24] È forse questo incontro, insieme con l'esperienza di sentirsi preda e cacciatore e con la lezione indimenticabile d'essere creature piccole e vulnerabili eppure capaci di causare danni indicibili, a trasformare radicalmente i combattenti. Anche Siegfried Sassoon scrisse, durante la prima guerra mondiale: "La guerra mi ha reso saggio, forte e amaro; / e ricco di tutto quel che ho perso".[25]

Dall'Afghanistan, il cappellano George Tyger ha riflettuto: "Quando perdiamo gli amici, rimane un tale vuoto che neanche gli ideali più alti riescono a colmare e questi ideali c'impongono di lottare per trovare il significato di questi lutti".[26] Questa necessità di dare senso e di tramutare il lutto in una forma di arricchimento è intrinseco all'incontro del combattente con la morte, ma si tratta anche di una sfida avvilente, se il veterano è convinto di avere ucciso in modo illegittimo, immorale o senza che fosse necessario, perché là dove non si riesce a trovare il senso diventa difficile lodarsi. Il veterano di Marina Larry Winters ha riassunto questo trauma e la necessità di superarlo in una guarigione spirituale in una breve poesia:

> Il soldato che uccide
> scava due fosse
> una nella terra per il defunto
> l'altra nell'anima
> per fare ritorno.[27]

Come afferma il professor Brooke, "L'anima del combattente non ritorna dalla battaglia fino a quando non ha fatto pace con le anime dei nemici morti".[28] Il dolore e la macchia lasciate dall'uccisione altrui, l'impossibilità di cancellarli e il ricordo dei volti e dei corpi che il veterano vede per il resto dei suoi giorni, conferiscono alla ferita invisibile quel suo potere unico, penetrante e irresistibile.

Il trauma nel re guerriero ancestrale

Esaminiamo ancora una volta la tradizione per vedere come le condizioni imposte dalla politica e dalla guerra che influenzavano i nostri antenati e si sono poi tramandate attraverso i millenni fino a noi. L'Antico Testamento offre due esempi, sui quali sono stati impostati quei modelli psicologici e culturali cui ci atteniamo ancora oggi in Occidente. Saul e Davide rappresentano i re ancestrali della civiltà giudaico-cristiana, entrambi sono guerrieri egoisti e lussuriosi, colpevoli di atrocità, di disobbedienza ai comandamenti divini, d'aver danzato sulle tombe dei loro nemici e d'avere invocato Dio come "Signore della guerra". In entrambi si riscontrano la rabbia, l'imprevedibilità e l'infedeltà, il vuoto interiore, la perdita di significato, l'instabilità e la disperazione che caratterizzano la ferita invisibile. Più avanti ritornerò su David, ma adesso mi soffermo su Saul, il quale ci aiuta a vedere come il trauma di guerra sia inscritto nelle origini della nostra civiltà.

Secondo il testo sacro, intorno al 1030 a.C., Saul viene scelto dal "veggente" Samuele quando il popolo ebraico insiste perché gli sia dato un re come agli altri popoli e benché Dio consideri questo un tradimento e un rifiuto del loro vero sovrano, accoglie la richiesta. Saul è giovane, più alto e più bello di chiunque altro,[29] ed è un formidabile guerriero che ha già sconfitto diversi popoli vicini attribuendo ogni sua vittoria a Dio, che gli ordina quindi di muovere guerra contro gli amaleciti e di sterminare tutti senza pietà, comprese le bestie,[30] solo perché diverse generazioni prima questi hanno ostacolato gli israeliti in fuga dall'Egitto (un altro caso in cui il trauma transgenerazionale viene vendicato con la benedizione di Dio). Saul, però, non uccide il re amalecita Agag, bensì lo fa prigioniero e razzia il bestiame dei vinti. Accusato di aver disobbedito a Dio, si difende sostenendo che ha salvato gli animali per offrirli in sacrificio, ma Samuele, suo consigliere, sostiene che Dio pretende obbedienza, non importa quali siano i suoi comandi, e fa a pezzi Agag con la spada davanti all'altare. Saul precipita così nell'inferno interiore, come se uno spirito malvagio l'avesse invasato, e allora viene chiamato David perché lo calmi con la sua musica – un caso arcaico di musicoterapia –,[31] ma Saul si infuria e, dopo averlo quasi ucciso, fa massacrare molti sacerdoti che tentano di convincerlo della lealtà di David. Infine consulta una donna sacra, la quale gli spiega che Dio l'ha abbandonato e gli ha tolto il regno per darlo a David, perché ha disobbedito al suo comando,[32] e così di lì a poco, dopo essere stato sconfitto in battaglia dai Filistei, si suicida. Saul, re fondatore, presenta un vivido ritratto del combattente traumatizzato, che sembra invasato da uno spirito malvagio e diventa pericoloso per i suoi cari, irrazionale e impulsivo, violento, distruttivo per gli altri e per se stesso, e questo modello ricompare attraverso i secoli, tanto tra i condottieri quanto tra i soldati semplici.

Non è facile interpretare la sete di vendetta e il comando che Dio impartisce a Saul di commettere un genocidio. Sembra quasi che la sacra scrittura sostenga che la vendetta appartenga alla sfera divina e che dovrebbe essere consumata con la massima brutalità, anche se ci viene insegnato altrove che uccidere per vendetta non è lecito. Da sempre si insegna l'obbedienza assoluta al comando dell'autorità e che rifiutarsi di eseguire un ordine può avere conseguenze gravi e forse rovinose. Una figura come Saul ispira un sentimento di rispetto per il fatto che si rifiuta di obbedire a un simile comando. Da sempre i combattenti costretti a eseguire ordini immorali subiscono una ferita morale che ne danneggia lo spirito, e troppo spesso, come Saul, pagano conseguenze disastrose perché si rifiutano di obbedire.

La guerra come arena morale

Un soldato tornato dall'Afghanistan ha scritto nel questionario di smobilitazione: "Ho un danno morale, perché ho tradito ciò che è giusto". Così come la guerra è inevitabilmente un'arena spirituale, essa è anche un'arena morale. In guerra si liberano le forze del bene e del male, create dagli esseri umani, che fanno sì che le azioni che hanno un impatto importante sulla vita non siano mai neutrali dal punto di vista morale. Le filosofie e le religioni in tutto il mondo hanno sempre insegnato che fare il bene o il male è un fatto dell'anima e deve essere allineato con principi universali il cui scopo è la conservazione della vita e il conseguimento del bene. Questo è particolarmente vero per quanto riguarda le nostre convinzioni sulla guerra. Secondo l'interpretazione purista tradizionale, "Chiunque o qualunque cosa interferisca con la vita [...] o con la circolazione del bene diventa il nemico".[33] Secondo questa visione, la guerra dovrebbe essere fatta solo per preservare e proteggere e tutte le azioni che in essa si compiono dovrebbero avere come obiettivo finale quello di non "Distruggere ciò che possiamo – o non sappiamo – riparare".[34] Per questi motivi le decisioni e le azioni che si realizzano in guerra hanno sempre conseguenze che "si imprimono a fuoco nelle carni", per dirla con le parole del poeta Brian Turner, e finché queste conseguenze perdurano i veterani ne soffrono. Perciò sta a loro giudicare se i comandanti, dal caposquadra fino al presidente, e se necessario fino a Dio, hanno impartito ordini morali. Quando le risposte non soddisfano – per esempio l'idea che il Vietnam del nord rappresentasse una minaccia comunista per gli Stati Uniti, o che fosse necessario per il Regno Unito riprendere le remote isole Falkland dall'Argentina con la forza, o che in Iraq esistessero armi di distruzione di massa – i veterani inevitabilmente subiscono un trauma morale per il fatto di aver preso parte ad azioni che giudicano illegittime. In ogni momento corrono il pericolo di sentirsi come quel veterano che ha detto: "Ho lasciato il nostro paese come combattente per proteggere l'America, ma in Iraq sono diventato semplicemente un mercenario per le multinazionali".

NOTE AL CAPITOLO 5
IL VIAGGIO ATTRAVERSO L'INFERNO

1 Marlantes, *What It Is Like to Go to War*, op. cit., pp. 1 e 3.

2 *Inno ad Ares*, in *Inni omerici*, a cura di Giuseppe Zanetto, Milano, Rizzoli, 2006^3, p. 187, vv. 13-17.

3 Wilfred Owen, *Pigiati in quell'imbuto: frammento*, in *Poesie di guerra*, op. cit., p. 49.

4 W. D. Erhardt, *"That Damned Bad", Fragments from the Life of Robert James Elliott*, «American Poetry Review», 42, 3 (2013), 13.

5 Tyler Boudreau, *Packing Inferno*, Port Townsend, Feral House, 2008.

6 Gen. William Tecumseh Sherman, lettera del maggio 1865.

7 Id., discorso pronunciato davanti alla classe diplomata nell'Accademia Militare del Michigan nel 1879. Si dice che oltre 10.000 persone assistettero al discorso "La guerra è un inferno", di cui Sherman presentò diverse versioni nel corso degli anni, poiché si trattava di un messaggio che non smise mai di rielaborare.

8 Citato in Goodwin, *Team of Rivals*, op. cit., p. 418.

9 La seconda guerra mondiale, per esempio, fu "una guerra di notevole mobilità [...] condizionata dalla scienza e dall'industria". Fuller, *The Second World War*, op. cit., p. 402.

10 Grossman, *On Killing*, op. cit., p. 93.

11 Anche le altre culture-radice della civiltà occidentale, cioè la greca e la scandinava, adoravano divinità della guerra e allo stesso modo credevano che la vittoria o la sconfitta fossero nelle mani degli dei.

12 Qui l'autore non si riferisce ai comandamenti della tradizione cattolica, nella quale "non uccidere" è il quinto comandamento, bensì a Esodo 20: 13: "Piuttosto che con *non uccidere*, questo comandamento andrebbe più correttamente tradotto con *non commettere omicidio*, perché, nel testo originale, quest'ordine (in ebraico, *lo' tirtzach* לֹא תִּרְצָח) utilizza un verbo (*ratzach* רָצַח) che si riferisce esclusivamente all'omicidio. La sesta parola non vieta cioè genericamente di uccidere un essere vivente, ma più precisamente proibisce l'atto di disfarsi di un altro uomo" (https://dvareloheynu.com/2019/03/02/sesta-parola-non-uccidere/). Ci sono alcuni casi in cui nella Bibbia l'omicidio è tollerato, ossia quando si uccide in guerra per difendere la propria terra o quando si uccide un criminale pericoloso per la comunità [n.d.t.].

13 Medea Benjamin, *Drone Warfare. Killing by Remote Control*, New York, OR Books, 2012, pp. 214-215.

14 Brian Turner, *Sadiq*, in *Here, Bullet*, Farmington, Alice James Books, 2005.

15 Kevin Powers, *Field Manual*, in *Letter Composed during a Lull in the Fighting*, New York, Little, Brown e Co., 2014.

[16] Ho incontrato la Bestia nel primissimo veterano del Vietnam con cui lavorai a metà degli anni Settanta e da allora mi è capitato di vederla innumerevoli volte. Vedi Tick, *Sacred Mountain*, op. cit., specialmente il capitolo 1.

[17] Eraclito, framm. 94, in *I presocratici. Testimonianze e frammenti da Talete a Empedocle*, Milano, Rizzoli, 2005[6], p. 227.

[18] "Il sole infatti non travalicherà le sue misure; sennò, le Erinni aiutanti di Giustizia sapranno trovarlo", ibid.

[19] Edith Hamilton, *Mythology*, Boston, Little, Brown and Co., 1950, p. 40.

[20] Shay, *Achilles in Vietnam*, op. cit., p. 5; vedi anche Thomas Bulfinch, *Bulfinch's Mythology*, Garden City, Garden City Publishing Co., 1968, p. 13; Hamilton, *Mythology*, op. cit., 40.

[21] Eschilo, *Eumenidi*, op. cit., p. 213, vv. 174-175.

[22] Frank Hill, *MASH Today: Medicine, War, and Writing*, «Explore: The Journal of Science and Healing», 3, 1 (2007), 61.

[23] Joseph Epes Brown, *The Sacred Pipe. Black Elk's Account of the Seven Rites of the Oglala Sioux*, Baltimore: Penguin, 1971, p. 92.

[24] Wilfred Owen, *La prossima guerra*, in *Poesie di guerra*, op. cit., p. 19.

[25] Sassoon, *Memory*, in *The War Poems*, op. cit., p. 106.

[26] Tyger, *War Zone Faith*, op. cit., p. 36.

[27] Larry Winters, *Brotherkeeper*, New Paltz, Lawrence Winters, 2013. Vedi anche il libro precedente di Winters *The Making and Unmaking of a Marine. One Man's Struggle for Forgiveness*, New Paltz, Mill Rock Writers Collective, 2007.

[28] Roger Brooke, *An Archetypal Perspective for Combat Trauma*, «Bulletin of the American Academy of Clinical Psychology», 13, 1 (2012), 6.

[29] I Samuele 9: 2.

[30] Ivi, 15: 3.

[31] Ivi, 16: 23.

[32] Ivi, 28: 16-18.

[33] Ruth Beebe Hill, *Hanta Yo*, New York, Warner Books, 1980, p. 969.

[34] Ivi, p. 1047.

Capitolo 6

La ferita invisibile oggi

Da quando è iniziata questa campagna, molti uomini sono impazziti.
Oliver Wendell Holmes

Mi trovavo in un auditorium accanto a Frank Houde, un tenente colonnello tarchiato e forte a settant'anni come quando era giovane. Frank aveva prestato servizio nell'aeronautica militare come comandante di uno squadrone di ricognizione in Vietnam. Ricordava i bei tramonti visti da migliaia di metri sopra le montagne verdi e le fiamme e il fumo dei bombardamenti che li devastavano. Era stato addestrato per diventare un generale dello *Strategic Air Command*, ma era rimasto così deluso dalla guerra che appena gli fu possibile si ritirò dalla carriera militare. Stavamo facendo una lezione in una scuola superiore e uno studente a un tratto gli chiese: "Colonnello, potrebbe per favore descrivere il disturbo da stress postraumatico dal punto di vista di un veterano di combattimento?". Frank sentiva le scosse di assestamento della guerra da quarant'anni, anche nella generazione successiva, infatti suo figlio era stato gravemente ferito in Iraq. Guardò lo studente e gli disse: "Fa male. È una ferita, proprio qui" e si toccò il cuore con la mano.

Il pensiero contemporaneo identifica l'olismo con una forma di medicina psicofisica e la guarigione olistica come cura del corpo, della mente e dello spirito. Questa descrizione permette di riparare parti della nostra umanità che sono rimaste escluse per secoli dai comuni sistemi medici incompleti. Il colonnello Houde si toccò il cuore e come lui, in altre circostanze, anche il signor Tiger aveva detto: "In Vietnam sappiamo che la ferita è qui", toccando anch'egli il cuore. L'olismo deve includere non solo il corpo, la mente e lo spirito ma deve unirli in una visione d'insieme trascendente.

Il ritorno della ferita

Come sappiamo che c'è una ferita se non c'è sangue? Come si manifesta una ferita invisibile? Le associazioni dei veterani del Vietnam, dei superstiti dell'Olocausto e delle donne sopravvissute alle violenze domestiche e agli abusi sessuali hanno insistito per anni perché le crisi caratteristiche che subiscono gli appartenenti a queste categorie fossero riconosciute pubblicamente e professionalmente. In tutti e tre i casi, infatti, si tratta di sopravvissuti al pericolo di morte che nel tempo hanno manifestato i medesimi sintomi, tra cui insonnia, incubi, rabbia, ipervigilanza, distacco emotivo, sfiducia e problemi di intimità. In una conferenza di psicologi, circa un decennio dopo il conio della formula del PTSD, sentii un relatore che diceva: "Finalmente sappiamo cosa sta *veramente* affliggendo i nostri veterani".

Kevin Turner, che ha prestato servizio nelle forze speciali in circostanze segrete e pericolose, e non aveva nessuno su cui fare affidamento al di fuori di se stesso e della sua piccola squadra d'élite, ha scritto nella sua canzone *Nobody Knows*:

> Avrà pure un senso, questa morte e disperazione…
> Questa ferita dell'anima…
> I pianti silenziosi nel cuore della notte,
> i torti antichi mascherati per bene…[1]

"La luce si era spenta", ha spiegato il veterano John Fisher, "era tutto buio dentro". Il leader di un plotone di combattimento, Dick McHenry, mi ha raccontato questo: "Sto imparando sempre di più su come la guerra distrugge. Gli uomini che hanno manovrato i droni per uccidere soffrono ora di PTSD. Alla fine della storia, la guerra lascia cicatrici nell'anima e nei valori di un uomo. Provo dolore quasi ogni giorno a causa di questo e i farmaci non mi aiutano a mandarlo via". Charles Pacello, andato in pensione nel 2001, ha prestato servizio per più di cinque anni come ufficiale dell'aeronautica assegnato al sistema di rilevamento delle detonazioni nucleari, in parte responsabile del mantenimento dell'arsenale americano destinato agli attacchi primari, e mi ha descritto ciò che nessuno poteva vedere:

> "La ferita dell'anima" sembrava un grande pezzo del puzzle che ha reso comprensibili tutti gli eventi che ho vissuto in campo militare e il motivo per cui ho perso la bussola morale e il contatto con Dio. Semplicemente, la vita non aveva più senso per me. Mi sono allontanato da Dio (in realtà riesco persino a ricordare il giorno e il luogo dove ero quando l'ho detto) e ho iniziato una vita spericolata, di sfrenatezza selvaggia. L'immenso senso di colpa e la vergogna che provavo per l'uomo che ero diventato mi riempivano di odio e disgusto verso me stesso al punto che mi sarei anestetizzato ancora di più, se solo questo potesse servire a bloccare la sensazione opprimente di aver rovinato e distrutto tutta la mia vita, senza parlare delle vite degli altri che ho alterato in modo permanente. Ero diventato un cittadino dell'Aldilà, dove sono rimasto bloccato e dove ho scavato una profonda fossa fino al fondo. È stato solo attraverso la grazia di Dio, se sono riuscito a uscirne.

Il generale Douglas MacArthur conosceva queste ferite: "Il soldato prega sopra ogni altra cosa per la pace", ha detto, "perché è il soldato che deve soffrire e sopportare le ferite e le cicatrici più profonde della guerra".[2] Dai fanti che stanno nel fango ai membri dello stato maggiore, tutti possono testimoniare quanto siano profonde, invasive e dolorose le ferite dell'anima che trasformano la vita. Alcuni leader politici e terapisti credono che il pubblico non debba conoscere queste ferite e le loro storie, ma i sopravvissuti vogliono far conoscere l'impatto della guerra e il fatto che le sue ferite non scompaiono mai. Perciò da generazioni i veterani ripetono che "Solo i morti hanno visto la fine della guerra".

La diagnosi moderna

Il Manuale Diagnostico e Statistico (DSM) è la "bibbia" della psichiatria dove vengono classificate e regolarmente aggiornate le malattie e i disturbi mentali riconosciuti. Il DSM ha definito il PTSD come un disturbo da stress e ansia costituito da un gruppo di sintomi che emergono dopo eventi traumatici di portata straordinaria che includono la minaccia dell'incolumità fisica propria o altrui.[3] Nell'aggiornamento del DSM del 2013 il PTSD è stato spostato nel DSM-5 in una nuova categoria chiamata "trauma e disturbi correlati a fattori di stress". Questo cambiamento è forse il segnale che il trauma è stato finalmente riconosciuto come un'unica categoria fondamentale di esperienza trasformativa per gli esseri umani come individui e come specie, e per tutti gli esseri senzienti e vulnerabili che abitano il pianeta? Quello che chiamiamo PTSD è stato osservato anche negli elefanti, negli orsi, nei lupi, nelle oche, nei pappagalli, nei cani, nei gatti e nei cetacei. Lo psicologo del trauma animale Gay Bradshaw scrive:

> Si dice spesso che il disturbo umano da stress postraumatico sia una risposta naturale a condizioni anormali ed è così anche per altri animali. I sintomi che tormentano i sopravvissuti umani perseguitano anche gli elefanti che sono stati sottoposti al genocidio, gli scimpanzé torturati durante gli esperimenti biomedici legalmente vietati sugli esseri umani, e i pappagalli strappati alle loro famiglie e confinati nelle gabbie. Il trauma non conosce limiti di specie. Nessuna anima è esente da esso, non importa se coperta di piume, pinne, pelliccia o pelle.[4]

Il trauma di guerra nella storia moderna[5]

Ogni epoca nomina, diagnostica, interpreta e cura le malattie e i disturbi secondo i valori e le credenze correnti e mai niente corrisponde *davvero* al nome che reca. Il disturbo da stress postraumatico e lo stress operativo sono i nuovi nomi dati a una condizione antica che non è una nuova scoperta, come abbiamo visto nella storia del re biblico Saul, la cui la follia era attribuita a uno spirito malvagio inviato dal Signore.[6] Il primo trattamento sistematico delle vittime psichiatriche della guerra risale addirittura all'antica Roma, "quando i soldati affetti da problemi psichiatrici causati dalla battaglia venivano assistiti nei reparti psichiatrici degli ospedali della legione".[7] Roma divenne la potenza dominante della civiltà occidentale dopo la Grecia, i romani amavano il militarismo e la forza, consideravano un nobile fine ottenere potere e ricchezza e elevarono il loro dio della guerra, Marte – del quale emulavano il feroce ideale –, al secondo nume più potente del loro pantheon dopo Giove. Il potere militare era lo strumento fondamentale su cui si reggeva uno dei più grandi imperi nella storia. I veterani periodicamente si riposavano ed espiavano le pene del combattimento ricostruendo strade, ponti ed edifici. Tuttavia, nonostante le conquiste e le vittorie, i veterani romani erano arrabbiati, stanchi, disillusi e si sentivano spesso traditi.

Lo storico latino Flavio Giuseppe riporta il caso di un "vecchio soldato" di nome Tiro, che durante le guerre ebraiche nel 66-70 d.C. protestò contro l'ingiusta esecuzione di due compagni. Tiro, "Nell'eccesso della sua indignazione, perse la ragione. Andava in giro a gridare che la giustizia era stata calpestata, la verità era morta, le leggi di natura confuse, il mondo pieno di iniquità".[8] Quante volte si sentono i veterani moderni e i senzatetto che per le strade o negli scontri politici gridano lo stesso messaggio e mostrano che la storia è sempre la stessa: i soldati amano i propri compagni e si arrabbiano quando vedono traditi quegli ideali che volevano difendere entrando nell'esercito.

Si ritrovano diverse testimonianze di questa ferita nella storia mondiale, nella mitologia, nella letteratura, negli scritti sacri e nei racconti dei sopravvissuti, ferita che è stata trattata con differenti strategie in tempi e luoghi diversi. Quello che noi chiamiamo disturbo da stress postraumatico veniva denominato "nostalgia" tra i soldati svizzeri nel XVII secolo, mentre tedeschi e francesi la chiamavano "nostalgia di casa" e quest'ultimi anche "malattia del paese", gli spagnoli "l'essere spezzato" ed è stato chiamato ancora "febbre del novellino" (*buck fever*) e "sindrome del vecchio sergente" (*Old Sergeant Syndrome*). In passato questa ferita veniva trattata ricorrendo a strategie simili a quelle che noi oggi pretendiamo di chiamare "nuove", come l'uso di farmaci naturali e sintetici, il riposo lontano dal pericolo e nella natura, il dialogo delicato, l'espressione artistica, l'elettroshock, l'isolamento e la reclusione, l'intimidazione e l'accusa di codardia. Se consideriamo la ricorrenza della ferita nella storia contemporanea, vediamo che la guerra civile americana viene considerata come la prima guerra moderna per la massa di soldati coinvolti, per l'enorme numero di vittime, per la pratica della "terra bruciata" e per l'uso innovativo di tecnologie altamente distruttive. Oliver Wendell Holmes, Presidente della Corte Suprema, prestò servizio nella fanteria dell'Unione e fu ferito tre volte, una delle quali ad Antietam assieme a circa altri 17.000 soldati. Temendo per la propria vita e sanità mentale durante la battaglia, scrisse ai genitori: "Da quando è iniziata questa campagna, molti uomini sono impazziti a causa della terribile pressione sulla mente e sul corpo".[9] "Il cuore del soldato" (*soldier's heart*) era il termine comunemente usato durante la guerra civile per diagnosticare la sindrome di Da Costa. Jacob Mendes Da Costa era un assistente chirurgo dell'esercito degli Stati Uniti (poi dell'ospedale di Philadelphia) che documentò le manifestazioni fisiologiche dell'ansia grave tra i soldati chiamandole "condizione del cuore irritabile". Queste includevano l'affaticamento, le palpitazioni, i dolori al petto e la sudorazione in assenza di cause fisiche. Spesso la sindrome di Da Costa e il "cuore del soldato" erano usati in modo intercambiabile anche se l'uso del primo termine potrebbe sottolineare le condizioni fisiologiche, mentre il secondo quelle psicologiche, una distinzione che oggi ci sembra di aver superato. La condizione era spesso accompagnata da una debilitante perdita di volontà che veniva chiamata "sindrome da sforzo" (*effort syndrome*) la quale, scriveva il capitano medico Wright dell'esercito canadese durante la prima guerra mondiale, sembrava una perdita del controllo del cervello da parte della volontà.[10] I malati e gli assistenti sanitari conoscono bene questo aspetto della ferita: è come un'auto apparentemente in ordine ma che all'accensione non parte. La volontà, la motivazione, l'orientamento, l'ispirazione e la capacità sono vittime comuni del trauma e spesso si sentono frasi come "sono congelato", "sono bloccato" o "non posso muovermi": il tenente Pacello ha descritto questo fenomeno come un "restare incastrato negli inferi". Anche se oggi possiamo includerlo tra gli effetti della depressione, essere privati della volontà è una ferita dell'anima.

In età contemporanea, la Russia fu la prima nazione a istituire sistematicamente la cura delle vittime psichiatriche da combattimento, utilizzando reparti psichiatrici militari durante la guerra russo-giapponese del 1904-5.[11] Durante la prima guerra mondiale la ferita era notoriamente chiamata "shock da granata" (*shell-shock*) e durante la seconda guerra mondiale "fatica da combattimento" (*combat fatigue*),[12] uno stato che i soldati riconoscevano l'uno nell'altro. Wilfred Owen descrive "Lo strano aspetto delle facce al campo, incomprensibile [...] peggio del terrore [...] come di volti bendati",[13] e parla di uomini che "Sanno freddare il sangue nelle vene [che] smettono di sentire [...] perdono l'immaginazione [...] possono ridere fra chi muore [e insozzano] di sangue tutta l'anima [senza] vitalità",[14] e altrove dei sospiri di uomini che non erano nemmeno più capaci di esprimere la propria angoscia.[15] Nei campi di concentramento nazisti, i prigionieri ridotti allo stremo delle forze erano chiamati "musulmani" (*Muselmänner*) nel gergo del lager,[16] e i loro compagni sapevano che i loro spiriti se ne erano andati e che la morte sarebbe arrivata presto, così li evitavano.

Durante le guerre del ventesimo secolo la ferita spirituale veniva comunemente trattata come un esaurimento acuto da combattimento e si credeva che tale esaurimento fosse limitato nel tempo e nella portata e causato dalla debolezza di carattere, in particolare dalla viltà. Il trattamento consisteva nel togliere il combattente traumatizzato dalla linea del fronte in caso di pericolo immediato, di nutrirlo con tre pasti al giorno e un po' di riposo a letto, per poi rispedirlo nella sua unità il più rapidamente possibile. Questo trattamento aveva come scopo principale quello di non ridurre l'organico delle truppe e di scoraggiare i soldati dal cercare una via di fuga con la scusa dello shock.

Reuben Levinson era un giovane medico dell'esercito americano durante la seconda guerra mondiale, partecipò allo sbarco del D-Day e curò i feriti nelle piccole unità di soccorso e negli ospedali dal campo. La sua unità fu tra quelle che contribuirono a liberare il campo di concentramento di Nordhausen, dove Levinson rimase ad assistere i sopravvissuti, lavorando con migliaia di scheletri emaciati a malapena vivi tra i resti dei molti che erano stati assassinati. Dopo essere sopravvissuto a quello che sua figlia chiamò una "tempesta più forte di quanto una mente possa comprendere", Levinson crollò, ma ciononostante ricevette come unico trattamento due settimane di riposo su una spiaggia francese, con il risultato che dopo la guerra non gli fu riconosciuta l'origine traumatica dei suoi disturbi da lavoro compulsivo, depressione, desensibilizzazione emotiva e affettiva. Questo suo stato mentale si rifletté infine sui figli con forme di isolamento, depressione e dolore.[17] La sindrome da lavoro compulsivo e il distacco emotivo, spesso accompagnati dalla rabbia, sembrano essere le più comuni ferite traumatiche per decine di migliaia di veterani delle guerre mondiali, e sembrano essere anche all'origine della tanto discussa "ferita del padre", ovvero lo stato di sofferenza e disorientamento che subiscono i figli dei veterani.

Strategie come quella del breve riposo al sicuro seguito dalla reintegrazione in prima linea forse furono utili per sostenere lo sforzo bellico ma ben poco efficaci per curare i soldati distrutti, per non menzionare il fatto che contribuirono a diffondere il mito virile secondo il quale solo i deboli o i codardi crollano in guerra. In un singolo episodio avvenuto durante la prima guerra mondiale, gli inglesi giustiziarono 306 soldati affetti da trauma da combattimento, perché s'erano rifiutati di tornare in prima linea.[18] Durante l'invasione della Sicilia nella seconda guerra mondiale, il generale George Patton schiaffeggiò, presi a calci, minacciò e ingiuriò due soldati americani, evacuati con la diagnosi di *shell-shock*, dichiarando che erano colpevoli di "codardia" perché s'erano sottratti al dovere e che solo per questo avrebbero dovuto essere processati e fucilati.[19]

Il numero delle vittime della guerra moderna dimostra il pericolo e la portata del ferimento psicologico. Durante la prima guerra mondiale, circa 80.000 casi di *shell-shock* furono registrati negli ospedali militari britannici. Nel 1916 quelle da *shell-shock* costituivano il 40% delle ferite complessive, mentre nell'arco della guerra circa 200.000 soldati furono congedati permanentemente per esaurimento psicologico. Durante il primo decennio successivo alla guerra, oltre 114.000 veterani fecero istanza di pensione adducendo come causa di servizio lo *shell-shock*,[20] con il risultato che questo fu "elevato alla dignità di una nuova malattia di guerra davanti alla quale i medici sembravano quasi impotenti".[21]

La prima guerra mondiale causò nelle truppe americane 116.516 morti, ma 158.994 furono i reduci affetti da turbe psichiatriche. Nella seconda guerra mondiale, i caduti americani furono 405.399 e ben 1.393.000 le vittime di esaurimento nervoso.

Nella guerra di Corea, 33.629 soldati furono uccisi e 48.002 furono i casi psichiatrici,[22] e per quanto concerne il conflitto in Vietnam, a fronte di 58.212 caduti (tra cui otto donne) il VA sostiene che la diagnosi di PTSD sia stata riscontrata in almeno il 30% dei soldati, alla quale si aggiunge un ulteriore 22% di reduci con disabilità parziale, raggiungendo in tal modo almeno 1.300.000 casi.[23] L'ex ufficiale dei servizi segreti ed esperto militare Richard Gabriel scrive che nelle guerre moderne "le possibilità di diventare una vittima psichiatrica – o di rimanere debilitati per un certo periodo di tempo a causa dello stress della vita militare – sono maggiori di quelle di essere uccisi dal fuoco nemico".[24]

L'esperienza dell'individuo nella guerra tecnologica di massa non è comparabile a quella dei duelli tra gli eroi dei miti, delle leggende e dei testi sacri, né alle pratiche d'iniziazione guerriera comuni tra i popoli antichi. È pur vero che anche le guerre antiche includevano assedi, saccheggi, atrocità, stupri e stragi di civili, la distruzione di intere città e di tutti i beni dei vinti. Eppure oggi la guerra è più mortale, debilitante e "invisibile" che mai. Forse ciò è dovuto al grande numero di conflitti che si svolgono ovunque nel mondo, al fatto che tolleriamo l'uso di armi che inevitabilmente uccidono i civili, distruggono le infrastrutture e avvelenano l'ambiente. Possiamo supporre che maggiore è la portata distruttiva delle armi, maggiore diventa lo stress morale e il fardello per le truppe e le nazioni in conflitto, e che anche la ferita invisibile diventa più invasiva e sfuggente. Come già detto, la guerra civile americana è stata definita il primo conflitto veramente moderno, poiché in essa furono ideate delle forme di distruzione razionalizzata di massa che ancora oggi sussistono. Consideriamo alcuni degli innumerevoli esempi: per quanto riguarda le vittime, nella battaglia di Shiloh del 1862 furono uccisi più uomini che nella Rivoluzione americana, la guerra del 1812 e la guerra del Messico messe assieme,[25] e a Gettysburg, un anno dopo, la stessa quota di perdite fu raggiunta in sole due ore.[26] Ulysses Grant era un generale capace, forse perché aveva abbandonato la concezione romantica che associava la guerra alla nobiltà e alla gloria. Il realista Grant era disposto a perdere tutti i soldati necessari, a volte anche più del nemico, pur di ottenere la vittoria, e in effetti nel corso della guerra l'esercito unionista perse il doppio dei soldati rispetto alle forze confederate.[27] In quel conflitto, furono danneggiati le infrastrutture e l'ambiente, vennero impiegate le mine più grandi nella storia della guerra e fu ordinato il bombardamento navale più lungo e distruttivo contro una città, e tutto ciò fu giustificato come "necessità bellica". Tra molti altri esempi farò riferimento alla marcia verso il mare del generale Sherman, della quale l'ufficiale unionista Frank Blair scrisse: "Abbiamo distrutto quasi quattrocento miglia di ferrovia [...] e bruciato milioni di dollari di cotone, che è l'unica cosa che consente [alla Confederazione] di ricevere credito presso i paesi esteri, [...] e divorato provviste che avrebbero nutrito l'esercito di Lee per sei mesi".[28] Dopo il passaggio delle armate di Sherman, il *Boston Advertiser* descriveva Charleston, nella Carolina del Sud, come "Una città di rovine, desolazione, case vuote, vedove, argani marci, magazzini deserti, giardini inselvatichiti, strade infestate dall'erba, un vuoto pietoso e pieno di voci".[29] Infine, durante la guerra civile furono messe a punto alcune pratiche di combattimento che avrebbero in seguito caratterizzato la prima guerra mondiale, tra cui la "serie apparentemente infinita di attacchi contro le trincee [...] i bombardamenti di artiglieria, le mine, le cariche alla baionetta, il cecchinaggio e il combattimento corpo a corpo [come] azioni determinanti".[30]

Ogni nuova guerra ha visto crescere drasticamente il numero delle vittime civili, che rappresentarono il 10% dei morti della prima guerra mondiale, ma che nella seconda erano già la metà delle perdite complessive, in Vietnam il 70% e nella guerra in Iraq il 90%.[31] Questa tendenza non solo è stata accettata ma anche prevista. Basti pensare che l'esercito degli Stati Uniti ha creato in un centro commerciale di Philadelphia un "centro d'esperienza militare" (*Army Experience Center*) per bambini, costato quattordici milioni di dollari, dove sono state installate attrezzature high-tech che riproducono le zone di combattimento contemporanee per invogliare i bambini e gli adolescenti ad arruolarsi. Lì si può giocare per esempio a "Humvee", un programma di realtà virtuale che conduce i visitatori attraverso una zona di combattimento. Alla fine dell'esperienza immersiva, i clienti scoprono di aver "ucciso" molte persone durante il giro, tra le quali c'è una certa quantità di civili. "Non preoccupatevi", dice il rappresentante dell'esercito, "questo è in realtà un numero basso di vittime collaterali".[32]

I costi invisibili

Tutti interpretiamo il mondo attraverso il pensiero dominante del nostro tempo. I presupposti culturali, le credenze e i pregiudizi sono incorporati nelle teorie e nelle pratiche e sicuramente la guerra non fa eccezione. In America, il soldato moderno non presta servizio a suo piacimento e una volta arruolato non è più un agente libero ma proprietà del governo, vincolato a eseguire gli ordini indipendentemente da quel che vuole,[33] e subordinato agli obiettivi e alle missioni imposte dalle autorità militari e politiche. In guerra è necessario tenere i combattenti in prima linea in numero cospicuo e ad un livello di preparazione costante, indipendentemente dal costo psicologico, e questa è diventata una preoccupazione primaria nelle attuali guerre americane, che dipendono da un esercito volontario consistente di poche truppe fresche, sempre disponibili ed esperte. Non esistendo più l'esercito di leva, i soldati oggi scelgono il servizio militare come una professione, sono disposti a combattere e spesso sono impiegati costantemente in missione, con un sistema di rotazione. Questi fattori che oggi caratterizzano la cultura militare rappresentano però anche degli ostacoli, quando si deve riconoscere l'entità e la gravità del trauma, perché è diventato normale considerare il militare come un professionista specializzato che vive nell'isolamento sociale, esausto e traumatizzato.[34]

Questi problemi trascendono le guerre, in realtà. Come cultura e civiltà, abbiamo ereditato alcune premesse su cosa dovrebbe essere il servizio militare e crediamo che gli uomini, e ora anche le donne, dovrebbero essere in grado di "resistere" o, come si dice oggi, di "sviluppare resilienza", ovvero ci aspettiamo che siano in grado di tollerare il grado e l'intensità del terrore, della rabbia e del lutto che si esperiscono attraverso il combattimento. Crediamo che essi debbano accettare di buon grado il fatto di uccidere, in quanto si tratta di una parte del loro lavoro necessaria a completare le missioni di cui sono incaricati, e così attraverso l'addestramento cerchiamo di rafforzarne il carattere affinché escano dal combattimento fisicamente incolumi, almeno il più possibile. Ma uccidere ha inevitabilmente un prezzo da pagare. I soldati, i loro ufficiali, la gente comune e anche gli operatori sanitari possono dare per scontato, consapevolmente o inconsciamente, che i traumi nervosi siano causati da codardia o dalla debolezza di carattere (come nell'esempio citato del generale Patton), o da problemi di instabilità subiti durante l'infanzia o ancora da altri tratti negativi della personalità. Questi giudizi possono ferire ulteriormente chi è già scosso nelle fondamenta. Il dottor P., direttore militare di un importante centro per il trattamento traumatologico, mi ha confidato che non viaggia più in divisa perché non vuole che le persone gli dicano, con superficialità, "grazie per il suo servizio" quando non capiscono la sofferenza che c'è dietro. Ricordo anche un veterano che una volta si alzò durante una conferenza a cui partecipavo e rimproverò il pubblico: "Non ringraziatemi per il mio servizio, che è stato quello di uccidere esseri umani!". Infine, ho incontrato di recente un giovane Ranger tornato dalla guerra che indossava una maglietta su cui erano indicati tutti i posti dove aveva combattuto, mentre sulla schiena compariva una grande scritta nera: "Se non c'eri, stai zitto!".

I terapisti che si occupano di trauma sanno bene che certe esperienze estreme possono far deragliare una vita in qualsiasi momento, tuttavia alcuni di loro presumono che si possa applicare un trattamento generale per tutti i tipi di trauma, per esempio equiparando le vittime di stupro, i sopravvissuti agli incidenti stradali e i veterani. Se ci si concentra solo sulla somiglianza della risposta dei pazienti al trauma, si rischia di non riconoscere le condizioni particolari della cultura militare e delle esperienze vissute da chi ha ucciso più volte in una zona di combattimento. Shawn Nelson, un mitragliere che rimase intrappolato nella città di Mogadiscio durante la battaglia del 1993, meglio conosciuta come "Black Hawk Down", rimase sordo in seguito a quegli eventi e ha spiegato che i veterani, quando ritornano a casa, non sono pronti per impegnarsi in attività convenzionali per iniziare una nuova vita. Nella migliore delle ipotesi, possono cercare di "vivere le emozioni" e questo è vero in particolar modo per quelli che hanno ucciso, ma spesso i terapeuti non distinguono con sufficiente attenzione tra i veterani che hanno ucciso e quelli che non sono stati coinvolti in questo genere di azioni.

La guerra quindi espone alla violenza in modi molteplici, che va dai civili in attesa che i loro cari ritornino, dalle vittime civili ai sopravvissuti, dai veterani non combattenti in patria a quelli delle retrovie, dal personale di supporto ai soldati che hanno effettivamente combattuto e ucciso. L'esposizione alla violenza varia anche rispetto alla distanza tra il veterano e il fronte, alla specialità, alle armi impiegate, al tipo di missione e dipende dal fatto che il veterano creda o meno ai motivi per cui veste l'uniforme. Nel percepire l'impatto dell'esperienza di guerra c'è una costante di fondo: i veterani riservano massimo onore, rispetto e attenzione ai soldati che sono stati in prima linea o in grave pericolo e insistono sul fatto che gli unici eroi sono i caduti, distinguendo il resto della popolazione in veterani e civili, quelli che "capiscono" e quelli che non possono capire. Perciò, "comprendere" impone a chi non ha partecipato alla guerra di sentire con il cuore e vedere attraverso gli occhi di chi, invece, s'è trovato nella situazione estrema dell'"uccidere o essere ucciso" e ha vissuto un'esperienza di vita sulla lama del rasoio, da cui è stato cambiato per sempre.[35] I veterani, quando devono condividere le proprie esperienze, potrebbero rifiutarsi di intraprendere questo viaggio negli inferi anche con i migliori terapisti, che magari sono animati da nobili intenzioni ma che non capiscono il mondo dell'esercito, del combattimento e della cultura guerriera, perché ritengono che non sarebbero compresi. Infine, ascoltare con profonda compassione è il viaggio morale che deve intraprendere chiunque voglia aiutare i veterani, perché questa è la medicina che può curarli.

I più comuni approcci al trauma

Esaminiamo ora alcuni dei modi più conosciuti di accostarsi alla ferita invisibile per vedere quanto questi si avvicinano all'esperienza di vita del sopravvissuto e cosa ci insegnano riguardo le nostre convinzioni sociali di fondo sulla guerra e sul suo impatto. Questa sezione non vuole esporre una critica dei molti terapisti e guaritori che offrono i loro servizi e le loro tecniche alle truppe che ritornano, perché la maggior parte degli interventi di sostegno si dimostra utile. La riduzione dei sintomi è fondamentale per facilitare il ritorno a casa. Ciò che cerco di esporre qui è una visione estensivamente olistica per riabilitare i veterani dopo la guerra, insieme con una valutazione delle strategie curative più diffuse che mirano alla riduzione dei sintomi, alla riqualificazione cognitiva, al riadattamento dello stile di vita e alla gestione dello stress e della rabbia.

Raggruppare i danni inflitti dalla guerra con tutti i disturbi traumatici e sussumerli sotto un'etichetta generica di stress o di trauma rivela la convinzione diffusa che l'esperienza bellica non sia diversa per genere ma solo per intensità dall'esperienza civile. Così facendo, qualificando le manifestazioni di rabbia come stress, la disperazione come depressione e la perdita dell'anima come dissociazione, si applica un modello medico che spiega questi fenomeni in larga parte come disordini biologici o come disfunzioni biochimiche da trattare con terapie farmacologiche. La psicologa Paula Caplan sottolinea che per indicare le ferite, nelle guerre del passato, si usava un linguaggio di evidente natura militare, mentre il "disturbo da stress postraumatico" aiuta ad insabbiare il fatto che è proprio la *guerra* a causare questa sofferenza.[36] Questo approccio contemporaneo insinua che i sopravvissuti siano diventati ipersensibili e che quindi abbiano saturato la propria capacità di assorbire o gestire lo stress, ma minimizza la gravità e il dolore impliciti nella parola *stress*, ormai tanto comunemente usata che ha perduto il suo significato e il suo potere originali.

Stress è una forma abbreviata del termine inglese *distress*, che in italiano traduce precisamente il concetto di angoscia. La parola *distress* è attestata da oltre 700 anni, mentre la parola stress non è stata usata nell'accezione psicologica prima della fine degli anni Quaranta del XX secolo. Lo stress non è riducibile al brusio quotidiano con cui il mondo moderno ci bombarda, e il traffico dell'ora di punta e le bollette non pagate non possono essere paragonate al combattimento. La sua diagnosi sottolinea, come indicano recenti ricerche, che il cervello e il sistema nervoso dei sopravvissuti potrebbero essere stati danneggiati o alterati, ma neanche questa interpretazione è nuova. Durante la guerra civile americana, come ho detto, si credeva che la ferita invisibile fosse causata da cambiamenti fisiologici nel cuore; durante la prima guerra mondiale si credeva che i cambiamenti avvenissero nel cuore e nel sistema nervoso centrale. In ogni caso, sia i militari che le comunità politiche, psichiatriche e sanitarie in gran parte negavano le componenti emotive, psicologiche e spirituali dello stress dei soldati. Oggi s'insegna ai sopravvissuti come gestire e ridurre al minimo i fattori quotidiani di stress in modo tale che i sintomi non si attivino, e a compensare e correggere i processi cerebrali. I sopravvissuti vengono curati con le medicine che alleviano i sintomi e sono risarciti finanziariamente per i danni subiti, anche se spesso devono presentare innumerevoli istanze, insistere, lottare e attendere anni o decenni perché i loro casi siano presi in considerazione. La ricetta è pressappoco questa: hai una condizione cronica, evita di stimolarla, fai esercizi di correzione cognitiva, prendi le medicine, fatti riconoscere la disabilità e i sussidi. Molti veterani sostengono che durante la psicoterapia gli è stato sconsigliato di parlare delle esperienze di guerra e del loro impatto, per evitare i fattori di stress, soprattutto i ricordi dolorosi. Alcuni consulenti si concentrano solo sull'esame delle esperienze infantili o sulle difficoltà del reinserimento, come mi ha riferito il veterano Sean Nelson:

> Le terapie individuali e di gruppo mi causavano frustrazione perché né il consulente né il dottore volevano che io raccontassi la mia storia, non volevano nemmeno sentirla, e l'ho visto accadere ad altri amici veterani. Eravamo infuriati all'idea che a queste persone non importassero le nostre storie. Volevano che parlassimo di "dove eravamo *ora*" o "come ci sentivamo *oggi*", ma non di come c'eravamo sentiti quando uccidevamo o vedevamo i nostri amici morti. Questo era assurdo. Volevo togliermi questa merda da dentro, vedere se mi riusciva di capire quello che avevo vissuto e purificare i miei sentimenti aggrovigliati, che certo non possono venir fuori nel momento in cui due uomini si puntano i fucili l'uno contro l'altro. Qualunque cosa stessero facendo, quei professionisti non hanno fatto che aggravare la situazione.

Alcuni terapeuti scoraggiano i veterani dal parlare della guerra perché sono convinti che le esperienze che modellano la vita si verifichino solo durante l'infanzia e che la personalità adulta non possa essere alterata in modo significativo, un errore che James Hillman ha definito "fallacia dello sviluppo". Forse questo rifiuto dipende dal fatto che chi dovrebbe aiutare i veterani prova timore o repulsione di fronte agli orrori di cui parlano i testimoni. Chi stiamo davvero proteggendo in questo caso? Forse succede quello che accade ai consolatori di Giobbe e diciamo ai veterani che "devono superare il passato" e "andare avanti" e che le loro storie non sono necessarie, solo perché abbiamo raggiunto il nostro limite di tolleranza? Le strategie che insegnano a evitare i fattori scatenanti dello stress possono aiutare i veterani traumatizzati a raggiungere un assestamento e un nuovo equilibrio, ma possono allo stesso modo negare inconsapevolmente l'intensità, la gravità e l'impatto della guerra che cambia per sempre la vita e rafforza il silenzio della società.

Non poter raccontare la propria storia, parafrasando le parole di un veterano, "tiene la guerra incastrata nella testa". Il silenzio non protegge la società perché la guerra negata riemergerà, a volte violentemente, attraverso i sintomi che sono il linguaggio delle ferite dell'anima. "Riportare le truppe a casa" non significa solo rimpatriarle ma anche ricondurle in una comunità stabile dove possano partecipare alla vita come individui che sono diventati qualcosa di più rispetto alle loro identità civili precedenti. Ovviamente i veterani vogliono ricongiungersi con le loro famiglie e trovare un impiego, così come i propri cari li rivogliono indietro e molti mi chiedono: "Puoi farmi tornare a essere la persona che ero prima di andare in guerra?". Questo è un ideale nobile che fa parte della nostra nostalgia, che ci fa equiparare il ritorno a casa con il tornare ad essere le persone che eravamo prima, riadattandoci alla vita civile, nella società tradizionale. Cito ancora le parole del veterano Sean Nelson:

> La mia frustrazione nei confronti della VA aveva superato il punto di non ritorno, coi i loro "farmaci" e la loro negazione distaccata e fumosa del vero problema che i veterani affrontano, ossia che la guerra, in cui sono stati tratti con falsi pretesti, ha fatto a pezzi i loro cuori e le loro anime. Questo è ed era il *mio* problema particolare, e credo che sia ciò che sta alla base di tutti i problemi dei veterani americani.

I sopravvissuti alla guerra si irritano quando la loro esperienza è ridotta a una diagnosi di stress, quando gli si vieta di portare testimonianza, quando le loro esperienze sono equiparate a quelle dei civili, perché questo impedisce loro di focalizzarsi sui veri problemi che li affliggono e li alienano.

Il problema della diagnosi errata, dell'alcool e dei medicinali

La ferita invisibile può essere diagnosticata o curata erroneamente quando viene ridotta a uno o più sintomi dominanti, tra cui la depressione e l'abuso di sostanze sembrano essere i più comuni. Può anche essere difficile distinguerla da altre condizioni psicologiche precedenti, compresi gli eventuali traumi subiti prima del servizio militare. Oggi, molti militari vengono reclutati nelle periferie povere e nelle aree rurali e molte reclute hanno storie di vita difficili e stressanti, segnate da abusi o violenza, cosicché arrivano al campo di addestramento già traumatizzati. Questo rende la loro formazione militare ancora più impegnativa e fa sì che queste reclute siano ancora più vulnerabili ai traumi connessi alla vita militare. Oltre a ciò, la ferita invisibile potrebbe essere difficile da distinguere da quelle collaterali che però producono sintomi simili, come le lesioni traumatiche cerebrali. Una diagnosi errata può dare al veterano l'impressione di essere stato frainteso o addirittura tradito, ingenerando rabbia e scoraggiandolo quando si tratta di cooperare all'interno di un percorso di recupero. A volte sono i veterani stessi che cercano di non affrontare le conseguenze più dolorose della propria esperienza di guerra, aggrappandosi alle diagnosi meno gravi, come faceva Vince, un ex fante che lavorava ottanta ore alla settimana e spesso esplodeva. A volte scompariva per andare a nascondersi in solitarie stanze di motel per giorni interi, con la sola compagnia di diverse bottiglie d'alcool, benché avesse un'attività con la quale sosteneva la famiglia e i figli, che amava molto, e avesse una condotta abbastanza positiva, soprattutto dopo quei fine settimana "dissoluti". Vince entrò in terapia dopo che per la terza volta gli fu tolta la patente per guida in stato di ebbrezza. Aveva abbandonato già diverse volte i programmi di riabilitazione, una decisione che mi spiegò così: "Vogliono solo che controlli il bere [...] ma io sono non un alcolizzato. Non è questo il problema. Non mi lasciano parlare di guerra. Non capiscono che non posso smettere di bere finché mi porto la guerra dentro?". Se gli avessi parlato del suo problema con l'alcool prima di curare le sue ferite di guerra, Vince avrebbe abbandonato anche me proprio come aveva lasciato i programmi di disintossicazione, e invece rivelò che dietro l'alcolismo si nascondevano i terribili ricordi del combattimento e che bere gli serviva a offuscarli. I soldati che ricorrono all'alcool per far fronte al dolore e al terrore sono antichi quanto la guerra, come insegnano questi versi scritti nella Cina del IX secolo:

> Che beva o no,
> i corni comandano di montare in sella.
> Non ridere se sono ubriaco sul campo sabbioso della battaglia.
> Da che mondo è mondo,
> quanti guerrieri fanno ritorno?[37]

Molti degli ufficiali di Custer erano alcolizzati e molti soldati alla battaglia di Little Bighorn avevano le borracce piene di liquore e galoppavano ubriachi e storditi attraverso il villaggio dei *lakota*, mentre massacravano.[38] Mentre raccontava le sue storie, Vince le riconduceva spontaneamente e volentieri all'alcolismo. Se prima bere aumentava la rabbia e il senso di ribellione contro gli assistenti sociali che gli impedivano di affrontare il passato di guerra, dopo che ebbe letteralmente sputato fuori tutta la guerra Vince smise di scappare, si riconciliò con la famiglia e vinse la battaglia contro l'alcolismo.

Generalmente si crede, nell'ambito del trattamento delle dipendenze, che i pazienti debbano disintossicarsi prima di poter lavorare su questioni più profonde. La storia di Vince contraddice questa filosofia. A volte può accadere che le persone con dipendenze raggiungano un tale livello di saturazione e insensibilità che le loro storie e i loro sentimenti rimangono inaccessibili, così che fare un lavoro più profondo diventa impossibile fino a quando non siano sobrie. Tuttavia è fondamentale non rifiutarsi di ascoltare le esperienze di guerra e far capire ai veterani che la loro storia militare ha la precedenza su tutto il resto, a prescindere da come e quando verrà affrontato il problema della dipendenza.

Innumerevoli soldati sul campo e veterani assumono farmaci per contrastare l'ansia, per dormire, per diminuire la rabbia e la depressione. L'uso di sostanze legali e illegali è ormai epidemico e mostra quanto la ferita invisibile possa disturbare la vita regolare, quanto i sopravvissuti cerchino disperatamente un sollievo e quanto la risposta della società al disagio sia diventata dipendente dai farmaci. Alcuni soldati in missione prendono una tale quantità di medicinali che quando tornano a casa ne sono dipendenti, ma i farmaci sopprimono i sintomi senza cambiare nulla, tengono sotto controllo ma non guariscono, perché alterano il modo in cui funziona il corpo ma non possono cambiare la persona. Poiché i sintomi del trauma possono diventare così gravi da mettere in pericolo la vita o la sicurezza dei veterani e dei loro familiari, e possono essere così dolorosi da rendere impossibile la vita ordinaria, i farmaci sono certamente utili e talvolta necessari, ma da soli non promuovono alcuna trasformazione né la crescita della persona. Quando ci affidiamo ai farmaci per controllare i sintomi della sofferenza, la società stessa diventa dipendente come i suoi veterani, che a volte ho visto con indosso delle magliette dove c'era scritto: "Questo veterano è sotto farmaci per la vostra sicurezza".

Il secondo re ancestrale: disperazione e trasfigurazione

Prima di lasciare gli inferi per esaminare come l'anima dei sopravvissuti e della società possa essere restaurata, voglio tornare ancora una volta alle radici per concludere la vicenda del "viaggio del guerriero", un racconto che svolge lo schema mitico del viaggio dall'innocenza del ragazzo all'esperienza del guerriero temprato, dalla miseria alla vittoria e dalla disperazione alla trasfigurazione. Le mappe che guidano questo viaggio sono insite nell'essere umano e nella civiltà, così come lo è la ferita invisibile.

Nella dichiarazione del re David "il Signore è il mio pastore" c'è una certa consolazione, ma il Salmo 70 dà voce all'anima angosciata che dice: "Io sono misero e povero; o Dio, affrettati a venire in mio aiuto".[39] Nella Bibbia si trovano così tanti passaggi di disperazione che se ne potrebbe scegliere uno qualsiasi, ad esempio la condizione di David nel Salmo 22, quando grida "Dio mio, Dio mio, perché mi hai abbandonato?", lamentandosi come chi è stato all'inferno e non può tornare. David si salva rinnovando la sua connessione con il divino nella preghiera, ma non prima di aver gridato il suo disperato bisogno che è all'origine di tutto: "Libera dalla spada la mia vita".[40] Ultimo di otto figli, David è un giovane pastore quando si reca al campo dell'esercito di Saul per portare delle provviste ai suoi tre fratelli che stanno combattendo contro i Filistei, e mentre è lì decide di sfidare il gigante nemico Golia in un duello che rappresenta uno dei riti di passaggio più famosi al mondo.[41] Nella valle di Elah, il giovane armato di fionda sconfigge l'avversario sotto gli occhi dei due schieramenti, i Filistei fuggono, così il ragazzo diventa un eroe e un guerriero. Questa storia dell'Antico Testamento dimostra perfettamente la tradizione iniziatica della guerra perché David si offre volontariamente per essere il campione del suo popolo e, accettando una prova pericolosa per la vita e sfidando il campione del nemico a duello, dimostra di avere sia i tratti del guerriero che del capo, che nessuno aveva visto prima. In seguito, come guerriero David è ancora più feroce di Saul e commette atti che oggi considereremmo atrocità, attaccando e massacrando numerose tribù che da molto tempo vivevano nella regione,[42] anche dopo la stabilizzazione del suo regno e sempre sostenuto dal favore del suo Dio.[43] Invia perfino il suo guerriero Uria a morire in battaglia affinché possa prendere per sé la vedova, Betsabea,[44] e solo a questo punto – non dopo i massacri – Dio si adira con lui. Lungo l'intero corso del suo regno, David oscilla tra la disperazione e la fede ma alla fine sembra trovare in quest'ultima il rimedio alla sofferenza della propria anima torturata.[45] Anche se le sue ultime parole irate non sono rivolte a Dio, piuttosto egli ritorna alla sua visione oscura e diffidente dell'umanità e invoca la guerra e la violenza contro tutti quelli che appartengono a terre e credenze diverse: "Ma gli scellerati tutti quanti sono come spine che si buttano via e non si prendono con la mano; chi le tocca si arma di un ferro o di un'asta di lancia, e si bruciano interamente là dove sono".[46]

Adsit sostiene che quello di re David rappresenti un caso di disturbo da stress postraumatico ma anche, a differenza di Saul, di superamento della sindrome.[47] I salmi riferiti a David rivelano un uomo, un guerriero e un re in preda alla confusione, alla disperazione, alla solitudine e al collasso spirituale, ma anche una persona di fede capace di sentire la presenza e il favore di Dio, che nell'angoscia cerca di rinnovarsi. L'invisibile ferita di David risuona nella sua voce come una richiesta di aiuto rivolta a Dio, senza il quale non potrebbe sopportare tutto ciò che ha sofferto. Come lui, ogni combattente ha bisogno dell'aiuto dagli altri e di sostegno spirituale, perciò adesso vedremo che cosa sono queste fonti di aiuto e qual è il percorso che permette il ritorno del guerriero.

NOTE AL CAPITOLO 6
LA FERITA INVISIBILE OGGI

[1] Kevin Turner, *Nobody Knows*, canzone inedita, citata con autorizzazione.

[2] Discorso di congedo al Corpo dei Cadetti a West Point, pronunciato il 12 maggio 1962.

[3] Il DSM-5 ora presta maggiore attenzione ai sintomi comportamentali che accompagnano il PTSD e propone quattro distinti cluster diagnostici, con maggiore sensibilità per i problemi dello sviluppo in bambini e adolescenti.

[4] Gay Bradshaw, *Elephants on the Edge. What Animals Teach Us about Humanity*, New Haven, Princeton University Press, 2009.

[5] Parte del materiale usato per le seguenti sezioni di questo capitolo è apparso in precedenza in forma più breve in Edward Tick, *Wild Beasts e Wandering Souls. Shamanism and Post-Traumatic Stress Disorder*, Salt Lake City, Elik Press, 2007 (poi ristampato in «Vietnamese Studies», 4 (2007), 39-71 e in «Spirited Medicine», Society of Shamanic Practitioners, 2013. Una versione ridotta è apparsa anche in «Journal of Shamanic Practice», 4, 1 (2011)).

[6] I Samuele 16: 14, 18: 10 e 19: 9.

[7] Richard Gabriel, *Man and Wound in the Ancient World*, Washington, Potomac Books, 2012, p. 155.

[8] Josephus, *The Jewish War and Other Selections from Flavius Josephus*, New York, Washington Square Press, 1965, p. 155.

[9] Mark DeWolfe Howe, a cura di, *Touched with Fire. Civil War Letters of Oliver Wendell Holmes, Jr. 1861-1864*, New York, Fordham University Press, 2000, p. 149.

[10] Tim Cook, *The Great War of the Mind*, «Canada's History» (2010), 24.

[11] Gabriel, *Man and Wound in the Ancient World*, op. cit., p. 155.

[12] Per una storia della ferita e dei suoi nomi si veda, tra gli altri, Gabriel, *No More Heroes*, op. cit., specialmente pp. 16 e 43-44; Meagher, *Moving a Nation to Care*, op. cit., pp. 161-162; e Tick, *War and the Soul*, op. cit., soprattutto pp. 97-103.

[13] Lettera a sua madre citata in Douglas Kerr, *Introduction*, in Wilfred Owen, *The Works*, Hertfordshire, Wordsworth Poetry Library, 1994, p. vii.

[14] Wilfred Owen, *Insensibilità*, in *Poesie di guerra*, op. cit., pp. 65-67.

[15] Id., *And I Must Go*, in *The Works*, op. cit., p. 58.

[16] Vedi Daniele Del Giudice, *Introduzione*, in Primo Levi, *Opere complete*, Torino, Einaudi, 2016, vol. 1, p. xxvi [n.d.t.].

[17] Levinson, *Gated Grief*, op. cit., p. 224.

[18] L'articolo *Britain: Soldier Executed in 1916 Pardoned*, «New York Times», 16 agosto 2006, 7, riportava la notizia che i parenti del soldato Harry Farr, avevano

ricevuto il perdono nell'agosto 2006, novant'anni dopo la sua esecuzione, perché era stato dimostrato che aveva subito un trauma da *shell-shock*.

[19] Meagher, *Moving a Nation to Care*, op. cit., p. 12.

[20] Catharine Arnold, *Bedlam. London and Its Mad*, London, Simon & Schuster Pocket Books, 2009, pp. 253-260.

[21] Martin Stone, *Shellshock and the Psychologists*, citato in Arnold, *Bedlam*, op. cit., p. 260.

[22] Si rimanda a *Principal Wars in which the United States Participated: US Military Personnel Serving and Casualties*, US Department of Defense; National Institute of Mental Health, 2002 – Statistics, Mental Illness Research Association; Gabriel, *Man and Wound in the Ancient World*, op. cit., pp. 72-77.

[23] Jennifer Price, *Findings from the National Vietnam Veterans' Readjustment Study, A National Center for PTSD Fact Sheet*, US Department of Veterans Affairs, National Center for PTSD (https://www.researchgate.net/publication/237463191_Findings_from_the_National_Vietnam_Veterans%27_Readjustment_Study).

[24] Gabriel, *No More Heroes*, op. cit., p. 77.

[25] Michael Korda, *Ulysses S. Grant. The Unlikely Hero*, New York, HarperCollins, 2004, p. 77.

[26] Gary Paulsen, *Soldier's Heart*, New York, Dell Laurel Leaf, 1998, p. 103.

[27] Grant condusse il conflitto come una guerra di logoramento, convinto che la vittoria sarebbe giunta dopo che la maggior parte dei soldati nemici fosse stata messa fuori combattimento. Si veda *Fact Sheet – America's Wars, 1775-1991*, US Department of Veterans Affairs (va.gov/opa/publications/factsheets/fs_americas_wars.pdf). Anche quella del Vietnam fu una guerra d'attrito, il che spiega l'importanza della "conta dei morti" e il motivo per cui così tante vittime vietnamite erano civili. Un veterano una volta mi disse: "Io non uccidevo bambini, ma solo piccoli vietcong". Il popolo vietnamita, però, trovò la forza di resistere a questa strategia implicita degli americani e Ho Chi Minh annunciò: "Per ognuno di noi che cade, altri dieci attendono di prenderne il posto [...]. Ucciderete molti di noi, pochi di voi cadranno. Ma la vostra volontà crollerà prima e noi vinceremo".

[28] Citato in Goodwin, *Team of Rivals*, op. cit., p. 685.

[29] Sidney Andrews, *Boston Advertiser*, citato in Rosen, *The Jewish Confederates*, op. cit., p. 309.

[30] Korda, *Ulysses S. Grant*, op. cit., p. 102.

[31] Norman Solomon, *War Made Easy*, New York, John Wiley, 2005, in particolare pp. 184-226.

[32] John Grant, *The Battle over PTSD*, 13 aprile 2011 (https://thiscantbehappening.net/the-battle-over-ptsd/).

[33] Il soldato americano è designato dall'acronimo GI, che ha vari significati tra

cui quello di *government issue*, cioè una faccenda o un problema di cui è responsabile il governo [n.d.t.].

[34] I dati suggeriscono che questa tendenza continuerà a espandersi man mano che l'esercito prosegue con la riduzione degli effettivi, aggravando la dipendenza dalle forze speciali e dalla tecnologia avanzata. Thom Shanker e Helene Cooper, *Pentagon Plans to Shrink Army to Pre–World War II Level*, «New York Times», 23 febbraio 2014, 1.

[35] La parola veterano non appartiene esclusivamente al dominio semantico della guerra. La parola deriva dal latino *vetus* significa "anziano" e si riferisce a chiunque abbia prestato un lungo servizio in qualsiasi occupazione. Solo in Australia e Nuova Zelanda, la parola veterano è riservata esclusivamente a coloro che sono sopravvissuti al combattimento, tanto che uno specialista australiano di traumi mi ha riferito che chiunque sia stato nell'esercito senza aver combattuto non può essere chiamato veterano ma solo "uno che ha prestato servizio".

[36] Caplan, *When Johnny and Jane Come Marching Home*, op. cit., p. 85.

[37] Il testo è tradotto dall'inglese. Wang Han, *The Song of Liangchow*, in Payne, a cura di, *The White Pony*, op. cit., p. 229.

[38] Evan Connell, *Son of the Morning Star. Custer and the Little Big Horn*, San Francisco, North Point Press, 1984, pp. 361-362 e sgg.

[39] Salmo 70: 5.

[40] Salmo 22: 20.

[41] Sull'importanza dei riti di passaggio per diventare guerrieri, vedi anche Tick, *War e the Soul*, op. cit., capitolo 3, pp. 45-62.

[42] I Samuele 27: 9. Si veda anche 27: 11.

[43] II Samuele 8: 2, 4-5, 13 e 14.

[44] Questa vicenda è rievocata da Siegfrid Sasson nella poesia *Devotion to Duty*.

[45] Chris Adsit, *The Combat Trauma Healing Manual*, Newport News, Military Ministry Press, 2008, pp. 166-170.

[46] II Samuele 23: 6-7.

[47] Adsit, *The Combat Trauma Healing Manual*, op. cit., p. 165.

Parte seconda

Portare a casa i combattenti

Senza le tue ferite dove sarebbe il tuo potere?
[…] Gli stessi angeli non possono persuadere i
bambini miserabili e maldestri sulla Terra come potrebbe
invece un essere umano spezzato sulla ruota della vita.
Al servizio d'Amore, solo i soldati feriti possono servire.
Thornton Wilder

Capitolo 7

Il trauma di guerra e il contratto sociale

Tratta i tuoi soldati come tuoi bambini.
Sun Tzu, *L'arte della guerra*

I guerrieri sono i cardini del benessere di qualsiasi società. Offrendo le loro vite e il loro servizio, vengono prelevati, ricreati e sottoposti a prove affinché maturino la necessaria preparazione come protettori. Come già detto in precedenza, da tempo immemorabile, diventare un guerriero è caratterizzato da un rito di passaggio verso l'età adulta, e in America il servizio militare è da sempre un modo attraverso il quale gli immigrati possono ottenere la cittadinanza. Frederick Douglass era uno schiavo che a vent'anni fuggì e divenne un'attivista a favore dell'abolizione e dell'uguaglianza, reclutando durante la guerra civile afroamericani liberi ed ex schiavi per l'esercito unionista, convinto che attraverso il servizio militare gli schiavi potessero diventare cittadini liberi della stessa Repubblica che li aveva ridotti in schiavitù, e scrisse che "Chi combatte le battaglie d'America [...] può rivendicare l'America come il suo paese, con piena legittimità".[1] Infatti, due dei suoi figli combatterono nell'esercito dell'Unione. Un altro esempio è quello di Irving Greenfield, nato in Ungheria nel 1923 e fuggito in America quando il nazismo salì al potere in Germania. Irving scrisse che per guadagnarsi il suo posto di americano, riscattò le sue origini straniere attraverso il servizio militare, per proteggere la nuova casa della sua famiglia e partecipò alla guerra nel Pacifico durante la seconda guerra mondiale.

Nell'esercito statunitense le minoranze sono più presenti che in altri ruoli pubblici civili e tra queste i nativi americani rappresentano la percentuale più alta di tutte, ma bisogna chiedersi se ciò favorisca la piena accettazione delle minoranze e degli immigrati da parte della società. Dal maggio al giugno del 1943, per esempio, scoppiarono violente rivolte a sfondo razziale in tutta la nazione e il poeta Langston Hughes si chiese retoricamente: "Per quanto dovrò combattere / Hitler e Jim Crow?"[2] Oggi l'esercito americano è etnicamente integrato e sostiene che nessuna differenza possa rompere i legami di dipendenza reciproca tra cittadini e comunità, ma è anche vero che solo l'1% della popolazione si arruola nelle forze armate volontarie, le quali soano costituite perlopiù da poveri, reclute disoccupate e socialmente svantaggiate, e benché tutti questi individui formino un unico corpo all'interno dell'esercito, molti tra loro sono già sofferenti e pochi sono gli americani che si interessano del loro benessere. Oggi che le forze armate si fondano sempre più su base volontaria, forse si sta invertendo quel processo storico per cui la nazione americana era in buona parte costruita proprio attraverso il servizio militare.[3]

Il giusto rapporto e il contratto sociale implicito tra guerrieri e civili può essere descritto come una serie di cerchi concentrici intercambiabili di protezione e cura. La società è responsabile del benessere dei soldati, della loro preparazione e del sostegno durante e dopo il conflitto, ed è anche (in parte) responsabile delle loro azioni durante la guerra. Il modo in cui tale responsabilità è assolta può causare o meno ferite traumatiche. I nativi americani, per esempio, preparavano la popolazione prima del combattimento per prevenire i crolli emotivi, come ricorda Nupkus Shourds a proposito dei *pend d'oreille*:

> Per l'intero arco della vita le persone erano esposte a tutti gli aspetti della guerra. La formazione dei guerrieri non avveniva lontano dagli accampamenti, erano i guerrieri anziani ad addestrarli fin dalla giovinezza mentre il resto della tribù guardava ed esperiva questa educazione quotidianamente. L'intera tribù sapeva e accettava ciò per cui i giovani guerrieri si addestravano e chi non era avviato alla vita del guerriero sapeva di avere altre responsabilità e riceveva un addestramento specifico, necessario ad accogliere i guerrieri al ritorno dalla guerra.

Quando una società trascura questo ruolo, l'orrore della guerra resta imprigionato nella psiche dei combattenti, fino a diventare una ferita cronica. Continua Nupkus:

> Questo è un grave problema nella nostra società odierna: ai civili non s'insegna quale sia la loro responsabilità nei confronti dei veterani che vanno a combattere le battaglie della loro società e ciò fa sì che i veterani restino soli con se stessi quando tornano. Di conseguenza non hanno sostegno o nessuno che ascolti la loro storia di guerra, che così viene interiorizzata, provocando gravi problemi mentali. Non dobbiamo limitarci ad aiutare i veterani ma dobbiamo anche istruire i civili sulle loro responsabilità, fintanto che continueranno a permettere ai politici di fare le guerre.

Nel contratto sociale tra i combattenti e la società, l'alienazione e il tradimento possono sorgere in qualsiasi momento, causando ferite psicologiche, spirituali e sociali, ferite che possono essere così dolorose e frustranti da perseguitare i veterani fino alla morte. Cito ad esempio Tomas Young, rimasto paralizzato durante un'imboscata in Iraq, il quale pubblicò una lettera aperta all'ex presidente Bush e al vice presidente Cheney, scritta sul letto di morte: "Ho sofferto, come molti altri reduci disabili, per le cure spesso inadeguate fornite dall'Amministrazione dei Veterani. Come tanti altri, mi rendo conto che le nostre ferite mentali e fisiche non sono [...] forse di alcun interesse per i politici. Siamo stati usati, traditi e abbandonati".[4] Tale dolore è il risultato della rottura del contratto sociale con i veterani ed è ciò che resta in assenza di una vera attenzione al ritorno dei reduci e delle lacune che pervadono la nostra società, che mi suggerisce che potremmo tradurre l'acronimo PTSD come "disturbo *sociale* postraumatico" (*Posttraumatic Social Disorder*). Dobbiamo "vedere la relazione che dev'essere curata e protetta nel modello e nel processo, piuttosto che guardare separatamente ai singoli casi", ha scritto l'antropologa culturale Mary Catherine Bateson, secondo la quale la patologia "non è negli individui [...] è una caratteristica del sistema".[5] Non possiamo portare i soldati a casa per poi abbandonarli, senza ascoltare né imparare mai dalle loro storie e dai loro cuori, rifiutando di offrire loro una guida e l'ascolto di cui hanno bisogno quando crollano, trascurando così il lungo lavoro di cura e inclusione che sarebbe doveroso da parte di una società che onora ai suoi combattenti. In ogni caso non si può fare questo e poi pretendere che questi reduci siano integri, sani e pronti per nuove missioni.

"So che il mio lavoro è uccidere", mi disse il sergente Ruckles, che era stato caposquadra in tre missioni in Iraq e Afghanistan. "Non ne sono contento, spero di non doverlo fare, ma quando mi verrà ordinato, ammetto che è quel che faccio e lo accetto come necessario". Tuttavia, Ruckles ebbe a soffrire, dopo, per il mancato sostegno da parte del suo paese. "La società oggi", continua, "non ha idea di quale sia il vero scopo del soldato, ossia uccidere. Il disturbo da stress postraumatico è una colpa della società". Negligenza e abbandono, comprese le difficoltà a procurare un adeguato servizio sanitario immediato, equivalgono al tradimento della società nei confronti dei suoi veterani: "A diciotto anni ho lasciato il paese per combattere all'estero," mi ha detto un giovane reduce. "A diciannove anni, quando sono tornato, l'America mi aveva abbandonato".[6]

Il ritorno come fattore traumatico

Le conseguenze dell'abbandono possono durare tutta la vita; ricordo in merito una persona che mi chiese, mentre tenevo in una chiesa un discorso sulle funzioni religiose per veterani: "Tutti fanno cose terribili in guerra, ma quelli che commettono dei crimini hanno esigenze religiose speciali?" Allora un anziano gridò dal fondo della sala che doveva assolutamente dire qualcosa dal podio. Si trattava di Ed Bloch, un Marine che aveva combattuto nel Pacifico durante la seconda guerra mondiale, la "guerra giusta". Attraversò il corridoio, raggiunse il palco e si rivolse al pubblico: "Questa è la mia chiesa, sono il diacono e qui ci conosciamo tutti da decenni perciò voglio dirvi oggi che io ho commesso delle atrocità nella seconda guerra mondiale, ho ucciso degli innocenti". Poi scrutò i volti seri tra i banchi e continuò: "Perché mi ci sono voluti più di sessant'anni e queste nuove guerre perché fossi finalmente in grado di confessarlo nella mia chiesa, perché chiedessi a tutti voi di ascoltare la mia storia? È proprio vero, abbiamo esigenze speciali!".[7]

L'iniziazione attraverso un'ordalia e il ritorno ha lo scopo di dimostrare il proprio valore e di guadagnarsi il proprio posto nella comunità, ma per molti oggi questo percorso conduce invece alla solitudine, al silenzio e alla disperazione. Molti civili non sono mai stati iniziati, il che ha prodotto nel tempo una cultura di adulti-ragazzini che non sono stati affinati e maturati attraverso prove di servizio civile. Le conseguenze di questa mancanza di adulti iniziati, specialmente uomini, sono disastrose e influenzano ogni aspetto della nostra vita perché è bene ricordare che questi individui inesperti, non forgiati e non iniziati spesso sono gli adulti che prendono le decisioni sulla guerra, sul trattamento dei veterani e sulle esigenze della società. Quando la decisione ultima se uccidere o morire grava sulle spalle dell'individuo, questo ha il diritto di essere sostenuto da una riflessione spirituale e filosofica, non solo dalle armi, dalle attrezzature e dai pacchetti di Natale spediti da casa in nome della causa. Il senatore John McCain ha scritto: "Nessun altro sforzo nazionale richiede tanta risolutezza incrollabile quanto la guerra. Se la nazione e il governo non hanno questa risolutezza, è criminale aspettarsi che in battaglia i soldati lo affrontino da soli".[8] Né, aggiungo, si può pretendere che quei soldati possano tornare da soli.

La risolutezza rivela il carattere, la volontà, la forza e lo scopo di un popolo e dev'essere presente non solo durante il conflitto ma anche dopo, deve esortare i cittadini a fare il loro dovere e a sacrificarsi per fornire supporto alle truppe durante l'impiego e dopo il loro ritorno. Senza questa risolutezza i veterani possono sentirsi maltrattati, abbandonati e traditi proprio dal paese, dalle persone e dai leader a cui avevano offerto la loro fiducia e la vita. "Gunny" era un Marine di carriera che aveva combattuto prima in Corea e poi in Vietnam due volte: "Il combattimento non mi turbava" diceva, "non mi sono mai sentito male per aver ucciso un soldato nemico. Eravamo entrambi dei professionisti armati, sapevamo perché eravamo lì e che alcuni di noi non sarebbero tornati a casa. Il nostro compito era quello di incontrarci sul campo di battaglia per uccidere o essere uccisi". Nelle parole di Gunny riecheggiano antiche massime e motti sull'essenza dell'essere guerrieri, per esempio l'omerico "ognuno deve voltarsi contro il nemico, per morire o salvarsi: questo è l'incontro degli uomini in guerra;"[9] o l'adagio buddista secondo il quale in battaglia tutti devono essere pronti a morire, perché questo è il destino dei guerrieri; o ancora il canto di guerra di Toro Seduto "non ho speranza di vivere; / madre, dovresti piangere anche tu".[10] Gunny credeva che essere un combattente dovesse condurre a ricevere onore e senso di appartenenza, ma il trattamento ricevuto dopo il ritorno a casa lo spinse ad arruolarsi nuovamente:

> Dopo la Corea mi hanno ignorato, come se non fossi mai stato in guerra, così sono partito di nuovo per guadagnarmi un po' di onore e di rispetto a casa. Ma quando sono tornato dal Vietnam la gente m'insultava e mi sputava addosso. C'è una trappola intrinseca nell'andare in guerra: uccidi per il tuo paese e solo dopo ti dicono che era sbagliato. Come puoi fartene una ragione?

Dopo tre missioni Gunny era pronto per tornare a casa, ma è proprio in America che subì il trauma: "Avevo combattuto in una guerra dimenticata di cui non importava niente a nessuno e in un'altra che invece tutti odiavano. Potevo perdonare i nemici quando mi sparavano, ma vedere i miei connazionali sputarmi addosso mi ha spezzato lo spirito e mi ha mandato in tilt". La sofferenza di Gunny si ritrova anche nei racconti epici, per esempio nella storia di Aiace, il secondo più grande guerriero greco a Troia, distrutto dalla perdita dell'onore presso il suo popolo. Sofocle racconta, nella tragedia *Aiace*, che dopo la morte di Achille Aiace e Ulisse reclamano per sé l'onore di possedere le sue armi e dopo una lunga discussione la spunta Ulisse. Vincere o perdere una simile contesa era fonte di grande onore o, al contrario, di grave disonore nel mondo greco. Come molti veterani moderni, Aiace si sente disprezzato e caduto in disgrazia davanti all'esercito, s'infuria e medita di uccidere i suoi comandanti, ma Atena lo invasa con la follia e così invece di uccidere i compagni Aiace massacra un gregge di pecore. Ritornato in sé e vedendo quel che ha fatto, preferisce suicidarsi che vivere con quel disonore. Come Gunny, Aiace si sente apprezzato in guerra ma inutile e indegno dopo il ritorno e si commisera dicendo "L'eroe, l'uomo di fegato, eccolo qui! / Sangue freddo negli scontri di morte! / E ora? Bravo, a colpire domestica preda! / Ridicolo, noooh! Ah, sì, squilibrato patire!".[11] I veterani infuriati e traumatizzati *dopo* il combattimento possono essere ancora più spaventosi di quanto quelli sani di mente lo siano in combattimento, e questo ci ricorda le parole di Odisseo che, interrogato da Atena, spiega perché teme Aiace: "Fosse sano non tremerei, non avrei cedimenti".[12] Similmente, un Berretto Verde mi disse una volta: "La bestia che è in me ha divorato la mia parte umana", e un cappellano che era stato per la prima volta nelle forze speciali disse: "Il mio essere bestia come il mio essere prete sono sempre presenti in guerra, e non so mai quale dei due trionferà". Per gli antichi, più intensa era l'esperienza umana più si credeva fosse pervasiva la presenza divina, alla quale erano attribuiti i disturbi traumatici fisici e psicologici, e se la poesia aveva il compito di esprimere la sofferenza, il rituale pubblico doveva alleviarla.

L'onore e la sua perdita

Un giovane veterano dell'Iraq, al quale fu rifiutata l'indennità di invalidità con i relativi sussidi, si uccise all'inizio del 2011 lasciando questo messaggio: "Forse, quando guarderanno la mia bara avvolta nella bandiera, finalmente vedranno la mia ferita invisibile".[13] "Onore" deriva dal latino *honos* (che condivide la radice *hon-* con la parola *honestus*, "onorato"), esso è "cibo per l'anima" ed è il collante spirituale che tiene insieme il carattere, lo protegge e lo eleva. Una delle ragioni principali per andare in guerra è da sempre quella di difendere l'onore. In antichità, avere onore significava essere ritenuti capaci di "affrontare il pericolo e combattere con competenza",[14] ricevendo per questo massimo rispetto e stima. L'onore è intrinsecamente una preoccupazione sociale e pubblica che definisce in misura rilevante la relazione del combattente con la sua comunità, come si riscontra nell'orazione funebre di Pericle.[15]

C'è anche una connessione tra l'onore è la verità, perché negare o nascondere le vere circostanze di una guerra significa disonorarne le vittime.[16] Vedersi negato l'onore o perderlo è causa di lacerazione nella persona e spesso è uno dei motivi della disperazione dei veterani delle guerre attuali, e non è un caso che le truppe in Iraq abbiano "creato" l'adagio "sforzatevi di essere onorevoli in circostanze disonorevoli". Uno dei motivi per cui alcuni veterani combattono così duramente, spesso per decenni, per ottenere la pensione di disabilità può essere che desiderano vedere riconosciute ed onorate le proprie ferite. Una classificazione di invalidità con sussidi è infatti a volte l'unica consolazione che un veterano riceve per l'onore perduto. L'onore, come abbiamo visto negli esempi di Aiace, Pericle e Gunny, è ciò che sostiene davanti al dolore e al lutto, e perderlo provoca rabbia e alienazione. Gunny mi disse, con amarezza: "Ero un combattente americano, quindi la nostra gente avrebbe dovuto aiutarmi [...] a prescindere da quel che pensassero delle guerre. Invece ho ricevuto disprezzo e rifiuto. Non è stato l'uccidere a farmi del male, ma il disonore che ho dovuto subire a casa". Un combattente è disposto a morire, ma non ad essere disprezzato da coloro per i quali si sacrifica.

Dopo tre campagne militari e l'esperienza ripetuta del tradimento subito a casa, Gunny cambiò. Il carattere si fece diffidente e cupo, incline alla rabbia, creando nell'ambiente domestico un clima teso, con la moglie costretta ormai ad occuparsi di tutto e a proteggere contemporaneamente il veterano dalla vita e i figli dai suoi accessi di ira. Lo abbiamo visto nelle storie di Saul e di Aiace, il cui cambiamento non è tanto evidente ai loro stessi occhi quanto agli amici e ai parenti, che ne hanno anche paura.[17] In alcune remote comunità dell'Alaska e dei nativi americani, quasi tutti gli uomini adulti sono stati in guerra: la violenza sessuale, l'abuso di droghe e alcool, l'omicidio e il suicidio dilagano in queste comunità al punto che esse stesse sono diventate zona di guerra.[18] Per questo motivo lo Yup'ik eschimese Harold Napolean dice che il disturbo da stress postraumatico "Non è una malattia fisica, ma un'infezione dell'anima [...] perché attacca il nucleo della persona, lo spirito [...] e colpisce anche gli innocenti".[19]

I combattenti non hanno lo scopo di diffondere l'infezione della guerra nella loro società, eppure questo è il tragico capovolgimento moderno dello scopo iniziatico dell'esperienza guerriera. Lo scopo principale del combattente è quello di preservare e proteggere la società e tutto ciò che essa ritiene prezioso, perciò, idealmente, il loro è un servizio volto a rendere la vita della comunità più sicura. Se tutti i mezzi di moderazione o risoluzione pacifica dei conflitti falliscono e la società è veramente in pericolo, il combattente deve allora intervenire a difesa della comunità, uccidere o essere ucciso se necessario. Il buddismo giudica per questo la guerra deplorevole ma non biasima nessuno che combatta dopo aver esaurito tutti i mezzi per preservare la pace, e in un altro contesto, "sii un po' contrario alla lotta, ma quando qualcuno spara sii pronto a combattere"[20] era il credo del capo indiano Toro Seduto. Il vero compito dei combattenti è la difesa, ripeto, ma non termina con la fine delle ostilità perché successivamente i combattenti devono farsi carico anche di promuovere i valori fondamentali della conservazione e della protezione volti alla ricostruzione. Toro Seduto disse:

> I guerrieri non sono ciò che pensi. Il guerriero non è qualcuno che combatte, perché nessuno ha il diritto di togliere la vita di un altro. Il guerriero è colui che si sacrifica per il bene degli altri. Il suo compito è quello di prendersi cura degli anziani, degli indifesi, di coloro che non possono provvedere a se stessi e, soprattutto, dei bambini, che sono il futuro dell'umanità.[21]

Questo ideale guerriero non è un antico credo pittoresco, bensì l'essenza del combattente. Il generale Douglas MacArthur ha scritto, infatti, che il soldato, "Amico o un nemico, è incaricato della protezione dei deboli e degli inermi" e che questo costituisce "L'essenza stessa e la ragione del suo essere".[22] Per questo i combattenti non devono essere onorati soltanto per le loro gesta guerriere, ma per il ruolo sociale e per i compiti che devono svolgere nell'arco dell'intera vita, come per esempio insegnare ai giovani il senso e l'importanza di seguire un codice con onore.

John Fitzgerald Kennedy ha analizzato "il tipo di fede su cui si basa la democrazia" e ha detto che le componenti essenziali sono "la fiducia nella saggezza del popolo [...] il suo senso della giustizia [...] la sua capacità di onorare il coraggio e di rispettare il giudizio [...] e la fiducia che alla lunga le persone agiranno altruisticamente per il bene della nazione".[23] In ugual modo, i combattenti devono nutrire tale fiducia in se stessi e riceverla dalle persone e dalla nazione per le quali combattono. Riguardo le guerre contemporanee possiamo domandarci: ritengono i combattenti che il loro paese e il loro servizio siano stati giusti, che il loro coraggio sia stato onorato, che i loro giudizi siano stati rispettati? Rispettano i politici e i militari chi li hanno mandati a combattere, confidando nella loro capacità di giudizio? Credono che le istituzioni abbiano tratto profitto dalla guerra o che questa sia stata un bene per la nazione?

Kennedy riteneva che l'interesse dell'individuo e della nazione alla fine debbano coincidere e che tutti dovremmo servire in qualche modo la nazione, onorando i contratti sociali secondo il motto "chiediti che cosa puoi fare per il tuo paese". Al tempo di Kennedy "la vita pubblica divenne sempre più centrata su una guerra apparentemente senza fine",[24] allora la chiamavano guerra fredda, oggi guerra globale contro il terrorismo. Questo è spesso un motivo di dolore nei soldati che presero parte alla prima, perché pensano che quel conflitto non fu "la guerra per porre fine a tutte le guerre", come ha scritto il veterano Ron Orem: "Desidero soprattutto che arrivi il giorno in cui i nostri ranghi si assottiglieranno perché non ci siano più veterani da aggiungere al nostro numero".[25] Quando si insegna alle persone che la guerra dura per sempre, queste iniziano a diffidare dei propri vicini e a temerli, oltre a suscitare la disperazione in quelli che hanno combattuto, perché nonostante i loro sacrifici gli orrori che hanno sopportato non finiscono né si giunge mai a realizzare un mondo migliore e più armonioso e i sopravvissuti si chiedono se ne sia valsa la pena. Quindi, per recuperare i combattenti bisogna prima ripristinare i valori fondamentali della fiducia, dell'integrità, del coraggio e dell'abnegazione, pretendendoli non solo dai soldati ma dall'intera società.

Il modello degli indiani delle grandi pianure

Gli indiani delle pianure forniscono un modello esemplare del corretto rapporto tra il guerriero e la società. Per queste popolazioni il bisonte era un totem, uno spirito, un dio, fonte di cibo, riparo, strumenti e armi, oggetti personali, sacri e religiosi, insomma tutto ciò che sosteneva la vita. Vivendo nelle immediate vicinanze e nello stesso ambiente del bisonte da cui dipendeva per la sopravvivenza, il popolo delle pianure studiava il comportamento dell'animale, le sue qualità e la sua organizzazione sociale: i bisonti sono coraggiosi, forti e testardi, non si arrendono e vanno avanti anche nelle condizioni meteorologiche e ambientali più difficili, sono determinati nel difendere la mandria dai cacciatori e si prendono cura l'uno dell'altro, proteggendo i piccoli e i vulnerabili contro ogni minaccia. Quando la mandria è minacciata, i vitelli vengono raggruppati al centro di un anello protettivo che le femmine formano galoppando e che i maschi racchiudono in un secondo circolo esterno. I bisonti anziani rimangono nella parte più periferica, anche per far sì che i maschi giovani continuino a galoppare in cerchio invece di scagliarsi contro gli aggressori. È come se i vecchi tori, come guerrieri anziani, dicessero "Io sono sacrificabile, si salvino i giovani. Mi offro per primo". Quando un bufalo è ferito, la mandria non fugge ma si raccoglie per portare aiuto e protezione.

La struttura della società dei popoli delle grandi pianure e i tratti caratteriali del loro guerriero vennero modellati sul comportamento del bufalo come ispirazione di virtù e di vita. Quando un pericolo minacciava il popolo, i guerrieri si schieravano all'esterno formando un cerchio protettivo attorno al villaggio e quanto più un guerriero era anziano ed esperto tanto più all'esterno tentava di prendere il proprio posto. I giovani guerrieri, come i tori, dovevano essere trattenuti e addestrati fino a quando non fossero abbastanza abili e maturi da non correre il rischio di sprecare la propria vita. All'interno del cerchio gli altri erano protetti e spesso dovevano la vita ai guerrieri, per questo rendevano loro ogni onore e si prendevano cura di quelli che ritornavano, per i quali formavano un cerchio di benvenuto, ascoltando le loro storie, partecipando al loro dolore e assistendoli nei rituali di guarigione e nella necessaria purificazione dalla violenza. Come tra i bisonti, quando un membro della tribù veniva ferito o cadeva, il resto della tribù lo circondava e gli offriva aiuto e protezione. Dopo la battaglia i cerchi concentrici si invertivano: i civili all'esterno si prendevano cura dei loro guerrieri all'interno, così che nel sistema indigeno della guarigione "l'uomo che era stato sul terribile confine esterno, adesso occupava il centro".[26] In questo modo si rinnovavano i ruoli e l'organizzazione sociale interdipendente del campo rimaneva intatta, permettendo ai guerrieri di essere ristorati e agli altri membri della tribù di restituire il servizio ricevuto in forma di gratitudine. I popoli indigeni hanno riconosciuto e praticato questo tacito ed intrinseco contratto sociale da sempre. Il compito della cittadinanza è quello di ricevere, sostenere e curare il combattente con gratitudine e onore per i sacrifici fatti e la protezione che ha assicurato. In un ordine sociale sano, i combattenti e la comunità formano questi cerchi di protezione concentrici e intercambiabili, per cui il ritorno del guerriero ha bisogno delle cure di una società riconoscente e solidale, capace di fare uso di quel che i combattenti trasformati riportano con sé. Senza questo contratto sociale reciproco, i combattenti subiscono il trauma del tradimento e dell'abbandono, mentre i civili rimangono isolati nella paura e nell'ignoranza, afflitti da un debito morale e spirituale.

Il Vietnam e l'assenza di crisi traumatiche

La psicologia occidentale insegna che la violenza di massa è così traumatica che i suoi effetti distruttivi sono inevitabili e universali, tanto da colpire anche gli animali, come abbiamo già visto. Sebbene si ritenga che questa condizione postraumatica sia "una risposta normale a condizioni anormali", abbiamo a questo punto compreso che anche la preparazione del combattente, il sostegno sociale e spirituale che riceve, la questione morale e il ritorno a casa sono fattori che contribuiscono in modo fondamentale a infliggere la ferita invisibile. È possibile, quindi, ridurre o addirittura prevenire ferite invisibili concentrandosi su questi fattori? Per rispondere voglio considerare il caso del Vietnam.

Durante la guerra, il numero delle vittime e i danni subiti dai vietnamiti furono ben maggiori che per gli americani,[27] con circa tre milioni di morti, due terzi dei quali civili e oltre quattro milioni di feriti, contro gli oltre 58.000 morti e 300.000 feriti americani. Le infrastrutture e l'ambiente vietnamiti sono stati così profondamente danneggiati che oggi, quarant'anni dopo, la nazione fatica ancora a riprendersi e a tamponare le ferite. Ciononostante, in Vietnam la ferita invisibile che causa così tanta sofferenza in America manca quasi completamente. Il dottor Nguyen Sinh Phuc, che combatté nell'esercito popolare e fu ferito a Quang Tri, un luogo chiamato "il tritacarne" a causa dei brutali combattimenti che vi si svolsero, oggi è uno psicologo con tanti anni di esperienza maturati nell'ospedale psichiatrico militare e insegna all'università di Hanoi. Il dottor Phuc ha detto che "il numero di casi di PTSD tra i veterani dell'esercito vietnamita è molto basso" e conoscendo la gravità del trauma tra i veterani in America afferma di non aver visto casi così gravi in Vietnam fin dagli anni Settanta, subito dopo la guerra,[28] il che fa supporre che la crisi del dopoguerra non si è verificata nella stessa misura in Vietnam e negli Stati Uniti. Com'è possibile? I vietnamiti furono invasi e vissero il conflitto come difensori, non aggressori, come mi spiegò un veterano vietcong: "Stavamo solo difendendo le nostre famiglie e le nostre case, per questo non abbiamo ferite psicologiche". Inoltre i vietnamiti sono buddisti e questo li aiuta ad accettare destini difficili senza protestare, come mi disse un anziano che vive nel delta del Mekong e che ha perso tutti e tre i figli in guerra, mentre pregavo davanti all'altare della sua famiglia: "Grazie per la tua comprensione [...] ma sono tranquillo che i miei figli abbiano fatto il loro dovere e che abbiano raggiunto il loro giusto karma".

I vietnamiti hanno una struttura comunitaria organizzata come un grande sistema di parentele, il che permette a tutti di condividere la storia e le ferite senza che nessuno abbia a soffrire da solo, e già in questo si vede la differenza dall'America, dove bisogna creare circoli di ascolto per far incontrare i veterani con i civili. I veterani del Vietnam e i civili si riunivano spontaneamente nelle pagode del villaggio, anche durante la guerra, per testimoniare e condividere le storie di quelli che ritornavano. Lì, come in tutte le società fondate sulla famiglia allargata, gli anziani sono considerati responsabili dell'educazione del bambino, come avviene tra i nativi americani e in altre culture tradizionali, indipendentemente dal fatto che gli anziani siano parenti di sangue. Anche nelle tradizioni delle arti marziali orientali, gli insegnanti non si limitano a condurre gli allenamenti fisici ma sono venerati come maestri spirituali che addestrano sia l'anima che il corpo. Tale approccio smentisce la nostra tradizione militare fondata invece sull'obbedienza, sulla perdita di individualità, sulla conformità, sull'uso della paura e della disciplina dura e sulle punizioni.

Anche i vietnamiti ammettono di essere diventati brutali a causa della guerra, di aver torturato, sfigurato, messo trappole esplosive. Huu Ngoc, un veterano tieminh e famoso studioso, mi disse a tal proposito: "La tua guerra aerea è stata particolarmente brutale. Noi non avevano armi per contrastarla e abbiamo dovuto inventare delle forme primitive di guerra psicologica che potessero terrorizzare i tuoi soldati così come loro terrorizzavano noi con la tecnologia". Il veterano vietcong Tam

Tien disse semplicemente: "Anche se per una causa giusta, il combattimento fa perdere la testa a chiunque".

Inoltre, i vietnamiti sono rimasti in gran parte immuni agli effetti del trauma perché, sebbene fossero combattenti accaniti, si sforzarono di aderire ai loro codici di condotta morale pur in condizioni orribili, come ricordano le parole dello stesso Ho Chi Minh che raccomandava ai soldati in partenza per il fronte di catturare piuttosto che uccidere gli americani. Anche il signor Tiger mi disse che preferiva catturare i soldati nemici piuttosto che ucciderli e di aver salvato più di un prigioniero da abusi, torture o dall'esecuzione. Infine il poeta Nguyen Duy dedica una poesia al ricordo di un Ranger che aveva inseguito mentre combatteva a Quang Tri: "Inseguirlo fu ben più arduo / che premere il grilletto / salvarlo è più difficile [...] con tutte le forze / l'ho costretto / a fermarsi".[29] La maggior parte dei soldati vietnamiti rimase in guerra fino alla fine a meno che non fossero ferititi troppo gravemente per continuare e dopo il 1975, spiega il dottor Phuc, "molti veterani credevano di aver compiuto il proprio dovere nei confronti dei loro villaggi e delle persone amate. La fine della guerra significava che avevano la possibilità di continuare la scuola o di vivere in patria e sposarsi e avere bambini". Il ritorno onorevole in una comunità che accoglie il reduce, insieme con le speranze connesse al ritorno alla vita pacifica, sono altrettanto importanti delle esperienze di guerra, continua Phuc:

> Dal punto di vista sociale, noi soldati riceviamo sempre amore dalle persone. I soldati che sopravvivono alla guerra e tornano a casa, anche se feriti o mutilati, sono sempre i benvenuti e il governo li sostiene. La maggior parte dei veterani non chiede troppo, anche se la società e le persone danno loro molto, perché pensano che il fatto di essere sopravvissuti e di tornare a casa sia già una ricompensa inestimabile. Il Vietnam stava attraversando gravi difficoltà economiche dopo il 1975, tuttavia il governo e la comunità continuarono a offrire un importante sostegno ai veterani, non in termini di ricchezza materiale bensì spirituale, così che i veterani che non sono rimasti feriti hanno potuto facilmente iniziare una nuova vita.

Al contrario, innumerevoli americani che hanno combattuto nelle nostre guerre motivate dalla politica e dall'economia si sentono feriti perché hanno tradito lo scopo e il codice ideale del combattente, perché quelle guerre non erano indiscutibilmente e puramente difensive, perché la società e il governo si sono rifiutati di assistere i veterani, ai quali è stata addossata la colpa dei disturbi psicologici causati loro dalla guerra, e perché la comunità politica e sociale ha negato ogni responsabilità collettiva di quei conflitti. Per tutte queste ragioni i soldati americani pensano di esserci andati da soli in guerra, non con tutta la comunità. Alcuni esperti vietnamiti di salute mentale hanno condotto delle ricerche su questi aspetti. Il professore Tran Van Cuong, già direttore dell'Ospedale Psichiatrico Nazionale per molti anni e vicepresidente dell'Associazione Psichiatrica Vietnamita, tra il 2001 e il 2003 condusse un progetto della facoltà di psichiatria per lo studio della salute della comunità vietnamita in otto aree del paese, scoprendo che gli effetti traumatici della guerra non erano tra i principali problemi di salute del paese e concludendo che il disturbo da stress postraumatico non è un grave problema in Vietnam così come lo è invece negli Stati Uniti.

Il dottor Le Van Hao dell'Istituto Nazionale di Psicologia di Hanoi ha condotto una ricerca nel 2005 intervistando ventisette veterani con disabilità causate dall'esposizione all'Agente Orange, per studiare gli effetti dello stress ingenerato da quelle disabilità trent'anni dopo la fine della guerra. L'età media degli intervistati era all'incirca di sessantuno anni, la durata media del tempo trascorso in guerra era di oltre undici anni e avevano una media di 3,8 figli a testa, l'81% dei quali avevano sofferto di malattie, disabilità o addirittura erano deceduti a causa degli effetti dell'Agente Orange. Nonostante queste condizioni, il dottor Hao e i suoi colleghi non hanno riscontrato alcun disturbo da stress postraumatico da combattimento e nessuna delle fastidiose sintomatologie che affliggono i veterani americani.[30] Alla luce della sua ricerca e di decenni di esperienza clinica, Hao ha concluso che "nella misura in cui si sono verificati pochissimi casi di crolli psichici connessi a traumi di guerra tra i reduci più gravemente feriti, ancora meno è stato il loro numero tra gli altri gruppi di veterani".[31] Sintomi di stress sono stati riscontrati in alcuni veterani vietnamiti, ma perlopiù dovuti alle difficoltà del dopoguerra e alla lotta condotta contro le malattie causate dall'Agente Orange.

Il dottor Hao ha scritto che la mancanza del disturbo da stress postraumatico derivava da "una serie di fattori protettivi che vanno dall'aver combattuto per una causa giusta a un forte senso del dovere nei confronti della nazione". L'assenza di ferite invisibili tra i veterani vietnamiti si riferisce ai veterani vietcong e dell'Esercito Regolare del Vietnam del Nord ma non include l'impatto della guerra sui soldati dell'esercito della Repubblica del Vietnam (ARVN) che ha combattuto dalla parte americana. Posso parlare di questo caso in base alla mia esperienza e agli incontri personali sul campo, tra cui menziono quello con Tran Dinh Song, veterano delle forze aeree dell'ARVN per sette anni e mezzo e poi prigioniero nei campi di rieducazione politica del dopoguerra per altri due e mezzo. Dopo la guerra Song ha lavorato come insegnante di liceo e guida turistica, e come rappresentante dell'organizzazione *Soldier's Heart* in Vietnam mi ha detto:

> Per quanto riguarda i veterani dell'ARVN e gli ex prigionieri nei campi rieducativi, la mia sensazione è che non ci sia PTSD tra di loro. Alcuni di loro hanno ancora incubi, molti sono ostili, molti hanno un profondo dolore e amari ricordi, ma questi stati psicologici sono la malinconia o il senso di delusione che non si sviluppano in PTSD. Nei trentanove anni dalla fine della guerra ho incontrato decine di migliaia di veterani della Repubblica del Vietnam meridionale senza mai riscontrare alcun sintomo di PTSD come sono descritti nella società americana. Il supporto familiare e l'accettazione del karma può spiegare l'assenza di PTSD tra i veterani del Vietnam meridionale, che sono più tranquilli e hanno meno preoccupazioni rispetto ai veterani dell'esercito regolare del nord o ai vietcong.[32]

Questo non vuol dire che i vietnamiti non siano rimasti turbati dalla guerra e dalle sue conseguenze. La signora Tien, sposata con un veterano vietcong, mi disse che suo marito, il quale era stato gravemente ferito, a volte si allontana da solo e si siede a contemplare i ricordi della vecchia guerra. Inoltre, nel corso dei quattordici viaggi di ricerca, guarigione e riconciliazione che l'associazione *Soldier's Heart* ha organizzato dal 2000 al 2014 ho incontrato centinaia di sopravvissuti veterani e civili, di cui ho ascoltato le storie di profondo dolore e lutto, spesso accompagnate da lunghi pianti. Dal mio campo di osservazione, credo di poter dire che i due "sintomi" che i reduci vietnamiti condividono con i loro corrispettivi americani sono il dolore prolungato – che Song chiama malinconia e delusione – e i ricordi e i pensieri intrusivi. A impedire che questi sintomi diventino cronici o invalidanti nei veterani vietnamiti contribuiscono l'onnipresenza della famiglia e il supporto sociale, i rituali nazionali, comunitari e personali, e le credenze spirituali e pratiche. I rituali includono la celebrazione annuale del Giorno delle Anime Erranti, in cui l'intera nazione prega per i dispersi, la pratica universale del culto degli antenati, l'adozione da parte delle pagode dei caduti che non hanno una famiglia per commemorarli, la presenza in tutto il paese di monumenti, memoriali e musei che onorano i caduti e la consapevolezza che l'intera nazione ha sofferto insieme. Il Vietnam è un esempio vivente contemporaneo di come le società possono essere organizzate in modo tale da curare le ferite dei propri combattenti, anzitutto mantenendo un comportamento morale e responsabile già durante la guerra, perché solo così si evita che il dolore e il lutto diventino ferite invalidanti come in America.

La ferita invisibile ha origine e si manifesta nella sfera sociale oltre che in quella psicologica privata. Essa è un disordine sociale che compare quando una società prima obbliga i propri combattenti a prestare servizio in condizioni inaccettabili per poi disattenderne i bisogni ed emarginarli, ignorandone le storie al ritorno. Si tratta di un disturbo che trasforma la persona a tutti i livelli, ma non è semplicemente una patologia psicologica o clinica individuale da curare esclusivamente con mezzi medici. Soprattutto non è una condizione disperata e irreversibile, perciò adesso intendo analizzare i principi e le pratiche ispirate alla saggezza di tradizioni antiche e moderne, che possano assicurare ai combattenti un buon ritorno a casa e la riconciliazione sociale.

Note al capitolo 7
Il trauma di guerra e il contratto sociale

[1] *Douglass' Monthly*, aprile 1863, citato in Goodwin, *Team of Rivals*, op. cit., p. 549.

[2] Langston Hughes, *Beaumont to Detroit: 1943*, in *The Collected Letters of Langston Hughes*, New York: Alfred A. Knopf, 1994. Jim Crow è un'icona tradizionale di stampo razzista che rappresenta l'afroamericano in modo grottesco, e da questa icona derivano le cosiddette "leggi Jim Crow", una serie di misure razziste promulgate in America tra la fine del XIX secolo e la metà del successivo e mirate a mantenere la segregazione e la disuguaglianza razziale [n.d.t.].

[3] Bisogna anche ricordare che in America la cittadinanza non dipende dal criterio dello *ius sanguinis* bensì da quello dello *ius solis*, cioè si può essere cittadini anche se non si è nati in America e non si ha discendenza diretta da genitori e antenati americani [n.d.t.].

[4] Tomas Young, *Dying Iraq War Veteran, Pens "Last Letter" to Bush, Cheney on War's 10th Anniversary*, «The Huffington Post», 21 marzo 2013 (https://www.huffpost.com/entry/tomas-young-letter-iraq_n_2908335).

[5] Mary Catherine Bateson, *It's the System!*, «Center Post», 24, 2 (2013), 5.

[6] Decenni dopo la guerra, guidavo con Jack, un veterano del Vietnam, e discutendo di che cosa pensasse dei nostri governanti durante la guerra gli chiesi: "Che cosa diresti se adesso ci fosse in macchina il tuo comandante, il generale Westmoreland?". Con un sorriso tormentato Jack si voltò verso il sedile posteriore vuoto e disse, mimando una pistola puntata contro la testa del generale: "Signore, questo è per i miei fratelli morti, i vietnamiti e gli innumerevoli torti che lei ha fatto a tutti noi". Dunque, rivolgendosi di nuovo a me: "Poi premerei il grilletto senza rimpianti".

[7] Per i lettori interessati, Ed Bloch ha trovato pace e redenzione raccontando queste atrocità e assicurandosi che fossero consegnate alla storia, assistendo veterani in difficoltà e infine, a quasi novant'anni di età, ritornando nel villaggio cinese dove quei crimini erano stati perpetrati. Chi è interessato alla sua storia completa può trovarlo in Edward Tick, *Atonement Practices after War*, in *Beyond Forgiveness. Reflections on Atonement*, a cura di Phil Cousineau, San Francisco, Josey-Bass, 2011.

[8] John McCain, *Foreword*, in David Halberstam, *The Best and the Brightest*, New York, Random House, 2002.

[9] Omero, *Iliade*, Milano, Mondadori, 2007, libro XVII, p. 549, vv. 27-28.

[10] Stanley Vestal, *Sitting Bull. Champion of the Plains*, Norman, University of Oklahoma Press, 1989, p. 77.

[11] Sofocle, *Aiace*, Milano, Garzanti, 1991[5], pp. 27-29, vv. 364-367.

[12] Ivi, p. 9, v. 82.

[13] Il messaggio è stato reso pubblico dopo il funerale dal suo compagno di battaglia e migliore amico. I nomi sono stati omessi per riservatezza.

[14] Shay, *Achilles in Vietnam*, op. cit., pp. 13-14.

[15] "L'amore della gloria è l'unico che non invecchia mai e nella tarda età non dà tanta gioia l'accumular ricchezza, come dicono alcuni, quanta piuttosto ne procura il ricevere onori". Tucidide, *La guerra del Peloponneso*, Milano, Mondadori, 1971, vol. 1, pp. 121-128.

[16] L'importanza di dire la verità su cosa accade in guerra è stata sottolineata da un professore di comunicazione, veterano dell'esercito vietnamita sopravvissuto all'assedio di Khe Sanh: "Fin da quando andavamo a scuola ci è stata raccontata la verità sulla guerra. La maggior parte dei nostri genitori, insegnanti e anziani erano veterani sopravvissuti alle prime invasioni e ci insegnavano la realtà del campo di battaglia, senza nasconderci che molti di noi avrebbero potuto tornare a casa feriti o morire. Siamo stati preparati, protetti e amati grazie al fatto che ci hanno detto la verità. In questo modo, anche se avessimo marciato verso l'inferno, saremmo stati capaci di farlo felici e fiduciosi".

[17] Come alcuni coniugi militari oggi, anche la moglie di Aiace gli sottrae il figlio, per paura che possa ucciderlo. Sofocle, che lo racconta nella sua tragedia, era stato eletto due volte generale e conosceva bene la realtà della guerra e insegna perciò che i guerrieri tornano carichi di rabbia e di violenza e che le famiglie, gli amici e i vicini ne sono sempre afflitti.

[18] Questa affermazione si basa sulle mie esperienze e sui rapporti di assistenti sociali, consulenti, veterani, funzionari delle forze dell'ordine e guaritori nativi in varie riserve e in comunità tradizionali nel nord-est, nel Midwest, Upper West, sulla costa del Pacifico e in Alaska.

[19] Harold Napolean, *Yuuyaraq. The Way of the Human Being*, Fairbanks, University dell'Alaska, 1991, p. 15.

[20] Robert Utley, *The Lance and the Shield*, New York, Ballantine, 1993, p. 91.

[21] Questa citazione è spesso attribuita a Toro Seduto e citata in molti discorsi, scritti e siti web, tuttavia non se ne conosce alcun riferimento diretto.

[22] Douglas MacArthur, citato in Paul Fussell, *Thank God for the Atom Bomb*, New York, Ballantine, 1988, p. 25.

[23] Kennedy, *Profiles in Courage*, op. cit., p. 14.

[24] Ivi, p. 16.

[25] Ronald Lee Orem, *Jungle Dreams. A Collection of Essays on War*, manoscritto non pubblicato, citato su concessione.

[26] Earl Shorris, *The Death of the Great Spirit*, New York, Signet, 1972, p. 45.

[27] Vedi Tick, *War and the Soul*, op. cit., pp. 72-73.

[28] Salvo diversa indicazione, questa e tutte le citazioni e i riferimenti a esperti e veterani vietnamiti provengono da conversazioni personali.

[29] Nguyen Duy, *Distant Road. Selected Poems of Nguyen Duy*, tradotto da K. Bowen e Nguyen Ba Chung, Willimantic, Curbstone Press, 1999, pp. 83-85.

[30] Le Van Hao (Vietnam) e Monica Martinez (Spagna), *The Consequences of Psychological Trauma of Veterans Who Are Exposed to Agent Orange*, relazione presentata alla conferenza internazionale "Psychological Trauma among Agent Orange Affected Victims in the Vietnam War", Hanoi, 19 marzo 2010.

[31] Comunicazione personale del 20 febbraio 2014.

[32] Ufficiosamente, tutti i membri della società vietnamita ora si accettano l'un l'altro e si dichiarano riconciliati. I veterani dell'esercito del sud hanno lavori rispettabili, i loro figli sposano liberamente cittadini del nord, parecchie amicizie legano le persone di entrambe le parti. Ma ufficialmente i veterani dell'ARVN sono ancora privati dei diritti civili dal governo, non ricevono sussidi, non vengono sepolti nei cimiteri militari e le loro madri non sono annoverate tra le Madri Eroiche. Ciò è causa di ulteriore dolore per alcuni veterani americani che reputano di avere abbandonato gli alleati a un destino difficile. Si tratta di una questione ancora oggi molto sentita da alcuni veterani delle guerre in Iraq e in Afghanistan, i quali temono e protestano per il destino dei loro interpreti e di altri membri delle truppe alleate in Medio Oriente, le cui vite sono a rischio per il sostegno che hanno concesso agli Stati Uniti, anche perché pochissimi di questi cittadini sono stati accolti in America come rifugiati.

Capitolo 8

La ferita: una comprensione olistica

La guerra è patologica, non i soldati che la vivono.
Lori Holyfield

Chi sopravvive a esperienze straordinarie passa attraverso un processo psicologico di morte e rinascita per trasformarsi in una persona essenzialmente nuova e diversa da quella che era. Le esperienze d'iniziazione, infatti, sono così profonde da trasformare le persone nel nucleo della loro struttura caratteriale. Nelle culture tradizionali, le malattie e le crisi erano considerate iniziazioni che provocano la morte del vecchio sé e la nascita del nuovo e quando l'iniziato tornava nella sua vita veniva accettato dalla comunità in base alla sua nuova personalità, offrendo in cambio i vantaggi della sua nuova condizione, così che l'iniziazione permette tanto all'individuo quanto al suo gruppo di crescere e prosperare.

Diventare un guerriero è un percorso millenario di iniziazione all'età matura, attraverso il quale tradizionalmente si ottiene lo status di cittadino con onore. La traiettoria di crescita dell'iniziazione è concepibile come:

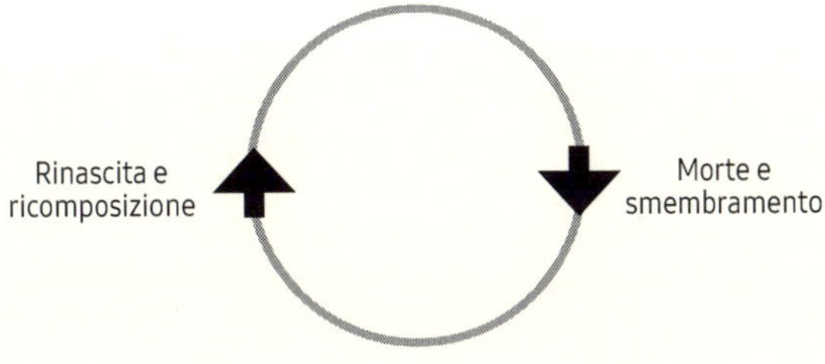

Finora ho considerato i modi in cui un guerriero potrebbe non tornare a causa di una iniziazione incompleta che ha come effetti i traumi psicologici, i problemi relazionali, l'angoscia, l'irrequietezza, il vagabondaggio, l'isolamento e il suicidio. Di fronte a questa causa – l'iniziazione fallita – le cure moderne che trattano la ferita invisibile unicamente come patologia sono incomplete e per questo i veterani spesso le rifiutano, come mi scrisse un sergente disabile che aveva combattuto sia in Iraq che in Afghanistan: "Non voglio prendere pillole o sentirmi come se fossi un caso clinico. Ho solo bisogno di interazione sociale e di nuovi metodi di aiuto [...]. Voglio tornare ad essere libero e di nuovo me stesso". Il trattamento cui sono generalmente sottoposti i veterani fallisce proprio nel valorizzare la dimensione iniziatica dell'esperienza di guerra perché, come ha detto James Hillman, l'esposizione all'esperienza senza istruzione o saggezza è solo una iniziazione a metà, una iniziazione interrotta.[1] Come è possibile ricostituire l'anima e trasformare l'identità dopo la guerra, in modo tale che possa crescere?

Se interpretiamo il combattimento come un'occasione anormale di grave violenza stressante e di pericolo che trasforma i veterani in civili traumatizzati, e se il percorso verso casa significa principalmente controllare i sintomi dello stress e ricalibrare il cervello mentre il veterano si reinventa un'identità civile che non corrisponde più a chi era prima o alle esperienze di vita precedenti, allora il ritorno sarà inevitabilmente un fallimento. Per molti veterani questa ricetta significa una sicura lotta cronica contro l'esaurimento e il disordine, uno stato che è stato etichettato come PTSD. Al contrario possiamo pensare che:

- essere un combattente significa intraprendere un viaggio che dura tutta la vita ed è una condizione che può essere educata, nutrita e curata;
- il ruolo del combattente è iniziatico, da sempre, e le prove possono trasformare ed educare dal punto di vista psicologico e spirituale, permettendo di crescere e di acquisire saggezza;
- la ferita invisibile è un marchio onorevole per un combattente, riconosciuto e curato da millenni, e ci sono tutti i mezzi per comprendere i traumi di guerra e prenderci cura di coloro che ne soffrono per far sì che siano riabilitati;

- infine, dove c'è una crisi può esserci una svolta; dove c'è la morte, c'è rinascita; dove c'è il disordine, si annuncia un nuovo ordine.

Quando assumiamo questa prospettiva, la ferita invisibile ci appare come una prova cui è sottoposta la nostra umanità, un calvario iniziatico e un'opportunità di ulteriore crescita ed evoluzione. Esistono dunque due strade che i soldati possono percorrere per tornare a casa: quella comune troppo spesso conduce alla disabilità cronica, all'invisibilità sociale e all'alienazione. Quella del modello trasformazionale può portare invece alla crescita e al ripristino del sopravvissuto e recare grandi vantaggi alla società. Come ha suggerito James Hillman, possiamo lavorare *sul* nostro disturbo da stress postraumatico o *con* esso,[2] cioè possiamo continuare ad applicare sempre le stesse tecniche oppure possiamo capire che la ferita spirituale è l'opportunità per trasformare, approfondire e ampliare l'anima e l'identità, come riassumo qui sotto:

Due vie verso casa

Disturbo da stress postraumatico
Civile —> combattente —> veterano —> civile malato

Crescita postraumatica
Civile –> combattente –> veterano –> guerriero spirituale –> anziano[3]

La visione olistica

Nel corso della storia, con lo sviluppo della scienza e della tecnologia, si sono di pari passo anche evolute le nomenclature delle malattie e le strategie per curarle sono diventate sempre più cliniche e tecniche, perdendo l'aspetto umanistico. Quella che un tempo era considerata una ferita che trafigge l'anima, effetto dell'ira divina, si è evoluta nel corso dei millenni fino a diventare il nostro odierno disturbo da stress postraumatico e continua a trasformarsi man mano che i veterani e parti della società civile fanno pressione per modificare questa etichetta, che ritengono inadeguata a esprimere la condizione dei combattenti feriti. Dopo l'operazione Desert Storm (1990) il comico George Carlin creò una serie di sketch su questi nomi. Carlin era un veterano dell'aeronautica militare che vedeva la struttura militare come un'istituzione corporativa finalizzata all'omicidio, infatti durante il servizio militare aveva praticato un'aperta obiezione volontaria fino ad essere congedato nel 1957. La comicità di Carlin giocava con il linguaggio medico e scientifico di cui era intrisa la nomenclatura del PTSD, fatta di nomi sempre più lunghi e più difficili da dire, incapaci di esprimere il vero dolore che connota tale condizione. Questa formula è piatta e sterile rispetto alla vividezza e all'intensità dell'esperienza, è fredda e senza onore, "svuotata di ogni poesia e della colpa", dice un veterano che preferisce infatti la nozione antica del "cuore del soldato" o "disturbo del combattente".[4] Poiché è diversa da qualsiasi altra esperienza umana, dal momento che nulla è comparabile con l'uccidere o essere uccisi, la guerra produce ferite invisibili che non possono essere comprese dal punto di vista della psicologia normativa, e allo stesso modo lo stress più intenso non può eguagliare l'esperienza di guerra. Quindi, accanto all'acronimo disturbo sociale postraumatico (*Post-Traumatic Social Disorder*) che ho già proposto in precedenza, suggerisco adesso quello di "angoscia postraumatica dell'anima" (*Post-Traumatic Soul Distress*).

Dal punto di vista dell'anima, la persona ferita è bloccata nell'inferno e sommersa dalla distruzione e dalla morte. Chiunque sia in queste condizioni ha bisogno di rinascere attraverso un processo di iniziazione simbolica. Il ciclo dell'iniziazione, abbiamo visto, procede dalla dissoluzione e dalla morte verso il ricordo e la rinascita. Poiché il servizio in zona di guerra è una discesa nelle profondità degli inferi, un archetipo della psiche e del mito, lì l'identità si smembra ed è sostituita dalla nuova identità del combattente. Quando i giovani, non iniziati e non adeguatamente preparati alla guerra vengono spediti al fronte, questa è la loro discesa all'inferno, "la valle dell'ombra", che sono costretti ad attraversare più e più volte e ben al di là della loro capacità di sopportarlo, finché vengono riportati a casa nel corpo, ma la mente, il cuore e l'anima restano laggiù. Allora l'iniziazione è incompleta e si trasforma in una ferita invisibile.

Dopo la guerra, i cambiamenti della personalità durano per il resto della vita e benché alcuni veterani anelino a ritornare le persone che erano prima, facendo di questo ritorno a volte uno scopo della terapia, la vita e la crescita rimangono un percorso a senso unico costellato di "impronte di dinosauro", tracce del passato e del sé che esisteva prima e che non può più essere recuperato. Questa è una morte psico-spirituale dalla quale deve nascere un nuovo sé che includa le storie importanti, i valori e i significati delle esperienze militari e di guerra, senza che questo processo debba essere considerato come qualcosa di patologico. Il veterano iracheno Kevin Powers ha detto una cosa giusta: "La mia identità è contrassegnata dalla mia esperienza nella guerra, ma non si limita a quella".[5] La ferita invisibile rappresenta una crisi d'identità che si manifesta quando l'esperienza trasforma il reduce in qualcun altro, un concetto ben espresso nell'ideogramma cinese della parola "crisi", il quale significa tanto "pericolo" quanto "opportunità". È necessario che il sopravvissuto scopra chi è o chi è diventato attraverso un percorso di guarigione che parte dalla crisi di identità e arriva alla formulazione di nuovi significati che affermano la vita, come nei casi paradossali che cito qui ad esempio: quello di un Marine che ricordava il momento in cui strangolò un nemico come l'incontro più "intimo" che avesse mai avuto con un altro essere umano; quello di un mitragliere che piangeva e pregava perché i soldati che falciava con le raffiche tornassero a casa dalle loro famiglie; e quello di un membro della polizia militare che scoprì che il trauma non era iniziato nel momento in cui aveva ucciso, ma quando aveva compreso che le sue vittime erano esseri umani.

Il combattimento trasforma il modo in cui il combattente si lega e si relaziona con gli altri e le dinamiche della battaglia possono dissestare e riformare il comportamento dei sopravvissuti tramite la dinamica di base, "uccidi o muori", che si traducono in massime come "ama i tuoi compagni fino ad essere pronto a uccidere o morire per loro" e "uccidi il tuo avversario prima che uccida te". Di là dalla battaglia, però, la connessione intima del combattente con l'altro non termina con lo scontro, infatti le culture tradizionali insegnano ai cacciatori e ai guerrieri che quando si prende una vita si diventa responsabili dell'anima dell'ucciso, alla quale si resta legati per sempre. È per questo che la relazione con i morti e con la morte stessa è un aspetto fondamentale della ferita invisibile. Wilbert Michel, un membro della tribù *kootenai* del Montana, uccise il suo primo nemico sugli altopiani centrali del Vietnam e mi disse di averne incontrato gli occhi subito prima di spararagli, così che trascorse il resto della sua vita ricordando quel volto e sentendo che quel soldato, esitando a sparare, aveva invece concesso a lui una possibilità di vivere. Da bambino, Wil aveva appreso dai suoi anziani che dopo ogni uccisione è necessario placare lo spirito degli uccisi spiegando loro perché gli è stata presa la vita, cosa che aveva già fatto come cacciatore. Mentre si chinava a pregare sul corpo del nemico caduto, però, il suo sergente lo insultò e gli ordinò di allontanarsi. Mi ha confessato di non aver trovato mai una ragione giusta per aver ucciso quell'uomo; la sua stessa sopravvivenza non gli è mai parsa una giustificazione morale valida per aver tolto la vita a un nemico onorevole che stava difendendo la sua casa. Spesso i combattenti di origine indiana come Wil possono soffrire anni di angoscia perché non riescono a giustificare l'uccisione in guerra di altri giovani uomini originari di culture tradizionali molto simili alla propria. Wil trovò pace solo quarant'anni dopo, quando tornammo in Vietnam insieme e finalmente poté svolgere una cerimonia per il suo nemico caduto sull'antico campo di battaglia. L'adempimento di questa responsabilità spirituale gli donò sollievo e una grande leggerezza di cuore, infatti i rapporti che ho ricevuto dalla riserva dove risiede rivelano che è una persona trasformata: attenta, felice, collaborativa, impegnata nella comunità e volenterosa nel ripristinare le antiche tradizioni guerriere.

La psichiatria riconosce il disturbo dell'attaccamento come una disfunzione del modo in cui ci relazioniamo con gli altri, così antica e profonda da essere incorporata nella nostra psiche fin dai primi anni di vita e capace di distorcere e danneggiare tutte le nostre relazioni sentimentali e sociali. Ricordo che durante una delle mie sessioni di formazione, un terapista civile apostrofò un veterano dell'Iraq chiamandolo "molestatore" perché cercava ogni giorno rapporti sessuali, al che il veterano gli rispose: "Non voglio ferire o mancare di rispetto a nessuno, ma lei deve capire che dopo tre missioni il sesso è l'unica cosa che mi faccia sentire ancora umano. Non dura, ma almeno mi sento così mentre ci tocchiamo. Per favore, non mi neghi l'unica porta che ancora mi resta aperta sull'umanità". La ferita spirituale è così profonda e dolorosa che diventa una ferita dell'intimità e un disturbo della facoltà di legarsi agli altri.

Le culture guerriere tradizionali sapevano che il trauma costituisce un pericolo e si preparavano a proteggere efficacemente i guerrieri, così che quando quello si manifestava lo riconoscevano e rispondevano in modo olistico. Esistevano per questo degli specialisti, "le persone sacre", ma la guarigione e il ritorno a casa non erano affidati soltanto a loro perché l'intera comunità interveniva a rompere l'isolamento del guerriero. Le esperienze dei veterani devono essere rese pubbliche e le loro responsabilità devono essere condivise dalla comunità che hanno servito, ma in America questo non avviene e il rapporto tra cittadini e veterani rimane disfunzionale e tale disfunzionalità affligge l'intero corpo politico e può essere corretta solo nella misura in cui la società intera diventi veramente ricettiva nei confronti dei veterani, delle loro storie e delle loro lotte. I veterani non devono essere giudicati e biasimati come capri espiatori, al contrario devono essere ascoltati e la responsabilità delle azioni che hanno compiuto in guerra e delle ferite che hanno inflitto dev'essere condivisa, perché la comunità deve capire che è proprio in suo nome che i combattenti hanno fatto la guerra. La guarigione dei veterani deve pertanto includere la comunità e svolgersi nella comunità, perché la ferita di guerra è un disordine sociale. Solo se la comunità guarisce da questa ferita, anche i veterani troveranno ristoro.

In sintesi, cosa dobbiamo intendere per PTSD? Un *disturbo da stress e ansia* ma soprattutto una *crisi d'identità* e una *iniziazione interrotta*, un *disturbo dell'attaccamento* e un *disordine sociale*, ovvero una *ferita dell'anima*. La ferita invisibile è in parte il risultato dello "stress operativo", che supera di molto ciò che i civili normalmente sperimentano. Il sistema nervoso centrale e la biochimica ne vengono influenzati e alterati mentre il sistema corpo-mente si adatta a vivere sotto costante pericolo, minacciato dalla violenza, una condizione per la cui espressione è stata coniata nel 2013 una nuova categoria diagnostica chiamata "disturbo da stress e ansia" (*Stress and Anxiety Disorder*), oggi classificata come "disturbo da trauma connesso ai fattori di stress" (*Trauma and Stressor-Related Disorder*).

Questa ferita è un trauma per chi è stato trafitto dalla violenza, è stato addestrato a uccidere e ha vissuto sotto il pericolo della morte, finendo per diventare un vagabondo che ha perso l'innocenza. È una crisi d'identità per chi non sa più chi è diventato e una iniziazione interrotta che impedisce di tornare indietro, così che il sopravvissuto resta intrappolato nel suo inferno interiore, dove convive con i morti che sostituisce agli affetti reali dei parenti e degli amici. In questa solitudine il veterano si sente abbandonato da una società che non riesce a sostenerlo e che rifiuta di assumersi la responsabilità della guerra. Tutto questo, unito insieme, costituisce la ferita dell'anima e fa sì che tutte le funzioni spirituali siano sotto shock, come nel dipinto di Edward Munch *L'urlo*, che rappresenta il grido muto dell'anima. Il mondo intero rabbrividisce davanti a quell'urlo, solo i civili ignari camminano per le loro strade apparentemente indifferenti. Ma nel momento in cui udiamo dell'urlo capiamo che cosa ha fatto il dio della guerra e riusciamo a immaginare e a fare ciò di cui i combattenti hanno veramente bisogno per tornare a casa.

NOTE AL CAPITOLO 8
LA FERITA: UNA COMPRENSIONE OLISTICA

1 Hillman, *Un terribile amore per la guerra*, op. cit., p. 49.

2 Ibid.

3 Per anziano si intende qui, come altrove nel libro, l'accezione tradizionale o arcaica dell'individuo ricco di esperienza e di saggezza, al quale sono riconosciute grande autorevolezza e dignità e che può quindi custodire valori morali elevati che trasmette alla sua comunità [n.d.t.].

4 Citato in Sarah Hansel e altri, a cura di, *Soldier's Heart. Survivor's Views of Combat Trauma*, Lutherville, Sidran, 1995, p. xiii.

5 Slater, *As Far as He Can Go Inside*, op. cit., p. 48.

Capitolo 9

Ferita e identità

Libera la mia anima dalla spada.
Salmo 22

Molti soldati, specialmente tra le giovani generazioni, non vogliono essere etichettati e potrebbero rifiutare la diagnosi e il trattamento adducendo come motivazione il fatto di essere militari professionisti che non sono usciti dall'azione militare indeboliti. Vogliono essere visti come delle persone integre, magari con limitazioni e chiamate ad affrontare nuove sfide, ma pur sempre contraddistinte dalla loro particolare identità di combattenti, perciò alcuni, come già detto, preferiscono che ci si riferisca alla loro ferita usando il vecchio termine "cuore del soldato". Di recente si sta dedicando molta attenzione alla ferita morale subita dai soldati che partecipano alle guerre moderne,[1] e generalmente *danno* è il termine associato alla ferita spirituale, per cui si dice che viene sanato un "danno morale", ma anche questo termine maschera la realtà e per quanto possiamo trarre beneficio dal suo ritorno nella psicologia contemporanea per la nostra comprensione della guerra, il concetto di "danno morale" non è nuovo.

L'anatema

Gli antichi greci erano consapevoli delle sofferenze che la guerra causa, anche nei nemici e negli innocenti che vi sono coinvolti, e un esempio di questi si ha anzitutto nella tragedia di Eschilo *I persiani*, in cui i caduti persiani, sconfitti a Salamina, vengono compassionevolmente pianti, il che costituisce un esempio di empatia raro in ogni epoca. Ma forse la tragedia più compassionevole nel rappresentare la sofferenza della guerra è *Le troiane* di Euripide, le cui protagoniste sono appunto le donne troiane sopravvissute alla guerra che guardano la loro città distrutta dagli invasori greci e che, dopo aver visto i padri, i mariti e i figli massacrati, vengono divise come schiave tra i vincitori. Essendo Euripide anche un generale dell'esercito ateniese, potremmo leggere questa opera come una protesta contro le atrocità commesse dagli ateniesi durante la guerra del Peloponneso, rappresentandovi tutte le forme della sofferenza e le ferite dei sopravvissuti, nonché la violazione della giustizia. Ecuba, regina di Troia, è un esempio in cui possiamo vedere riassunta la sofferenza di tutti i vinti: "Ho perduto patria, figli, marito [...] vengo trascinata via dalla reggia / come schiava [...] mi è toccato il destino più doloroso".[2] L'ultimo grido di Ecuba è un anatema,[3] un concetto centrale nella ferita invisibile, come ho scritto altrove.[4] Come Ecuba e le sue ancelle, oggi i coniugi, i figli e i genitori anziani abbandonati sono il coro della guerra, il cui pianto è un anatema.

Le ferite morali nelle guerre recenti

"Non eravamo innocenti", ha detto il cappellano e veterano del Vietnam William Mahedy, "eravamo partecipi del male" e "dell'oltraggio morale".[5] Tyler Boudreau, un altro veterano già menzionato, lamentava a sua volta il fatto che i veterani di solito sono trattati solo come vittime quando sono simultaneamente carnefici e vittime,[6] e infine, per esprimere la profondità e la gravità di questa ferita morale, Larry Dewey ha fatto riferimento alla "violazione della Convenzione di Ginevra dell'anima".[7] Trattando i veterani come vittime ferite e passive, la società evita di considerare la cruda realtà della guerra, la distruzione perpetrata dalle proprie truppe e la responsabilità collettiva e rischia così di generalizzare eccessivamente il concetto di ferita morale, indebolendone il significato. Faccio un esempio: poco dopo il ritorno dall'Afghanistan, un cappellano partecipò a un ritiro con lo scopo di riconciliare i veterani e i civili, durante il quale ognuno dei partecipanti doveva condividere una testimonianza personale della ferita morale. Un veterano raccontò di aver ucciso un civile e un altro partecipante, che non era un militare, quando fu il suo turno si ricordò di una volta in cui aveva dimenticato di andare a prendere suo figlio a una partita di baseball. Il cappellano definì questo scambio "pseudo-empatia" in quanto i partecipanti equiparavano esperienze diseguali. Alcuni veterani lasciarono la riunione perplessi perché questo episodio è l'ennesima dimostrazione che, anche se ben intenzionati, i civili fanno spesso fatica a capire la sofferenza morale dei veterani. Diciamo comunemente che una persona "si è fatta male" in un incidente, ma che "è rimasta ferita" in battaglia.[8] La guerra provoca tanto le ferite (*wounds*) quanto dei danni (*injuries*) e quando ci riferiamo alle prime, visibili o meno, riconosciamo che i combattenti sono sopravvissuti a violenti scambi con altri e ne soffrono perché quelle ferite li cambiano per sempre. Presso i nativi americani era diffusa l'usanza di non nascondere le ferite, che anzi venivano dipinte (anche sui cavalli) e chiamate "orgoglio della carne" (*proud flesh*).

Oggi i veterani che hanno degli arti artificiali sono incoraggiati a indossare le protesi apertamente e orgogliosamente in pubblico, ma non sono ugualmente esortati ad esternare le ferite morali: infatti nel 2009, i funzionari del Dipartimento della Difesa hanno deciso che il PTSD non soddisfa i criteri per l'assegnazione del *Purple Heart*, specificando che questa onorificenza viene conferita per le ferite causate da "forza o agente esterno"[9] e che la ferita deve essere visibile, cioè deve implicare il versamento di sangue, negando così che gli "agenti esterni", ossia le persone e le forze che potrebbero uccidere il combattente, contribuiscano alle ferite invisibili. Riconoscere solo le ferite fisiche significa occultare il vero numero delle vittime della guerra che includono quelle che hanno subito gli effetti della guerra a lungo termine. Se questo numero fosse noto, si vedrebbe che le nuove guerre non sono, come si dice, "chirurgicamente più pulite" e che non risparmiano né vite né denaro.[10] Molti veterani hanno vissuto la questione del *Purple Heart* come un ulteriore tradimento da parte di una nazione che li incolpa della propria sofferenza.

Per i combattenti le ferite invisibili sono inevitabili quanto quelle visibili e come abbiamo ormai compreso esse possono essere inflitte tanto tempo dopo il ritorno quanto durante l'azione militare. Il senatore John McCain trascorse cinque anni e mezzo come prigioniero di guerra in Vietnam e riassume il costo della guerra con queste parole: "Chiedere agli uomini di soffrire e morire, di perseverare attraverso orribili afflizioni e angosce, di sopportare le esperienze disumanizzanti e inevitabili del combattimento". Questo prezzo non riguarda solo i veterani ma tutta la comunità, continua McCain, perché fu pagato "per una causa che il paese non avrebbe sostenuto a lungo andare e che i nostri politici avevano erroneamente creduto che potesse essere vinta con minore sacrificio".[11]

Un altro esempio è quello del film *Soldier's Heart* di Brian Delate, un ex combattente del Vietnam diventato poi attore e drammaturgo, che parla delle ferite dei veterani incentrato sulla relazione tra un padre che ha combattuto nella seconda guerra mondiale e il figlio veterano del Vietnam. Quest'ultimo incontra un altro reduce con il quale instaura un rapporto di mutuo soccorso per affrontare le sfide quotidiane della vita e quando viene a sapere che il disturbo da stress postraumatico una volta era conosciuto come il "cuore del soldato" dice: "È poetico, mi fa pensare a mio padre" e la sua ragazza gli risponde: "a me ha fatto pensare a te".[12] In questo film che non riporta mai scene di guerra viene rappresentata la tristezza pervasiva dei veterani, la loro ipersensibilità e l'incapacità di adattarsi alla vita ordinaria. Organizzarsi e concentrarsi, trovare lavoro, pagare le bollette e curare le relazioni con gli altri è semplicemente più difficile per loro, che soffrono per ogni cosa, come mi disse il veterano John Fisher ammettendo che la loro è una guerra continua e che il dolore non cessa mai.

Come abbiamo ormai capito, la formazione militare e le motivazioni politiche ed economiche che ne stanno alla base producono inevitabilmente ferite estese e difficili da curare. Una volta un Marine si chiese se i bambini crescerebbero diversamente se giocassero con bambole di GI-Joe e GI-Jane dallo sguardo perso e con l'aspetto esausto e devastato. Niente di tutto questo accadeva nelle culture arcaiche che erano preparate ad accogliere e curare la ferita spirituale, come ricorda Joseph Campbell.[13] La preparazione a questo evento è fondamentale, ecco alcuni esempi: i vietnamiti educavano i giovani perché sapessero i molti modi in cui potevano essere feriti o uccisi; io e i miei collaboratori abbiamo cooperato durante le cerimonie di benedizione per i soldati in partenza per l'Afghanistan; e alcuni cappellani svolgono ritiri di preparazione spirituale per le loro unità prima dell'impiego in missione. I combattenti, oggi come in passato, usano reliquie e totem (medagliette, santini, denti di lupo, foto di famiglia, ecc.), per proteggersi in battaglia. Dal momento che la guerra è un "inferno" da cui i veterani hanno fatto ritorno, non si può pretendere che essi siano ordinariamente normali. Chi potrebbe sopravvivere a tali esperienze senza restarne ferito e trasformato?

Ferita e identità

"Ottieni la saggezza, anche se costa tutto quello che hai", si legge nei Proverbi. Bisogna considerare le ferite visibili e invisibili come il "costo" della nuova identità del soldato e della sua potenziale maturazione e a tal proposito menziono questi esempi di veterani che hanno reagito alle ferite conseguite in Vietnam. Carl era stato osservatore avanzato di artiglieria. Indossava un busto di supporto per la colonna vertebrale, che era rimasta danneggiata dopo che la sua jeep era saltata su una mina. Dopo la guerra ha avuto molti accessi di ira e ha lottato contro l'alienazione, gli incubi e la sfiducia. Un giorno ha portato il suo *Purple Heart* ad una sessione di terapia. La medaglia mostra il profilo di George Washington e la scritta "al valore". Carl ha letto l'iscrizione e ha scosso tristemente la testa: "Questa medaglia e l'iscrizione – tutte stronzate", ha detto.

"Cosa potrebbe dargli un senso?", ho chiesto.

"La verità", ha detto.

"Cosa potremmo scrivere in modo che la tua medaglia dica la verità?".

Carl mi ha guardato negli occhi e con voce ferma ha risposto: "Non ne è valsa la pena", e poi, dopo una pausa: "Se la gente lo leggesse, potrebbe chiedermi che cosa significa e io potrei dirglielo. Senza la verità, come ho detto, sono tutte stronzate".

Al, un altro veterano di guerra, lavorava da solo, evitava le persone e ha divorziato due volte. Alla fine è tornato in Vietnam con me e ha partecipato in seguito a un ritiro di meditazione buddista per veterani e dopo questi due eventi mi ha detto: "Ora capisco. Il disturbo da stress postraumatico non è qualcosa che hai. Io non soffro di disturbo *da* stress postraumatico. Io *sono* il PTSD". Un sopravvissuto può essere dominato dalla ferita al punto da identificarsi completamente con essa:

"Io sono la mia ferita, sono una cosa danneggiata". La loro intera identità può essere risucchiata nelle esperienze del servizio e del ferimento. D'altra parte, una ferita non è qualcosa che "si ha", separato dalla persona, ma piuttosto qualcosa che "si è", una condizione che dev'essere integrata completamente nella propria immagine, nello stile di vita e nel comportamento.

Continuando a pensare che "non ne valeva la pena", Carl ha trascorso la maggior parte della sua vita curando la sua disabilità e imparando che la ferita non è cancellabile e che doveva accoglierla come una parte irrevocabile della sua identità. Ha sposato Minh, una donna vietnamita che ha incontrato durante un viaggio di ritorno, di cui ha adottato e sostenuto la famiglia, facendo del Vietnam la sua seconda casa. Alla fine Al e Minh hanno avuto un bambino, nato dall'amore e dalla riconciliazione tra i loro popoli e le nazioni.

Le ferite invisibili possono insediarsi nella psiche e dominarla come un animale imprevedibile che abita nella mente e nel cuore, un estraneo che interferisce nelle relazioni, e quando lo fa viene diagnosticata la disfunzione psicologica e si dice che "il veterano ha questo e quello". La ferita domina chi la reca al punto tale che diventa parte dell'identità per il resto della vita, infatti anche dopo una sola missione o un anno di servizio in zona di combattimento, molti veterani testimoniano che l'esperienza li ha influenzati più del resto della vita messa insieme. Il recupero è quindi possibile nella misura in cui si riesca a raggiungere "una nuova normalità", come dicono i sopravvissuti: si deve lavorare su chi si è ora, chi si è diventato, cosa si è imparato e instaurare nuove relazioni con gli amici e i familiari in base alla persona che si è diventati. Il veterano dei Berretti Verdi Greg Walker spiegava alle reclute delle forze speciali che "la selezione è un processo infinito. Non c'è nessun fine, nessuna destinazione ultima o traguardo. Si è sempre in 'modalità selezione', a prescindere da ciò che si ottenga. È sia un processo che un credo e non consente l'autolimitazione". Un'ulteriore crescita significativa dopo il servizio militare, diceva Greg, è "un'esperienza che rispecchia la selezione". La stessa preparazione del combattente può fornire dei tratti caratteriali necessari per accogliere e trasformare le ferite:

> Per raggiungere un recupero significativo e una "nuova normalità", bisogna veramente chiedere a se stessi tutto ciò che possiamo dare. Quando mi sono trovato faccia a faccia con le mie ferite e ne ho visto gli effetti nella mia vita e in quella di coloro che mi circondavano, all'inizio è stato devastante. Tuttavia, accettando le mie ferite spirituali, emotive, mentali e fisiche e sforzandomi di non arrendermi e di non accettare la sconfitta, neanche quando ero proprio a terra, sono nuovamente rientrato nel processo infinito della selezione.

L'essere combattenti significa trasformare le ferite e questa non è solo un'attitudine, bensì un lavoro estremamente difficile e necessario. Greg continuava:

> La mia "nuova normalità" è stata forgiata, temperata e plasmata in quasi sei anni di lavoro intenso – perché devi fare di nuovo pratica di volo se vuoi tornare a volare con le aquile. Essa è il risultato di uno sforzo collaborativo della famiglia, degli amici più cari, di incredibili guaritori e di insegnanti spirituali. È un prisma che include i contributi di coloro che sono entrati nel mio percorso di transizione da combattente a guaritore/mentore nel momento giusto, dove il bivio sul Sentiero del Guerriero ti chiede di scegliere se andare da una parte o dall'altra.

A questo punto Greg esponeva il suo codice guerriero:

> Continuare o tornare indietro. Stringere i denti e proseguire, indipendentemente dalla difficoltà della sfida, o mollare. Come nella selezione, mollare non è un'opzione. Il risultato della "nuova normalità" è nuova vita, un nuovo scopo, una nuova priorità, dei traguardi, degli obiettivi. È una pace che mette radici profonde dentro e lentamente cresce verso l'alto e verso l'esterno e alla fine sfonda l'oscurità ed entra nella luce di un nuovo e migliore giorno.

È possibile che nasca una nuova vita dai detriti della guerra e dall'identità distrutta. Ironia della sorte, gli stessi codici e valori che originariamente hanno plasmato l'identità militare della recluta possono essere usati e riconvertiti per affrontare e trasformare il nuovo sé, realizzando pienamente il codice d'onore del combattente.

Dal momento che i combattenti hanno ricevuto le ferite di guerra in nome della comunità e della nazione, esse devono essere riconosciute, testimoniate, onorate e sostenute sul piano collettivo. Il cappellano dell'esercito Chris Antal partecipò a un ritiro di guarigione nell'associazione *Soldier's Heart* prima di una sua missione. Durante il giro di chiusura, sia i civili che i veterani gli dissero: "Per favore, abbi cura di te in Afghanistan".

Il tenente Antal guardò ogni persona negli occhi e rispose: "Non posso".

"Che vuoi dire?", sbottò qualcuno. "Devi farlo! Noi vogliamo che tu ritorni".

"Io sono un cappellano, il mio dovere è quello di prendermi cura dei nostri soldati. Sono anche un soldato e devo eseguire i miei ordini. Siete voi che dovete prendervi cura di me. Se vi preoccupate per me o per come vengono impiegati i nostri soldati, allora vi prendete cura di noi e fate in modo che ci impieghino e ci supportino correttamente".

Le ferite devono essere testimoniate e onorate, non al modo esteriore della "messa in onda", che serve più da purificazione della coscienza sporca, ma da parte delle comunità da cui sono stati estratti i combattenti. È proprio la loro comunità per prima che deve agire in nome dei propri feriti affinché essi e i loro bisogni siano riconosciuti, ascoltati e onorati. Comprendere la ferita di guerra come qualcosa di morale e sociale significa dar forma ad azioni e risposte concrete che facciano capire ai veterani che essi sono ascoltati e che non saranno lasciati soli sulla strada del ritorno. La comunità e le sue istituzioni possono diventare il rifugio dei veterani attraverso la realizzazione delle seguenti azioni:

1) fornire una risposta immediata a qualsiasi soldato, veterano o famigliare che soffre; attivare programmi di ospitalità per i bisogni speciali dei veterani malati terminali e delle loro famiglie; attivare numeri verdi e centri di accoglienza 24 ore su 24, 7 giorni su 7, dove i veterani possano trovare aiuto immediato;
2) creare luoghi di ritrovo sicuri e sobri per i veterani in ogni comunità, che non siano solo rifugi per senzatetto o tossicodipendenti ma delle case di iniziazione dove i veterani ricevono educazione, terapia e processi culturali di riumanizzazione;
3) creare circoli di conversazione, tavole rotonde ed eventi correlati,

anche nelle scuole, nelle biblioteche e nei centri educativi, dove i veterani possano istruire i giovani sulla realtà della guerra e delle missioni e raccontare le loro storie ai civili; insegnare ai veterani le arti creative ed espressive in modo che possano sviluppare strumenti per l'autoespressione, la condivisione pubblica e l'arricchimento culturale, e creare una programmazione letteraria e artistica (letture, cineforum, gruppi di discussione) attraverso la quale i veterani possano presentare i loro prodotti creativi e analizzarli con la comunità;

4) restituire significato e rispetto alle commemorazioni ufficiali, chiudendo in queste occasioni i centri commerciali ed esortando la popolazione a incontrarsi radunandosi nelle chiese, nelle comunità e nei cimiteri; fondare programmi religiosi, educativi e terapeutici dove i veterani possano trovare non solo aiuto psicologico ma guarigione spirituale e perdono; riconoscere le celebrazioni memorialistiche come giorni sacri, con liturgie specializzate;
5) creare un vero e proprio Corpo di Veterani (*Veteran Service Corps*) che permetta a chi ha affrontato le prove più dure della vita di trovare modi nuovi per rendersi utile alla comunità, e per mettere in contatto i veterani anziani con quelli giovani, come fa per esempio il "programma dei dodici passi",[14] in modo che questi ultimi non debbano mai restare soli con i loro incubi e la disperazione;
6) formare, preparare e trasformare i campus universitari in "case di iniziazione", rendendoli accoglienti per i veterani non solo per attrarli allo studio ma anche per creare programmi accademici più ampli e alternativi, mirati al completamento dei processi di ritorno e di inclusione dei veterani coerentemente con la loro esperienza militare;
7) garantire una valutazione giudiziaria dei veterani accusati di crimini che tenga conto dell'impatto del servizio militare sulla loro attività illecita e programmi per il carcere fondati sulle esigenze speciali dei veterani detenuti;

8) favorire programmi di riconciliazione tra ex nemici e tra veterani e civili, connessi con progetti di ricostruzione attraverso i quali i reduci possano preservare, creare e costruire; valutare e rifondare il sistema di addestramento militare in modo da non disumanizzare i soldati o i potenziali nemici;
9) organizzare sistemi di supporto di comunità per i coniugi e le famiglie dei soldati che prestano servizio nelle missioni e per le famiglie dei veterani tornati dalle zone di combattimento con ferite traumatiche; riconoscere e sostenere altri gruppi di rischio, come i nonni e i compagni dei militari in missione e rimpatriati;
10) formare molti operatori sanitari e di igiene mentale in modo specifico per l'assistenza ai veterani, insegnando loro che questo campo è diverso da quello della psicologia civile e che richiede l'applicazione di filosofie e metodi differenti; istruire gli operatori sanitari, gli educatori e il pubblico ad acquisire familiarità con i modi dei combattenti e con la cultura della guerra in modo da colmare la distanza tra veterani e società civile.

Qualsiasi comunità potrebbe istituire tali programmi e diventare una comunità modello di accoglienza per veterani. Il dottor Glen Miller è un professore di psicologia che in Vietnam comandava le pattuglie di ricognizione a lungo raggio (LRRP, *Long Range Reconnaissance Patrols*). Ci siamo incontrati sulla porta dell'auditorium nel suo campus in Pennsylvania, dove stavamo per tenere una conferenza sui veterani e prima di salutarmi ha indicato il risvolto del suo vestito e mi ha chiesto se fosse appropriato indossare il distintivo del fante da combattimento (CIB, *Combat Infantry Badge*), la decorazione più ambita dalle truppe di terra che si guadagna solo chi è stato in zona di combattimento per un periodo significativo. Glen, con quella spilletta, semplicemente diceva: "Io ero lì". Io l'ho abbracciato, dicendogli che era perfetto, era la sua "piuma d'aquila", ricordandogli che i guerrieri indiani indossavano comunemente delle piume d'aquila nel campo per distinguersi dagli altri. "Riconoscetemi" era precisamente quel che il professor Miller chiedeva alla sua comunità accademica e qualche minuto dopo si è alzato davanti alla platea gremita per aprire la conferenza che ha dedicato ai nuovi rimpatriati, adesso studenti nel campus, indicando il suo distintivo e dicendo: "Ho bisogno che voi sappiate chi sono. Oggi, con questo distintivo, ve lo sto dicendo". Da allora Glen Miller indossa il suo CIB sul bavero e ha fondato la Rete di Comunità dei Veterani (*Veterans Community Network*), un'associazione senza scopo di lucro per aiutare i reduci più giovani, adempie così pubblicamente al suo ruolo sociale di "combattente anziano".

Il cuore del soldato e il modello di *Soldier's Heart*

Quello che facciamo con il disturbo da stress postraumatico è offrire dei *trattamenti*, ma il cuore del soldato richiede d'essere curato e ristorato. Quando pensiamo alla ferita invisibile come a un'affezione medica o psicologica che richiede l'intervento di esperti, ci limitiamo a fare e fornire cose che la possano curare. Quando la pensiamo come una ferita spirituale che riguarda tutti e di cui siamo responsabili come comunità, allora ai sopravvissuti diamo conforto e sostegno, ascolto ed empatia. Il "cuore del soldato" è una condizione permanente, il cui impatto però può essere modificato, come spiega John Fisher:

> C'è una parte del "cuore del soldato" che non smette mai di farsi sentire, non importa quanto bene il reduce riesca a dormire la notte. È la parte che rabbrividisce al suono dei fuochi d'artificio, che piange durante una scena di guerra in un film, che rivive l'orrore del combattimento ogni volta che le notizie annunciano la morte in azione di un altro soldato. Quella parte del cuore del soldato è diversa dal cuore del resto della popolazione, ma non dal cuore di un altro soldato. Questa è la fratellanza tra veterani, la loro capacità di sentirsi l'uno con l'altro. Il pianto proviene dal dolore che si accumula in quella parte del cuore, la quale renderà sempre i combattenti diversi dagli altri.

La formula "cuore del soldato" implica che i combattenti che ne sono affetti hanno il cuore spezzato e che il dolore che vi dimora permanentemente è meritevole di attenzione, come dicevano il signor Tiger e il generale Turner. La guarigione dalla guerra richiede un approccio spirituale e affinché il viaggio di ritorno sia completato, è necessario ricostruire l'identità e scoprire il significato dell'esperienza vissuta. Questo percorso richiede un approccio archetipico perché la storia dell'individuo deve essere unita alle altre storie e all'universale, che nel corso dei secoli si manifesta nelle storie dei combattenti e dei veterani.

In più di trentacinque anni di lavoro, ho imparato a riconoscere l'impatto complesso e trasformativo che i militari e la guerra hanno su tutti coloro con i quali vengono in contatto. Esplorare le inevitabili conseguenze che la guerra ha sui sopravvissuti e sulla società mi ha spinto a ricercare per tutta la vita i modi in cui i combattenti e le loro ferite sono stati compresi e curati. Questo approccio eclettico, che si basa sulle esperienze fatte con i combattenti e sulla saggezza di altre culture ed epoche, mi ha convinto della necessità di una filosofia e di una pratica per la guarigione dei veterani basata sull'amore, la compassione e l'empatia, in un percorso spirituale di saggezza archetipica che coinvolga le comunità. Perciò nel 2006, in assenza di altri approcci completi, mia moglie Kate Dahlstedt ed io fondammo l'organizzazione senza scopo di lucro *Soldier's Heart*, la cui formula era "spiritualità in comunità" e il cui motto recitava: "Prendersi cura significa condividere il fardello". Il nostro modello concerneva il viaggio completo del guerriero affrontandone gli aspetti emotivi e morali, non trattando i disturbi ma guidando i sopravvissuti verso lo sviluppo di nuove e onorevoli identità di veterani supportati dalle loro comunità. A *Soldier's Heart* preparavamo le famiglie e la comunità a sostenere e curare i veterani, sia quelli di ritorno dalle guerre in corso che quelli che avevano combattuto nelle guerre del passato, creando una rete di servizi di comunità per facilitare il reinserimento dei veterani in tutta l'America. Oltre ai ritiri intensivi e ai pellegrinaggi, durante i quali insegnavamo e praticavamo il nostro modello del "viaggio trasformativo", il nostro personale istruiva i militari, i medici, le istituzioni accademiche, le organizzazioni religiose, i professionisti e le comunità su come creare servizi olistici per i veterani e le loro famiglie che rispondessero efficacemente ai loro bisogni speciali e unici. Il fine ultimo dell'associazione era quello di far radicare la pace profondamente nel nostro mondo inquinato dalla violenza, perché quelle radici non possono prosperare finché non saremo guariti dalla guerra e la guarigione dalla guerra si chiama *pacificazione*. Il nostro messaggio era che i veterani chiedono alle loro comunità e alla società soltanto di essere visti per quello che sono, per quello che hanno dato, per le loro lotte quotidiane e di essere rispettati per la loro devozione e i loro sacrifici. Tran Quang Quy, un veterano dell'esercito del Vietnam del Nord, ha scritto nella poesia *Gift*:

> Eccomi qua…
> il ragazzo di allora, il soldato che ritorna
> con tanta pioggia sulle spalle…
> e senza gloria…
> eccomi qua
> non starmi lontano, ti prego, non guardarmi così
> anche se porto ferite sul corpo
> sono tutt'uno con il cuore immutato.[15]

Sulla base del modello di *Soldier's Heart*, dobbiamo pensare non solo in termini di *crescita* post-traumatica: così, PTSD può essere tradotto anche come *sviluppo spirituale postraumatico* (*Post-Traumatic Spiritual Development*) e associato in modo circolare con le altre possibili declinazioni del PTSD secondo lo schema

Angoscia dell'anima postraumatica +
Disturbo sociale postraumatico

necessita di

sviluppo spirituale postraumatico

NOTE AL CAPITOLO 9
FERITA E IDENTITÀ

1 Per recenti indagini sul danno morale si rimanda a WBUR (Boston NPR), *Moral Injury: An Invisible Wound of War* (wbur.org/series/moral-injury); Shira Maguen e Brett Litz, *Moral Injury in the Context of War* (ptsd.va.gov/professional/pages / moral_injury_at_war.asp); National Center for PTSD, *Moral Injury in Veterans of War*, «PTSD Research Quarterly», 23, 1 (2012); Rita Nakashima Brock e Gabriella Lettini, *Soul Repair. Recovering from Moral Injury after War*, Boston, Beacon Press, 2012. Sebbene il danno morale abbia iniziato a ricevere attenzione solo di recente, alcuni terapisti e veterani parlano di traumi morali già da decenni. Vedi, tra gli altri: Larry Dewey, *War and Redemption*, Burlington, Ashgate Publishing, 2004; William Mahedy, *Out of the Night. The Spiritual Journey of Vietnam Vets*, New York, Ballantine, 1986; Peter Marin, *Living in Moral Pain. Freedom and Its Discontents*, South Royalton, Steerforth Press, 1995; Shay, *Achilles in Vietnam*, op. cit.; Id., *Odysseus in America*, op. cit., e Edward Tick, *The Practice of Dream Healing. Bringing Ancient Greek Mysteries into Modern Medicine*, Wheaton, Quest Books, 2001, soprattutto pp. 10-13; e Id., *War and the Soul*, op. cit., specialmente pp. 59, 110-114, 169-171 e 276.

2 Euripide, *Troiane*, Milano, Garzanti, 1995[2], pp. 87 (v. 108), 89 (vv. 140-141) e 97 (vv. 291-292).

3 Qui l'autore usa il termine ἀνάθημα utilizzato nell'Antico Testamento per tradurre l'ebraico *ḥērem* che vuol dire "consacrato", nel senso di "offerto a Dio per lo sterminio". Nella cultura greca ἀνάθημα era una offerta votiva per ringraziare gli dei di una vittoria o un evento favorevole (https://www.treccani.it/vocabolario/anatema/) [n.d.t.].

4 "Anatema: questo è ciò che la guerra è ed ha fatto, qualcosa di contrario all'ordine naturale della vita, origine di inversione morale, capovolgimento di valori e di obiettivi [...] che ci rende agenti di morte e di distruzione piuttosto che di creazione, movimento opposto della crescita della vita [...]. I veterani lo sanno nell'intimo, è il loro trauma morale". Tick, *The Practice of Dream Healing*, op. cit., pp. 10-11. Lì offro anche un'analisi più estesa delle *Troiane* e spiego come questa tragedia può essere usata come mezzo di guarigione dal trauma di guerra, alle pagine 3-14.

5 Mahedy, *Out of the Night*, op. cit., pp. 155, 179 e altrove.

6 Boudreau, *Packing Inferno*, op. cit.

7 Dewey, *War and Redemption*, op. cit., specialmente alle pp. 73 sgg.

8 *Injury* deriva dal latino *iniuria* che indica un'ingiustizia, offesa o torto che subiamo a causa delle circostanze o delle azioni altrui. Una ferita subita in bat-

taglia invece, implica la presenza della violenza. In inglese l'autore usa i verbi *to injure* e *to wound* per distinguere i due diversi usi. Anche la parola *wound* deriva dal latino, precisamente da *vulnus-eris*, ferita, danno. In italiano, però, usiamo il verbo "ferire" in entrambi i casi dell'incidente e della battaglia, perciò per rendere la distinzione intesa dall'autore abbiamo scelto la parafrasi più generalizzante e attenuativa "farsi male" (che tradurrebbe più precisamente l'inglese *to hurt*) [n.d.t.].

9 Jeff Schogol, *Pentagon: No Purple Heart for PTSD*, «Stars and Stripes», 6 gennaio 2009 (stripes.com/news/pentagon-no-purple-heart-for-ptsd-1.86761).

10 Si veda, per esempio, Tick, *War and the Soul*, op. cit., pp. 74-79 e 101-102 per informazioni accurate rispetto ai rapporti sulle vittime delle guerre recenti e per i tassi di suicidio tra i veterani, riportati nei capitoli 1 e 2. Alcuni esempi: gli Stati Uniti hanno contato solo 148 morti in combattimento e 467 feriti nella Guerra del Golfo (1990-1991). Un decennio dopo, la VA ha riconosciuto oltre un 250.000 veterani disabili e oltre 10.600 morti per ferite riconducibili al combattimento dalla fine di quella guerra, il che ha portato la percentuale delle perdite americane nella prima guerra del Golfo quasi al 31% degli effettivi. Quale diventerebbe il numero delle vittime di queste guerre se il suicidio di veterani venisse collegato all'esperienza militare e alle sue conseguenze, includendo nella cifra anche gli oltre 100.000 suicidi di veterani del Vietnam o gli oltre 30.000 suicidi di veterani della guerra in Iraq e in Afghanistan?

11 McCain, *Foreword*, op. cit.

12 Brian Delate, *Soldier's Heart*, op. cit.

13 Dopo la battaglia, venivano eseguiti rituali speciali per placare e rilasciare nella terra degli spiriti dei fantasmi e tali cerimonie potevano includere anche dei riti volti ad attenuare la furia che la battaglia aveva lasciato nei sopravvissuti, affinché questi potessero ritornare alla vita civile. Campbell, *Miti per vivere*, op. cit.

14 Programma di supporto e recupero per chi è affetto da dipendenze.

15 Testo tradotto dall'inglese. Tran Quang Quy, *Gift*, trad. da Nguyen Phan Que Mai e J. Fossenbell, ristampato in *Peace Poems from the Two Sides*, Hanoi, stampa privata, 2010, p. 53.

Capitolo 10

Il viaggio di trasformazione

Devo diventare migliore – meglio che se fossi ucciso in guerra.
Antoine de Saint-Exupéry

La mappa del viaggio del combattente rivela a questo punto il percorso verso casa e i consigli pratici per guidare, ricevere e sostenere il reduce dopo il ritorno. Che cosa sappiamo finora? La vasta sapienza guaritrice antica ci mostra delle mappe complete per il viaggio del combattente, con particolare attenzione al ritorno e anche se le diverse culture si affidavano a rituali e pratiche differenti, in ognuna si trovano i medesimi principi fondamentali che aiutano a comprendere la natura della ferita invisibile.

Riassumo qui alcune verità che abbiamo stabilito sulla guerra:

- la guerra è archetipica e demoniaca, è sempre orribile e ferisce tutti. È una forza che esiste in noi e al di là di noi che ci travolge con la sua potenza e perciò era anticamente rappresentata come un dio o attribuita al divino;
- le ferite di guerra sono sempre profonde, complesse e costose e influenzano e cambiano chi le subisce in modo completo, nel corpo, nella mente, nell'anima e nello spirito, alterandone le relazioni. Quelle invisibili si propagano attraverso le generazioni e sono gravi e debilitanti quanto quelle fisiche;
- le ferite possono manifestarsi in diverse espressioni, forme e sintomi a seconda di come una particolare società prepara i suoi combattenti e risponde ai suoi veterani. La nostra comprensione contemporanea della ferita di guerra dipende dalle condizioni in base alle quali ci prepariamo alla guerra e la conduciamo. In generale,

la nostra società ignora le condizioni morali, culturali e psico-spirituali del combattente, perciò lo abbandona a se stesso quando ritorna a casa;
- benché i vietnamiti abbiano subito più danni materiali e più vittime degli americani, il disturbo da stress postraumatico è quasi nullo tra i sopravvissuti. Le loro ferite non sono etichettate o trattate come in America e ciò prova che l'intensità della ferita invisibile può essere notevolmente mitigata da fattori sociali, culturali e spirituali.

Detto ciò, stabiliamo i seguenti **obiettivi di crescita per i combattenti feriti:**

- la ferita invisibile che oggi chiamiamo PTSD non è un fallimento del carattere né una malattia mentale. Possiamo piuttosto considerarla una ferita che prova l'umanità del soldato e un portale verso la crescita e la trasformazione dell'individuo, perciò è possibile superarla;
- la guarigione e la trasformazione sono possibili impegnandosi in un viaggio spirituale attraverso il quale si modifica l'identità e si dà un senso alla ferita (crescita postraumatica e sviluppo spirituale postraumatico);
- la ferita non scompare mai ma è possibile trasformarla in modo che essa venga integrata nella persona, acquisendo così una nuova saggezza e sviluppando compassione.

E gli **obiettivi per medici, educatori, operatori sanitari e comunità:**

- il viaggio del "combattente interiore" (o anziano) è un'esperienza psico-spirituale che costituisce una mappa per orientarsi nella vita, e chi si prende cura dei veterani può cercare di nutrire questa esperienza per favorire la formazione di questa nuova identità nei sopravvissuti;
- le società tradizionali formavano gli "uomini sacri" che curavano i guerrieri, i quali rappresentano gli "antenati" dei nostri cappellani

militari, dei medici e dei guaritori di oggi. Lo studio di questo ruolo permette di acquisire quelle conoscenze pratiche che vanno a complementare le pratiche mediche comuni;

- esistono principi e pratiche che guidano il ritorno di tutti i sopravvissuti, che si modellano sull'archetipo del "guerriero interiore" delle tradizioni sacre e che possono essere usati in modo efficace anche oggi, integrandoli negli interventi terapeutici;
- esiste un contratto sociale reciproco tra i guerrieri e i civili. Così come i combattenti formano un cerchio protettivo attorno alla loro comunità quando questa è minacciata, così la comunità deve formare un cerchio di protezione attorno ai reduci quando questi tornano dalla guerra. I civili devono impegnarsi a onorare questo contratto affinché il ritorno a casa dei veterani e la riconciliazione di questi con la società siano completi.

Il viaggio del combattente: il modello di trasformazione del cuore del soldato

Benché l'archetipo del guerriero sia fondamentale e incorporato nella nostra vita psichica, spirituale e sociale, la cultura contemporanea occidentale concepisce il concetto tradizionale della "via del combattente" quasi esclusivamente in riferimento all'esperienza di combattimento piuttosto che per designare un modello esistenziale. Così facendo ne ha cancellato la funzione psico-spirituale, la quale fornisce una mappa per la vita. L'America ha continuato ad attuare un'economia di guerra fin dal secondo conflitto mondiale al fine di aumentare la ricchezza e il potere nazionale e ricorre regolarmente alla guerra come strumento politico ed economico indipendentemente dal fatto che sia immediatamente e direttamente minacciata, facendo dei veterani tanti "totem patriottici" e trascurandone la dimensione storica e umana. Ha eliminato il servizio militare obbligatorio sostituendolo con la formazione di soldati professionisti che negli ultimi anni sono stati impiegati con sempre maggiore frequenza in azioni segrete e violente, per fini politici ed economici sotto la pressione delle corporazioni. Siamo arrivati al punto che l'America usa la guerra e la violenza come forme di socializzazione e di intrattenimento di massa, anche nell'educazione dei bambini, restando in tal modo sul suo "sentiero di guerra" in modo permanente.

Il mitologo Joseph Campbell ha mappato il "viaggio dell'eroe" in base allo studio di diverse tradizioni mitologiche, religiose e spirituali e ha mostrato che pur rispettando le varianti specifiche prodotte dalle diverse civiltà, è possibile riscontrare uno schema identico per questo viaggio in tutte le società.[1] Campbell individua tre fasi del viaggio dell'eroe, la partenza, l'iniziazione e il ritorno. Questo modello è riscontrabile nelle storie e nelle avventure di tanti eroi reali o immaginari (pensiamo per esempio a Garibaldi o a Frodo del *Signore degli anelli*):

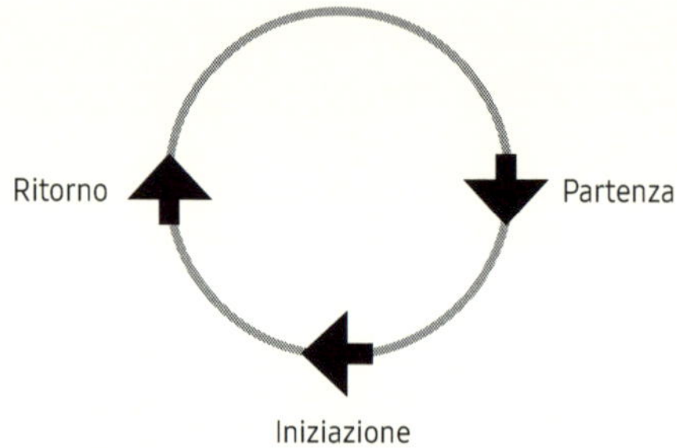

Gli iniziati partono da una dimensione di vita convenzionale, attraversano prove, lottano, si trasformano e ritornano a casa dopo aver maturato una saggezza che doneranno per il beneficio della società. Attraverso questo viaggio si trasformano in fondatori. Lo scopo del viaggio non consiste nel beneficio che ne trae l'individuo che lo affronta, bensì nella crescita e nell'evoluzione che l'intera società compie attraverso l'eroe. Chiunque può intraprendere questo viaggio per sviluppare l'archetipo del combattente interiore indipendentemente dal fatto dall'essere militari. Gli archetipi si ripetono nella psiche e nella vita mentre l'individuo fa esperienza del viaggio dell'eroe, al termine del quale non diventa qualcuno da adorare ma qualcuno che ha imparato qualcosa attraverso le prove straordinarie che adesso restituisce alla società in varie forme. Qui di seguito propongo un modello esteso in cui includo alcune tappe fondamentali del viaggio:

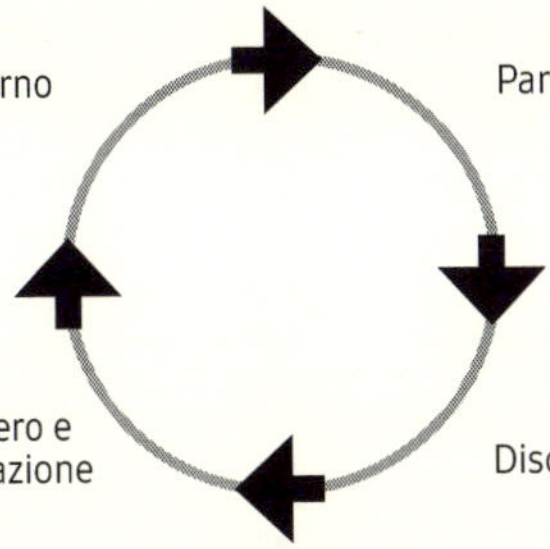

La partenza include il distacco dalla società civile e l'immersione in una cultura militare nuova, sconosciuta e impegnativa dove l'identità individuale viene decostruita attraverso l'addestramento militare. Tutti i soldati sono addestrati a uccidere ma non è sufficiente preoccuparsi solo dei soldati che si trovano nell'immediato pericolo delle zone di guerra, perché la discesa stessa in una dimensione di minaccia include l'apprendimento di cose difficili da comprendere e da accettare, quelle che Giobbe chiama "cose troppo grandi per me". Durante la discesa il combattente può incontrare la sua bestia interiore e sperimentare il "momento folle" del *berserker*, e tutto quel che accade nel pozzo profondo dell'inferno è trasformativo e iniziatico e si imprime per sempre nella psiche. Perciò la discesa non è soltanto orribile, ma è anche carica di senso sacro. Spesso i veterani testimoniano che la loro vita non è mai stata così intensa e vivida come durante il combattimento e che possono esservi stupore e bellezza nel potere nella distruzione, senza dimenticare che tra coloro che condividono rischi e privazioni potenzialmente letali si sviluppa una fratellanza che diventa il legame più forte della loro vita. La comprensione e l'iniziazione avvengono dopo il calvario e includono il modo in cui l'esperienza viene percepita *dopo*, come si trova un nuovo significato, come si sopporta il dolore e come si rimodella l'identità. Nella mitologia greca, Odisseo rimane lontano da casa dieci anni combattendo a Troia e altri dieci anni dura il suo viaggio di ritorno. La strada che conduce lontano da casa è altrettanto lunga e faticosa di quella che riporta indietro.

Campbell aiuta a comprendere meglio quello che abbiamo sentito dai veterani, cioè che il ritorno è la parte più difficile del viaggio perché chi lo intraprende torna cambiato mentre chi è rimasto indietro è immutato e vorrebbe che anche i veterani non fossero cambiati. Questi, invece, hanno fatto e visto cose che gli altri non conoscono e non trovano nessun posto dove poter essere ascoltati. La ferita invisibile è quindi la psiche bloccata al nadir del viaggio dell'eroe. Se sovrapponiamo i cicli fondamentali dello sviluppo dell'essere umano (iniziazione, maturazione, morte e rinascita) a quelli del "viaggio dell'eroe", troviamo la mappa del viaggio del combattente che chiamo il modello di trasformazione del cuore del soldato

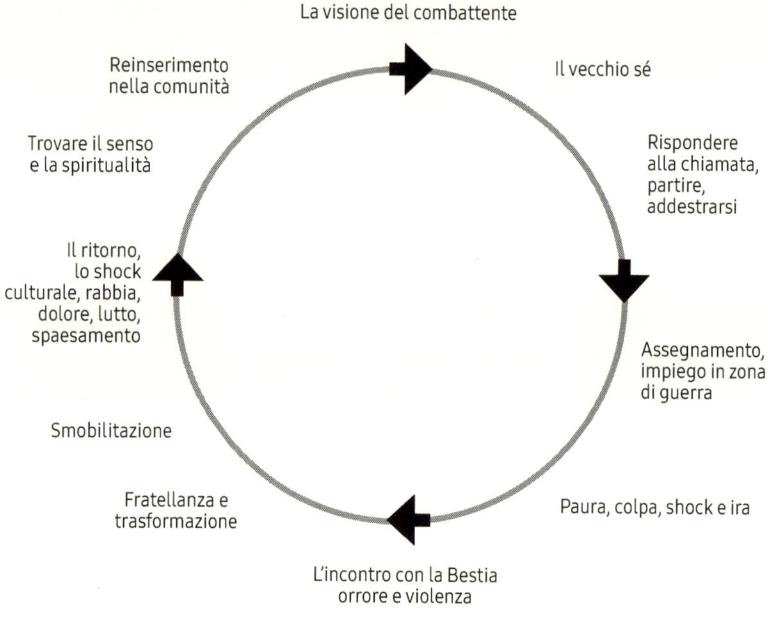

Seguendo questo schema, i veterani possono improntare il proprio percorso su quello del "viaggio del guerriero", mentre gli assistenti sociali e gli operatori sanitari possono analizzare in dettaglio cosa è accaduto durante ogni fase del viaggio e quali emozioni sono ad esse associate, come ogni passo sia fondato su quello precedente e come abbia modellato i passi successivi. I facilitatori e i parenti possono meglio comprendere l'identità trasformata del combattente e individuare quali tappe del viaggio hanno condiviso, dove invece i percorsi si sono separati e dove i veterani sono caduti o hanno prosperato.

Le attività di sviluppo devono essere completate in ogni fase, nessun passo o aspetto del percorso è neutrale. La persona che entra nell'esercito può essere forte o debole, matura o immatura, resiliente o traumatizzata, ineducata o anche poco alfabetizzata, poiché un numero crescente di nuove reclute proviene da strati poveri e da retroterra di descolarizzazione e disagio sociale. Durante una discussione sulla spiritualità del combattente, uno psichiatra del Walter Reed Army Hospital mi ha detto:

> Molti di noi qui hanno studiato Omero e Shakespeare, sappiamo di cosa stai parlando. Ma come facciamo a insegnare alle reclute di oggi che non sanno nemmeno come dire "per favore" o "grazie"? Entrano già nell'esercito traumatizzati e senza nemmeno un livello di socializzazione di base. Noi dobbiamo diventare un istituto di riparazione. Come possiamo allevare dei combattenti?

Ogni recluta si separa dalla sua comunità per andare nel servizio militare in modi emozionalmente diversi: uno magari circondato da familiari e amici, un altro in preghiera, uno ancora con una festa, e c'è chi parte da solo su un autobus. Il modo in cui si entra nella vita militare imprime un sigillo su come sarà il resto di quell'esperienza, anticipando così i punti di forza e di debolezza. Perciò i momenti di elazione e le ferite devono essere presi in considerazione in ogni tappa del viaggio e i veterani potrebbero aver bisogno di rivedere e rielaborare alcuni o anche tutti i passaggi del proprio percorso, spesso scoprendo che il loro trauma è iniziato molto prima che entrassero nell'esercito, forse perfino prima della nascita. Molti dicono: "Ora capisco il viaggio che ho cercato di fare per tutta la vita senza saperlo", e poiché il viaggio è ancora in corso e offre un'opportunità di crescita spirituale, aggiungono: "Finalmente sento la chiamata del mio io combattente, alla quale posso rispondere".

Tutte queste storie devono essere raccontate e la comunità deve prendervi parte come testimone di questo viaggio. Dal momento che la ferita è anche fondamentalmente un risultato della rottura del contratto sociale, il "disordine sociale" può essere contrastato solo attraverso la partecipazione della comunità che deve assumersi la propria responsabilità. Ricordo un veterano dell'Iraq che fissò con occhi duri Sally, una signora non più giovane che lavorava all'ospizio come assistente sociale e che aveva partecipato a un ritiro di guarigione come uditrice.

"Io non ti capisco", le disse. "Non hai famiglia o amici nell'esercito. Sei vecchia e ne hai passate abbastanza nella vita eppure lavori con i moribondi. Non hai bisogno di esporti a questa merda che esce da me e dai miei fratelli. Perché sei qui?".

Sally lo guardò gentilmente e rispose: "Perché voi siete i miei combattenti".

Note al capitolo 10

Il viaggio di trasformazione

[1] Vedi Joseph Campbell, *L'eroe dai mille volti*, Milano, Feltrinelli, 1958.

CAPITOLO 11

Lezioni dai capi antichi

Mio Padre mi ha consegnato questa nazione;
io soffro per proteggerla.
Toro Seduto, 1865, *Canto della visione dell'aquila*

Poiché le tribù avevano molti capi, nel 1868, per unificare il popolo e rinsaldare la resistenza contro l'invasione dei bianchi, la nazione del *teton lakota* scelse per la prima volta un unico condottiero. Dopo essere stato eletto, Toro Seduto compose un canto per la sua cerimonia di iniziazione, alla quale convocò tutte le tribù, nel quale evocava "i capi dei tempi antichi", richiamando l'attenzione sulla responsabilità del capo come guida spirituale. Tuttavia, il primo significato del canto era che i capi e i guerrieri anziani non c'erano più, erano stati uccisi tutti. Toro Seduto e il suo popolo adoravano ed emulavano l'archetipo e l'ideale del capo guerriero, i "capi del passato" erano i grandi guerrieri che avevano vissuto vite esemplari e che dopo la morte erano divenuti antenati e guardiani nel mondo degli spiriti. Tale credenza era comune a molte culture, secondo le quali il significato originale di "eroe" era quello di colui che è andato oltre i limiti umani ed è stato elevato fino a essere accolto nel mondo degli spiriti.

Nella storia degli Stati Uniti, Washington, Lincoln e Martin Luther King Jr., per citare gli esempi più popolari, hanno raggiunto una simile statura mitica anche se senza implicazioni ultraterrene. Toro Seduto doveva rappresentare il legame vivente con una tradizione e per tutta la vita s'impegnò per incarnare questo ideale, sforzandosi d'emulare i "capi del passato" anche nelle circostanze più difficili, perché la sopravvivenza del suo popolo dipendeva da lui e il suo operato era sotto lo sguardo degli antenati. In alcune tribù, come per esempio gli *irochesi*, il consiglio delle donne anziane, le madri del clan, era al di sopra dei capi, dei quali approvava o respingeva le decisioni. I capi assolvevano diverse funzioni e guidavano diverse fazioni o sottogruppi della comunità e i guerrieri spesso avevano libertà di scegliere sotto quale capo stare e le alleanze si modificavano frequentemente, e questo sistema proteggeva la comunità dagli abusi del potere accentrato in poche mani. Tra i numerosi incarichi, il più importante per Toro Seduto era quello di capo guaritore della comunità guerriera *Hunkpapa*. Come sciamano, maestro, guaritore e condottiero, egli era responsabile di tutelare la salute spirituale, la guarigione e il benessere dei guerrieri della tribù. Toro Seduto era un maestro non solo delle arti di guerra ma anche dei rituali guerrieri, delle cerimonie e di tutte le pratiche tradizionali come le danze, il canto sacro e la recitazione delle storie. Credeva, così come l'altro "padre della nazione americana", George Washington, che dal benessere dei combattenti dipenda in buona parte il benessere generale.

Tale medicina rafforza, guida e guarisce l'anima, risvegliandola, rinvigorendola e purificandola, e con questo ripristina le relazioni corrette dell'anima non solo con il corpo e con la mente ma anche con la famiglia, la comunità e la società in senso più ampio. Ciò ha a che fare con la natura archetipica dell'essere umano e poiché le immagini e gli schemi ricorrenti nella vita e nei sogni – momenti di massima intensità – esprimono chi e che cosa siamo e sono le porte di accesso dell'anima, la medicina spirituale ne approfondisce la comprensione fungendo da mappa del viaggio spirituale di ognuno di noi, così che apprendiamo a orientarci verso ciò che è vero e buono. Combattiamo consapevolmente e volontariamente con il fato per affermare un destino e con le nostre ferite per imporre loro un significato.

La medicina dell'anima è archetipica perché risveglia nell'individuo l'archetipo del combattente, insegnando le sue storie ricorrenti e guidando il veterano a ispirarsi alle tradizioni più forti per resistere e rivendicare il proprio posto nella storia e per dare un senso a una sofferenza che appare assurda e per rielaborare l'orrore in forma trascendentale. La medicina dell'anima sostiene il combattente nel passaggio dalla vita militare a quella civile e lo aiuta a crearsi una nuova identità e a trovare un nuovo stile di vita come "combattente anziano".

I "guaritori" guidano lungo questo transito aiutando il combattente a rafforzarsi, risvegliarsi e purificarsi così come durante il servizio militare lo aiutano a mantenere una condotta morale, come facevano nei tempi antichi i sacerdoti che accompagnavano in battaglia gli israeliti e le legioni romane, ed è questa la ragione per cui George Washington fondò in America l'ordinariato militare.

Alcune convinzioni, valori e capacità pratiche sembrano innati in certi individui, come se questi fossero nati per essere combattenti o capi. Alcuni condottieri, infatti, mostrano delle qualità militari e di leadership così elevate da ispirare e rinvigorire i soldati e da ripristinare le proprietà spirituali intangibili direttamente sul campo di battaglia. Questi individui recano in sé ciò che le culture tradizionali chiamavano "medicina guerriera" e sono capaci di trasmetterla alle loro truppe. Durante la guerra di Corea, il generale MacArthur aveva respinto i nordcoreani quasi al confine cinese quando, contro le sue previsioni, le truppe cinesi si riversarono sul fronte mettendo in rotta le forze dell'ONU, un evento che abbatté il morale dell'ottava armata statunitense facendola ritirare confusamente. Fu allora che Douglas MacArthur fu sostituito dal generale Matthew Ridgway, il cui profondo senso mitico e spirituale con il quale interpretava il proprio ruolo nella storia e nella tradizione si rifletteva sulla sua filosofia di comando. Convinto di comandare sulla scia degli uomini che l'avevano preceduto fin dai tempi di Valley Forge, interpretava il proprio ruolo come se George Washington e i suoi uomini fossero sempre alle sue spalle, con lo sguardo sulle sue azioni. Ridgway parlava a volte in modo quasi mistico di coloro che avevano combattuto nella rivoluzione o nella guerra civile, e del fatto che i suoi uomini dovessero mostrarsi degni delle sofferenze patite da quelli.[1] Sul campo prestava attenzione al modo in cui si vestiva, parlava, si comportava e si mostrava ai soldati, sia che fossero personale di comando o truppe di prima linea, in modo tale da incarnare quel mito dei combattenti antichi cui si ispirava. Ridgeway affermava il valore della vita del soldato sostenendo che "tutte le vite su un campo di battaglia sono uguali e un fuciliere morto è una grande perdita agli occhi di Dio quanto quella di un generale".[2] Eppure, come Ulysses Grant prima di lui, era anche un realista che attribuì alla sua prima grande operazione offensiva il nome in codice "Killer", convinto com'era che la guerra dovesse essere condotta come un "tritacarne". Perciò era anche convinto che la guerra pretenda onestà nei confronti della popolazione e scrisse di non avere mai capito perché alcuni trovassero discutibile ammettere che la guerra riguarda principalmente l'uccidere i nemici: "Sono contrario per natura a qualsiasi tentativo di 'vendere' la guerra alla gente come una faccenda leggermente spiacevole che richiede pochissimo in termini di sangue".[3] Questa combinazione di misticismo, mito e realismo faceva di Ridgeway un comandante motivato, efficiente e coraggioso che le truppe seguirono con rispetto, ritrovando così il morale e la fiducia, tanto che in soli due mesi riuscirono a rovesciare la fuga caotica prima in una battaglia di resistenza e infine in una situazione di equilibrio, ripristinando il morale dell'esercito.[4]

La prospettiva indigena sul trauma da combattimento

Le interpretazioni dei fenomeni umani non sono necessariamente corrette o vere ma piuttosto si tratta di concetti e di pratiche che derivano dalla matrice culturale di cui fanno parte. Le donne, i disabili mentali e le minoranze religiose o etniche, per fare alcuni esempi lampanti, sono gruppi che in alcune culture sono considerati specialmente dotati, mentre in altre culture sono visti come uguali a tutti gli altri e in altre civiltà sono invece additati come inferiori o addirittura subumani. La nostra società pratica ed empirica, caratterizzata da forti istanze materialistiche, scientifiche e consumistiche interpreta la ferita invisibile come evento psicobiologico o cognitivo, ma ciò non è necessariamente corretto o vero e certamente non è l'unica teoria possibile. James Hillman sospetta che il disturbo da stress postraumatico sia piuttosto la risposta americana al trauma di guerra, che però è stata accolta come una definizione universale.[5] Sulla stessa linea di pensiero si trova lo psichiatra traumatologico cingalese Ruwan Jayatunge che parla di "americanizzazione della malattia mentale", sostenendo che l'influenza occidentale della farmacologia, della categorizzazione delle malattie e delle teorie mentali ottunde la nostra consapevolezza delle differenze culturali e può persino "plasmare la percezione delle malattie in altre culture".[6] Roger Brooke è d'accordo con questo pensiero soprattutto per quanto riguarda i veterani, quando afferma che "È la nostra cultura ad aver costruito socialmente questo concetto universale come condizione psichiatrica, scaricando sul veterano tutte le conseguenze negative che tale condizione implica".[7]

Nella misura in cui le interpretazioni determinano gli interventi, in contrasto con la nostra situazione moderna, i popoli tradizionali e indigeni vivevano immersi nella natura e nei suoi ritmi e gli individui si concepivano non come agenti indipendenti ma come membri interdipendenti di una comunità che prova meraviglia davanti al cosmo vivente. Essi consideravano l'anima e lo spirito delle forze vitali essenziali da preservare e proteggevano coloro che erano maggiormente minacciati dalla guerra e dalla violenza basandosi sull'archetipo del viaggio.

Gli *hopi* chiamavano il trauma *tsawana*, che significa "stato di terrore", e nominavano la condizione in modo schietto e diretto, spiegando che l'esperienza traumatica congela la mente e il cuore nel terrore come se quell'esperienza fosse bloccata in un eterno presente. Poiché la ferita traumatica è questo terrore, la guarigione consiste nel *Qa tutsawanavu*, ossia nel "vivere senza paura del terrore". Il guerriero imparava a vivere (come il biblico re David che, riscoprendo la fede, dice "non temerò il male") e ad agire con coraggio, ovvero, parafrasando Hemingway, con "grazia sotto pressione", o come ha detto il colonnello Henderson, "con [...] la predisposizione ad agire di fronte alla paura". Gli spiriti dei guerrieri diventavano così più grandi delle loro paure e fiduciosi di non restare paralizzati dal terrore. La guerriera *hopi* Lori Piestewa (*White Bear Girl*), la prima nativa americana a morire in una delle guerre recenti all'estero, era figlia di un veterano del Vietnam e pronipote di un veterano della prima guerra mondiale e andando in guerra seguiva tanto il lignaggio della tradizione militare americana quanto quello dei guerrieri *hopi*, caratterizzato da una lunga tradizione di donne guerriere che prendevano parte ai raid per difendere i villaggi.[8] Quando si ritrovò coinvolta nello stesso attacco in Iraq durante il quale fu catturata Jessica Lynch, nel pieno dello scontro riportò indietro il camion che stava guidando per tirare fuori i suoi compagni dal pericolo, e lì cadde senza neanche sparare. I suoi amici e la sua famiglia che "si opponevano sempre di più alla guerra erano felici che Lori non avesse fatto del male a nessuno, proprio 'alla maniera *hopi*'", disse suo padre con orgoglio.[9]

Un altro esempio concerne i *lakota*, i quali chiamavano il trauma *nagi napayape*, che traduce letteralmente "gli spiriti lo abbandonano", indicando quindi il trauma come la condizione di chi ha perduto il contatto con gli spiriti e percepisce il proprio corpo come un guscio vuoto. I peggiori casi di shock sono causati non solo da fattori fisici, bensì anche dall'assistere a orrori tali che strappano l'anima, esperienza di cui parlano molti combattenti tra cui ricordo Art, un mitragliere che partecipò all'assedio di Khe Sanh in Vietnam e che mi ha raccontato con dettagli vividi la fuga della sua anima durante uno scontro a fuoco.[10]

Quando la fonte del disordine è la perdita dello spirito, la guarigione può avvenire attraverso la restaurazione dello spirito con l'aiuto della comunità. Molte culture, tra cui i *lakota* e i vietnamiti, praticano rituali comunitari per richiamare le anime e gli spiriti fuggiti e nella campagna vietnamita una credenza tradizionale sostiene che ogni malattia dipenda dall'abbandono del corpo da parte di una o più delle "sette anime".[11] La guarigione diventa possibile quando la popolazione del villaggio si riunisce per richiamare l'anima smarrita o quando uno sciamano si mette in viaggio per cercarla. Il reverendo Jackson, che era stato cappellano in Vietnam, tornò laggiù con me e altri amici dopo trentasette anni e chiese al nostro gruppo di formare un circolo attorno a lui, sul vecchio campo di battaglia dove sosteneva che fosse morto il suo cuore, e i veterani americani e vietnamiti che erano lì invocarono il ritorno della sua anima in una cerimonia molto suggestiva accompagnata dall'improvviso scoppio di un tuono.

Un terzo esempio che voglio proporre proviene dallo Sri Lanka, una nazione travagliata dalla civile guerra che tra il 1983 e il 2009 ha lasciato gravi sofferenze traumatiche tra la popolazione militare e civile. Secondo lo psichiatra Ruwan Jayatunge, lo Sri Lanka ha subito molti traumi storici provocati sia da disastri naturali che umani e per questo possiede anche molte tradizioni culturali e religiose che forniscono protezione da questi traumi e gli strumenti per affrontarli. Le prime attestazioni scritte di storia dello Sri Lanka risalgono a più di 2.500 anni fa e nel *Mahavamsa*, uno dei libri storici più antichi del mondo, si legge che nel 205 a.C. la battaglia di Vijithapura causò tale devastazione che il re Dutthagamani, nonostante la vittoria, cadde in depressione subito dopo lo scontro. Altro trauma storico fu la colonizzazione iniziata nel 1505 dai portoghesi e durata fino al 1948, a causa della quale la popolazione nativa ha dovuto combattere contro gli stranieri europei. Il re Seethawaka Rajasinghe iniziò a partecipare alle guerre coloniali nel 1560, all'età di sedici anni, ed era un guerriero coraggioso che combatté molte battaglie e vide molta sofferenza, ma riuscì a sconfiggere nemici più forti e meglio addestrati, evitando che il suo paese divenisse una colonia. Tuttavia, dopo tanti anni di guerra, il re "era esausto e senza dubbio affetto da esaurimento da combattimento, che negli anni della vecchiaia si manifestò con esplosioni di rabbia, irritabilità, scoramento, alienazione, intorpidimento emotivo e vari altri sintomi da stress postraumatico",[12] il che fa credere che quel re subì una forma di trauma di guerra. Il dottor Jayatunge ne deduce che il trauma da combattimento fosse noto da secoli e registrato nella storia culturale dello Sri Lanka, come in Occidente è attestato in Omero e nella Bibbia, e che questa tragica eredità abbia aiutato la popolazione a sviluppare resistenza al trauma mediante pratiche culturali e religiose.

Un quarto esempio riguarda il popolo sudafricano dei *xhosa*, secondo il quale il guerriero lascia una parte dell'anima sul campo di battaglia, insieme con le anime dei caduti e perciò non può reclamare la propria anima senza fare pace con i morti di entrambe le parti. Gli *xhosa* chiamano *kanene* il trauma da combattimento ("k-u-n-e-*nn*-y") che, spiega Roger Brooke, "è la comprensione profonda che il guerriero ha dell'abisso e del fardello che lo segue come l'ombra che ti tallona sempre e ti ricorda quello che hai fatto". La guarigione avviene attraverso la risposta diretta della comunità a questo onere e implica l'ottenimento del perdono sia dai vivi che dai morti, amici e nemici. La cerimonia di guarigione *xhosa* chiamata *ukubula* ("Oo-koo-*boo*-la") consiste infatti nella confessione del guerriero davanti alla comunità di ciò che ha fatto ed evidenzia il ruolo critico che la comunità gioca nell'ascoltare e testimoniare gli orrori dall'esterno e nell'accogliere nella comunità i sopravvissuti al trauma dopo la purificazione. Il ruolo della comunità è quello di "tollerare il dolore dell'ascolto, non importa quanto difficile sia. La comunità porta il peso e il dolore di ciò che è accaduto, e il guerriero è perdonato e guarito dalla sua sofferenza privata". Brooke sottolinea che le udienze della Commissione per la Verità e la Riconciliazione (*Truth and Reconciliation Commission*) in Sudafrica che ha aiutato il paese a guarire dall'apartheid erano proprio pratiche nazionali di *ukubula*.[13] Anche nell'Africa meridionale, tra il Mozambico e il confine orientale del Sudafrica, gli *shangaan*, un popolo *nguni* e cugino tribale degli *xhosa* e degli *zulu*, praticano i rituali per i traumi del dopoguerra dove tutti i membri della comunità vengono coinvolti nella riparazione della comunità sulla base dell'intima relazione tra l'ucciso, l'uccisore e i membri sopravvissuti della famiglia. Tra gli *shangaan*, dice Brooke,

> un uomo che ne uccide un altro, anche in guerra, deve costruire una capanna con il nome del morto e deve tenerla in buono stato per lo spirito del defunto. A questo punto, dà in "sposa" sua figlia all'uomo deceduto ed è lei che deve badare alla capanna mentre cresce. Se si innamora o vuole sposarsi, allora lei e suo padre devono chiederne il permesso al nemico ucciso.[14]

Le pratiche *shangaan* dimostrano che uccidere in combattimento fonda un'intimità che dura per tutta la vita, intimità che molti veterani contemporanei provano ma non riescono a realizzare,[15] ed esprimono anche, come osserva Brooke, "una verità che vediamo ogni giorno nelle nostre famiglie, dove i figli sono prigionieri delle ferite del padre, incapaci di vivere la propria vita finché i padri non si liberano dagli spiriti dei morti", una storia che sentiamo ripetere fin dal sacrificio di Ifigenia da parte di Agamennone.

Un quinto esempio ci porta tra i *maori*, un popolo che si trasferì in Nuova Zelanda circa 800 anni fa e che rappresenta una delle tradizioni guerriere più antiche e feroci.[16] La spiritualità e la vita dei *maori* sono modellate sul rapporto con il divino e la creazione, con le tribù – gli *iwis* – e con gli altri individui. Al centro della cultura *maori* si trova la devozione della comunità, lo sforzo per accrescere il *mana* – o potere spirituale – e per proteggere il *tapu*, ovvero l'essere sacro dal quale dipende ogni guarigione, poiché qualsiasi forma di violenza e crimine indica una violazione del *tapu*. I rituali *maori* della guarigione si concentrano sulle relazioni che sono state danneggiate al fine di pulire e ripristinare il *tapu*. La guerra era uno stile di vita per i *maori*, i quali credevano che il *mana* fosse dato dagli antenati od ottenuto attraverso il combattimento, che era considerato sacro, perciò combattevano per il *mana* affinché i poteri di un guerriero ucciso passassero nel vincitore. Un aspetto della cultura *maori* che ha attirato l'attenzione mondiale è l'*haka*, la tradizionale danza di guerra fondata sul ritmo dei piedi a terra e sui movimenti del corpo accompagnati da urli ritmici, il cui scopo specifico era quello di intimidire i nemici mostrando l'abilità e la fierezza dei guerrieri. Reso famoso dalla squadra nazionale di rugby, l'*haka* è oggi usato per molti scopi, dall'intrattenimento al cerimoniale politico, dallo sport alle celebrazioni e anche nei funerali. Ogni ramo del servizio militare e ogni unità dell'esercito neozelandese ha il proprio *haka*, che tutti i membri delle unità, indipendentemente dalla loro origine etnica, eseguono durante i funerali militari come rituale d'addio in onore dei compagni caduti.[17]

Con il sesto esempio andiamo in Corea, dove permane un'antica credenza che si applica con particolare attenzione in ambito militare e che in modo simile al *tapu* si fonda sulla credenza che esistano delle proprietà spirituali fondamentali e un *karma* individuale e collettivo che ci segue per la vita, plasmando il nostro destino. In Corea, la parola *han*, proveniente dall'antico cinese, indica un sentimento di tristezza generale: le emozioni causate dalle ingiustizie della vita, come il risentimento, il dolore o il rimpianto, provengono da un *han* disturbato. La maggior parte dei coreani, in particolare gli anziani, credono che trattenere lo *han* sia causa di varie ferite e disturbi traumatici. Jae-sung Chung era un tenente dell'esercito della Repubblica di Corea e fungeva da ufficiale di collegamento presso il quartier generale dell'esercito americano in Vietnam dal 1970 al 1971 e spiega che "per mantenere la buona salute, tutti gli individui, compresi i militari, devono essere liberi dai sentimenti negativi come la preoccupazione, la rabbia, il risentimento, il dolore o il rimpianto".[18] Malgrado le difficoltà che possono capitare nel corso della vita, i coreani credono che ognuno debba sbarazzarsi dello *han* accumulato. I soldati dell'esercito sudcoreano frequentano generalmente la chiesa o i templi nei campi militari durante il fine settimana per ricevere educazione e guida dai cappellani o dai monaci buddisti e per essere istruiti sullo *han* dagli ufficiali in comando tramite il servizio di informazione e istruzione per le truppe (*Troop Information and Education*, TI&E). Nelle forze armate sudcoreane è comune credere nello *han* e prendersene cura, infatti Jae crede che la maggior parte dei soldati possa imparare a governarlo. Durante la guerra del Vietnam la Corea percepiva il conflitto come una minaccia vicina, perciò i veterani coreani si sentivano da un lato più apprezzati di quelli americani, in quanto a casa venivano accolti con rispetto, perché il loro coinvolgimento nella guerra era giustificato; dall'altro lato però la guerra inevitabilmente disturbava il loro *han* e per purificarsi dopo il servizio militare Jae fece ricorso all'autoriflessione, alla meditazione e alla contemplazione.

Il principio spirituale impone la riparazione di ciò che vi è di sbagliato. Le culture tradizionali credevano che l'ordine cosmico rimanesse sbilanciato finché le anime dei vivi e dei morti non si fossero riconciliate e le ferite psico-spirituali e culturali non fossero state curate. Queste antiche credenze sono state impiegate anche nei conflitti moderni e utilizzate per ripristinare l'ordine dopo lo spargimento di sangue, come in Sudafrica dopo l'apartheid. Kate Dahlstedt riporta come esempio ulteriore la Papua Nuova Guinea, dove infuriò una brutale guerra civile tra il 1975 e il 1998, innescata dalla distruzione ambientale le cui radici affondavano nell'estrazione del rame praticata dagli australiani negli anni Sessanta. Il conflitto esplose quando la popolazione locale si sollevò e il governo manipolò la popolazione nativa per resistere alla rivolta, mettendo di conseguenza le famiglie, gli amici e i clan l'uno contro l'altro e causando la morte di circa ventimila persone. Quando nel 1998 fu dichiarato il cessate il fuoco, il rimorso e il dolore per i lutti, l'estrema violenza e lo spargimento di sangue tra le famiglie e gli amici erano tali che l'unico modo per ricostruire e stabilire l'unità si presentava – continua Dahlstedt – come una cerimonia di riconciliazione. La popolazione impiegò tre anni per discutere della "crisi" e per stabilire il miglior modo per riconciliarsi e alla fine si radunò sulla costa nord-occidentale dell'isola per celebrare una cerimonia durante la quale furono condivisi i lutti, per scacciare la negatività e attirare la positività. Il rituale prevedeva che si danzasse con le frecce per simboleggiare il vecchio conflitto e che si passassero delle noci di betel come gesto di pace. Dunque un maiale veniva arrostito dagli ex nemici, che dovevano congiungere le mani e toccare insieme una pietra della pace che fu sepolta e coperta dalle armi spezzate. Il rituale era irrevocabile. Gli individui che avevano ucciso restituirono le ossa purificate degli uccisi alle loro famiglie in bare costruite con cura e si scusarono pubblicamente offrendo doni come risarcimento, dunque si scambiarono ancora le noci di betel e insieme seppellirono le bare. Il rituale funse da rito di passaggio per gli individui e per le due comunità, dando senso al danno causato, alleviando il dolore e creando nuove identità personali e collettive, così da "riequilibrare le bilance universali".[19]

E infine, per concludere con questa carrellata di esempi, torniamo in Nord America dove Nupkus Roger Shourds offre un ritratto della tradizione guerriera osservata dal suo popolo:

> Quando i guerrieri uscivano per la prima volta, intonavano i canti della *Canvas Dance* la sera prima e poi partivano nella notte. Pregavano e dipingevano i propri corpi e quelli dei cavalli per proteggersi. Ai nuovi apprendisti guerrieri venivano assegnati dei compiti dal capo, che poi controllava che avessero svolto il loro dovere con onore, per esempio andare a prendere l'acqua per i guerrieri provati. Se i novizi si comportavano bene, il capo avrebbe raccontato le loro azioni al ritorno, quando i guerrieri cantavano il canto della vittoria, e rientravano nel campo dove si radunava l'intera popolazione per ascoltare le storie. I capi raccontavano come ogni guerriero s'era comportato in battaglia, quanti segni potevano essere incisi sui loro bastoni e quante penne d'aquila avessero guadagnato. Ogni guerriero avrebbe piantato il suo bastone cerimoniale o la lancia nel terreno tenendola eretta e allora raccontava i dettagli di ogni azione, dicendo chi avesse ucciso o ferito, o chi avesse colpito. Parlava lentamente e chiaramente, indossando solo dei mocassini, un perizoma, la collana, i bracciali e la fascia sui capelli. Il suo corpo era dipinto di giallo tranne la gamba destra sotto il polpaccio, che era dipinta di rosso come simbolo di quel che aveva fatto durante la battaglia. I racconti dei guerrieri erano seguiti dal suono dei tamburi e dalle grida della folla. Il tamburo batteva una, due, tre o quattro volte, a seconda dell'importanza di ogni atto bellico. Se l'azione era stata eccezionale, il tamburo batteva quattro volte, mentre per una azione piccola si dava solo un colpo e in ogni pausa i tamburi e le grida di guerra marcavano un'enfasi o l'equivalente di un applauso. Nel

centro dell'arena c'era un palo ficcato nel terreno con dei pioli sporgenti simili a chiodi, dove venivano appesi coperte, scialli, collane, mocassini o borse mentre il guerriero raccontava le proprie gesta. Venivano poi raccolti dei soldi, chiusi in una sciarpa che era appesa al palo e alla fine del racconto i doni venivano distribuiti tra i poveri. L'intera tribù si sedeva e ascoltava tutte le storie fino alla fine, quando i guerrieri ballavano speciali danze di guerra fino allo sfinimento. La nostra civiltà onorava i guerrieri non appena questi tornavano e ascoltava ogni singolo guerriero raccontare la propria storia di guerra, e questo, unitamente al fatto che noi combattevamo e uccidevamo per sopravvivenza, ha fatto sì che non esistesse alcun disturbo da stress postraumatico.[20]

Medicina di guerra e ordinariato militare

Un'indagine sulle culture tradizionali rivela la natura antica e universale del trauma di guerra e che la "possanza spirituale" è da sempre uno dei pilastri che mantengono il combattente forte, resistente, morale ed efficace. La tradizione militare, l'etica religiosa e le normative moderne affermano invece che la possanza spirituale è responsabilità dell'ordinariato militare, la cui fondazione risale a molto tempo fa. Omero e la Bibbia ci insegnano che nell'antica Grecia e nel Medioriente i sacerdoti prestavano servizio tra le truppe sul campo. Nella tradizione inglese, i primi cappellani erano sacerdoti imbarcati sulle navi nell'VIII secolo mentre i primi cappellani di truppe di terra apparvero nel XIII secolo. Durante le guerre francesi e indiane, alcune colonie fornirono cappellani, infatti George Washington fece pressione sul governatore della Virginia per due anni affinché fornisse un cappellano al suo reggimento, ma senza successo. Durante la rivoluzione americana, il reverendo William Emerson, nonno di Ralph Waldo, servì tra i *minutemen* a Lexington e Concord e venne in seguito nominato da Washington cappellano dell'esercito prima di cadere sul campo a Fort Ticonderoga. Il 29 luglio 1776, all'inizio della rivoluzione, Washington emise l'ordine generale che istituiva l'ordinariato militare e, poiché il Congresso Continentale accettò di fornire un cappellano per ogni reggimento, Washington ordinò ai comandi ufficiali "di procurarsi dei cappellani, persone buone dalle vite esemplari, così che tutti gli ufficiali e i soldati portassero loro adeguato rispetto e partecipassero con devozione alle funzioni religiose".

Come giovane ufficiale nelle guerre franco-indiane, Washington aveva partecipato a battaglie brutali, nella prima delle quali le sue truppe furono massacrate, mentre nella seconda si arresero dopo la strage: "Per il resto della sua vita, Washington ricordò le immagini dei morti e le urla dei feriti ai quali veniva strappato lo scalpo".[21] Sapeva per esperienza che i soldati hanno bisogno di una guida spirituale per sopportare le privazioni e per combattere rimanendo moralmente buoni, perciò il suo ordine generale recitava: "La benedizione e la protezione del Cielo sono in ogni momento necessari ma ancor di più in tempi di difficoltà pubblica e di pericolo".[22]

I cappellani servono *pro Deo et patria*, "per Dio e la patria", portando ai militari in servizio la lezione religiosa in cui molti soldati trovano sostegno e un viatico per le loro anime. Soprattutto nei periodi di difficoltà i soldati si confidano con i cappellani, i quali oggi sono gli unici membri dell'esercito americano moderno a mantenere la completa riservatezza. Il loro impegno nel prendersi cura delle preoccupazioni morali, personali e religiose delle truppe è fondamentale e spesso esemplare, tuttavia manca qualcosa. Dave è un cappellano di carriera che è stato spesso in missione. Molte volte è stato l'ultimo cappellano a parlare con i militari che avevano attraversato le basi nei Balcani o in Medioriente, diretti verso altre destinazioni remote. "Tutto quello che potevo fare per onorarli era ricordarli," mi ha detto Dave tristemente. Un giorno tirò fuori una pila di taccuini tascabili scritti in grafia minuscola, li aprì per mostrarmeli e disse: "Eccoli. Oltre 6.000 soldati che ho incontrato mentre partivano per andare incontro al loro destino. I loro nomi, la città natale, alcuni fatti da ricordare. Non ho idea di quanti ne siano sopravvissuti o se ho fatto qualcosa di buono per loro. Ho provato. Potrei essere stato la loro ultima connessione con Dio o con casa prima che andassero in battaglia". Dave vive con il cuore spezzato, perché prova dolore per i suoi soldati ed è oppresso dal dubbio di non essere riuscito a fare la differenza per loro, mentre marciavano nella valle della morte. "Non sapevo cosa altro fare", mi diceva singhiozzando. I cappellani militari americani si sentono chiamati da Dio, sono finemente addestrati sia dal punto di vista religioso che militare e sono capaci di assolvere tutti i compiti dell'ordinariato moderno. Molti di loro sono degli abili consulenti pastorali e clinici, alcuni diventano cappellani dopo essere stati in combattimento e altri non hanno esperienze belliche. Attualmente avremmo bisogno di una "medicina di guerra" contemporanea o di una "psicologia del veterano" fondata su insegnamenti e pratiche progettati specificamente per la cura dei combattenti. Ma questa cosa non esiste e l'equivalente più vicino che abbiamo al "capo guaritore" delle antiche tradizioni guerriere è il cappellano militare. Tuttavia, senza alcuna preparazione e conoscenza relativa alle tradizioni millenarie della "medicina di guerra" così ben concepite per portare cura all'anima ferita dei combattenti, i cappellani fanno grande fatica a spiegare ai loro colleghi il concetto di "ferita invisibile" o a portare sollievo ai soldati traumatizzati in modi che abbiano senso per la loro cultura moderna. Molti di loro sono sminuiti dai colleghi e disprezzati dalle squadre di supporto per la truppa e perciò subiscono anche loro la "ferita invisibile". A causa del gran numero di soldati che richiedono il loro aiuto, e non potendo sottrarsi al proprio dovere, sono loro stessi esposti alla fatica mentale e allo stress, al punto che alcuni hanno persino tentato il suicidio.[23]

Malgrado ciò, i cappellani si sforzano di adempiere il loro compito: pregano, ascoltano, organizzano raduni, tengono corsi di formazione, svolgono le funzioni religiose, le commemorazioni e i funerali, portando anche consiglio alle famiglie e visitando i feriti. Alcuni di loro vedono nella medicina tradizionale praticata dai capi guerrieri del passato un'ispirazione per l'oggi. Per esempio, Chris Antal usò la figura di Toro Seduto come modello di spiritualità guerriera quando si stava preparando ad andare in Afghanistan come cappellano. Suo padre era un medico che aveva prestato servizio nella guerra del Vietnam, quindi la "medicina guerriera" faceva parte della sua tradizione di famiglia. Quando fu ordinato, Antal ricevé una speciale benedizione da un anziano che conservava una delle pipe sacre di Toro Seduto e in presenza della congregazione, Antal recitò le parole di Toro Seduto, "Mia tribù, guardami [...]", e in seguito mi disse:

> Questo rituale mi ha aiutato a sviluppare la mia autocomprensione e a stabilire il mio ruolo e la mia identità come "capo di medicina guerriera",

> che non è stato coltivato e sviluppato nel seminario o nella scuola per i cappellani dell'esercito. Radicato in questa identità, io ho fornito ai miei soldati un ministero capace di riformali e di trasformarli durante l'intero periodo della missione.

Un altro esempio è quello del colonnello Scott Sterling, cappellano da ventidue anni, con tre anni di arruolamento come medico prima di aver frequentato il college e il seminario. Dopo essere stato in missione due volte in Iraq, all'inizio della guerra nel 2003 e nel 2006 per quindici mesi a Kirkuk, mi ha detto:

> In qualità di cappellano militare, per me è stata una sfida riconciliare il ruolo di combattente con la mia identità di seguace del Principe della Pace. Non ho sentito alcun conflitto nel portare il mio ministero ai soldati, anche quando li accompagnavo in combattimento, malgrado non portassi armi. La legittimità di ogni guerra è irrilevante per i soldati che si trovano nel crogiolo della battaglia, mentre cercano di rimanere vivi e di tornare a casa. Ma anche se indosso la stessa uniforme e vivo fondamentalmente la stessa vita di qualsiasi soldato, in quanto capo spirituale non posso considerarmi un *combattente* nello stesso senso degli altri soldati. Almeno così è stato fino a quando non sono stato introdotto alla figura di Toro Seduto e al concetto di "capo della medicina *per i* guerrieri". La figura di Toro Seduto non solo mi ha aiutato a ridefinire il mio ruolo nei confronti dei soldati ma anche ad abbracciare l'identità stessa del combattente in un modo nuovo, in cui convivono sia il mio odio per la guerra e la violenza, sia il mio amore per Dio, per la patria e per i soldati. Con la definizione di guerriero data da Toro Seduto alla mano, e avendo abbracciato il ruolo di "capo della medicina per i guerrieri", ho trovato nuova ispirazione per immergermi nelle anime dei miei soldati, per parlare delle verità universali e senza tempo dei combattenti, per esplorare le loro storie e le loro esperienze e per sostenere l'unicità del viaggio spirituale che ho intrapreso con ciascuno di loro.

L'antica tradizione della medicina del guerriero è andata in gran parte perduta o soltanto si è conservata in pochi casi e in piccole nicchie abitate da popoli tradizionali e da veterani ricercatori. Per completare il tridente della cura del combattente, è necessario aggiungere il terzo dente dell'iniziazione, dopo quella militare e religiosa, ovvero la sapienza della "medicina guerriera".

Note al capitolo 11
Lezioni dai capi antichi

[1] Il ritratto e la storia del generale Ridgway e le sue citazioni sono tratte da David Halberstam, *The Coldest Winter. America and the Korean War*, New York, Hyperion, 2007, p. 487. Il richiamo ai miti non è cosa nuova: prima della battaglia di Maratona, un guerriero ebbe una visione del dio Pan che gli assicurava che sarebbe sceso con i greci in battaglia per suscitare il "panico" nel nemico, e altri guerrieri riferirono di aver visto Ercole e Teseo sul campo contro i persiani e di esserne stati ispirati.

[2] Ivi, p. 490.

[3] *Ibid.*

[4] Secondo il generale e filosofo cinese Sun Tzu, il primo dei cinque fattori nella valutazione dei piani di guerra è quello morale, perché i comandanti possono ispirare o meno le truppe con le virtù della "conoscenza, della sincerità, della benevolenza, del coraggio e della fermezza (severità)", e perciò consigliava al condottiero: "tratta i tuoi soldati come tuoi bambini, ed essi ti seguiranno nelle valli più profonde; sorvegliali come i tuoi amati figli, ed essi ti rimarranno accanto anche fino alla morte". Sun Tzu, *L'arte della guerra*, Vicenza, Neri Pozza, 1999, pp. 3 e 20.

[5] Hillman, *Un terribile amore per la guerra*, op. cit., p. 47.

[6] Ruwan Jayatunge, *Post-Traumatic Stress Disorder (PTSD) – A Malady Shared by East and West: A Sri Lankan Look at Combat Stress and Trauma,* Fort Leavenworth, Foreign Military Studies Office, 2013, p. 17.

[7] Roger Brooke, *An Archetypal Perspective for Combat Trauma*, «Bulletin of the American Academy of Clinical Psychology», 13, 1 (2012), 2.

[8] Al Carroll, *Medicine Bags and Dog Tags*, Lincoln, University of Nebraska Press, 2008, p. 210.

[9] Ivi, pp. 216-217.

[10] Si rimanda a Tick, *War and the Soul*, op. cit., dove la storia di Art apre il libro e viene raccontata dettagliatamente alle pp. 11-16.

[11] Coloro che trovassero strana la nozione delle "sette anime" sono invitati a confrontare il sistema orientale dei sette chakra con il concetto psicologico occidentale di "sub-personalità" o con la credenza nelle divinità contendenti in varie culture politeistiche e vedranno che esistono molte interpretazioni delle divisioni interne e dei conflitti intrapsichici.

[12] Jayatunge, *Post-Traumatic Stress Disorder (PTSD) – A Malady Shared by East and West, op. cit., p.* 19.

[13] Le informazioni sugli *xhosa* sono state fornite da Brooke, al quale sono grato.

[14] Le informazioni sugli *shangaan* sono state fornite Brooke e provengono dalle sue ricerche sul campo condotte in Sudafrica nell'estate del 2013.

[15] Per un'analisi completa dell'intimità che deriva dall'uccisione del nemico, si veda Tick, *War and the Soul*, op. cit., in particolare il capitolo 7, "Eros and Aesthetics in Hell". Per ciò che concerne le strategie per completare la guarigione e la riconciliazione con i morti, si rimanda a Tick, *Atonement Practices for Veterans*, op. cit.

[16] Il Regno Unito colonizzò la Nuova Zelanda nel 1845 e combatté i *maori* fino al 1872 e benché gli inglesi abbiano influenzato in modo significativo la cultura locale, i *maori* hanno mantenuto l'orgoglio e l'onore di non essere mai stati sconfitti.

[17] Per vedere l'esecuzione di un *haka* come addio per un militare caduto, si rimanda al video youtube.com/watch?v=xI6TRTBZUMM&feature=share. Sono grato a Michael Cicanato e Bud Mahoney per la loro assistenza nella ricerca sui *maori*. Il primo visitò la Nuova Zelanda nel 2013 per intervistare persone e leader *maori*, e il secondo ha vissuto in Nuova Zelanda e tra i *maori* per diversi anni, lavorando per ottenere una loro presenza significativa nel museo nazionale neozelandese.

[18] Jae-sung Chung è attualmente il gestore del sito web dei veterani coreani del Vietnam, rokfv.com. Sono grato per l'aiuto in queste ricerche sulla Corea sia a Jae che al veterano del Vietnam Michael "Magoo" Phillips, che mi ha presentato Jae, con il quale ho viaggiato in Corea del Sud per studiare l'impatto della guerra sui veterani.

[19] La cerimonia e la sua storia possono essere viste nel documentario di Liz Thompson *Breaking Bows and Arrows. A Search for Reconciliation e Forgiveness*, Firelight Productions e Tiger Eye Productions, 2001 (prodotto da Eleanor Cox), del quale Kate Dahlstedt ha fornito un riassunto e un commento in *Burying the Stone: Rituals and Ceremonies of Atonement*, in Cousineau, a cura di, *Beyond Forgiveness*, op. cit., pp. 61-72.

[20] Resoconto personale di Roger Shourds, insegnato dall'anziano Johnny Arlee e registrato in Johnny Arlee, *Over a Century of Moving to the Drum. Salish Indian Celebrations on the Flathead Indian Reservation*, Pablo and Helena, Salish Kootenai College Press e Montana Historical Society, 1998, in particolare pp. 28-30. Esprimo la mia gratitudine e ammirazione per Nupkus e il suo popolo per aver mantenuto le sacre tradizioni.

[21] Joseph Ellis, *His Excellency George Washington*, New York, Vintage, 2004, pp. 12-24.

[22] George Washington, Ordine generale, New York, 29 luglio 1776.

[23] A luglio del 2013, un cappellano tenente colonnello e un assistente cappellano sergente maggiore si erano suicidati. Informazioni fornite dal cappellano colonnello Scott Sterling, Fort Polk, 24 luglio 2013.

Capitolo 12

Religione e spiritualità per la guarigione dalla guerra

Dove c'è odio lasciami seminare amore.
San Francesco, *Preghiera della pace*

Religione e guarigione dalla ferita di guerra

Il personaggio di questa storia visse un'adolescenza agiata, tuttavia non priva di scontri con i genitori, dei quali il giovane disattese i desideri, perché come la maggior parte dei suoi coetanei voleva vivere le grandi avventure del suo tempo e perciò a vent'anni intraprese la via della guerra trascorrendo un terribile anno in combattimento e uno come prigioniero di guerra. In carcere si ammalò e allora suo padre, pagando un riscatto, lo riportò a casa dove il ragazzo si rimise in salute e ritornò alla vita sregolata di prima, fino a quando decise di partire per la Puglia, dove si sarebbe unito ai crociati in partenza per la Terra Santa. Tuttavia, giunto a Spoleto fece un sogno, in seguito al quale cambiò idea e tornò indietro. Fu quello il momento della conversione e l'inizio di una nuova vita di povertà e penitenza, dedita al sostegno dei poveri e degli infermi e alla ricostruzione di luoghi sacri. La *preghiera semplice* è attribuita a lui, Francesco d'Assisi, ed è tra le più amate al mondo e inizia con queste parole: "Oh! Signore, fa di me uno strumento della tua pace: dove è odio, fa ch'io porti amore, dove è offesa, ch'io porti il perdono". Apparsa per la prima volta nel 1912 nella rivista *La clochette* in Francia, durante la Grande Guerra veniva usualmente distribuita tra le truppe di tutti gli schieramenti con il titolo di *preghiera della pace*. È possibile supporre che anche San Francesco avesse subito la ferita invisibile? Sicuramente possiamo dire che la sua vicenda ripete in modo molto simile lo schema delle vite di molti veterani, perciò il suo esempio, di un combattente che ha scelto la via della redenzione attraverso la spiritualità, può servire da modello per guidare i veterani nel loro viaggio.

La guerra è un atto massimamente irreligioso con cui si infrangono i comandamenti divini e ci si arroga il diritto divino di togliere la vita a qualcuno senza potergliela restituire. In questo inferno si diventa servitori del male e più che mai diventa necessario riferirsi agli insegnamenti spirituali per proteggere e curare l'anima, per portare pace alle vittime e riconciliarsi con i morti. Possiamo interpretare la guerra come un periodo di tempo limitato durante il quale si è fuori dal flusso della vita ordinaria, esposti al pericolo ma anche alla rivelazione. A partire dal nostro tempo nella valle dell'ombra, in prigione, sul mucchio di cenere, possiamo ironicamente avvicinarci al Tutto e sviluppare una visione riparatrice volta a preservare la vita. Abbiamo visto diverse tradizioni popolari da cui possiamo trarre degli spunti, così come si possono trarre riflessioni anche da altre religioni.

Per esempio, la tradizione giudaico-cristiana e quella musulmana hanno incorporato nelle loro teologie la promessa di elevare l'umanità e di salvare il mondo, nella storia o alla fine dei tempi. Entrambe si fondano su tradizioni guerriere secolari che hanno lo scopo di proteggere e di creare il mondo a loro immagine secondo le loro verità e perciò gli antropologi le considerano "calde", cioè pronte a combattere per rafforzare la propria fede, in opposizione ad altre tradizioni "fredde", come il buddismo, che invece scoraggia la violenza e promuove la pace e la serenità personale e collettiva. Tragicamente, i seguaci di entrambe le tradizioni spesso interpretano erroneamente l'immaginario militarista della "guerra santa" che si trova nelle loro scritture come giustificazione per la guerra, la violenza e il terrorismo. La religione giudaico-cristiana e quella islamica, in teoria, predicano la pace e proibiscono la violenza, anche se storicamente hanno condotto conflitti brutali, dapprima sul continente europeo, poi nel Medioriente e oggi nel mondo intero. Le ideologie religiose hanno alimentato i conflitti tra le nazioni, giustificando la guerra santa senza accorgersi di essere speculari nella difesa delle rispettive fedi, delle terre, dei popoli e delle credenze. In particolare, il mondo occidentale ha frainteso la tradizione guerriera musulmana e il significato della *jihad*. Il Corano proibisce la trasgressione e consente la guerra e la violenza solo per autodifesa o per proteggere l'Islam, e per difendere gli innocenti o coloro che sono oppressi dal punto di vista religioso. La parola *jihad* significa "lotta" e non consente il terrorismo, perché implica soprattutto la lotta interiore contro Satana o il male, e poi lo scontro con il nemico esterno che attacca o minaccia. Anche nella Bibbia è consentito l'uso della violenza per autodifesa ma non per l'aggressione – un'altra immagine speculare. Eppure, fin dall'antichità, i politici hanno usato questi concetti religiosi per giustificare le guerre di aggressione e di conquista. È della massima importanza – e ciò non può essere realizzato sul campo di battaglia o dalle nostre enormi industrie di armi – che i religiosi di entrambe le tradizioni lottino anzitutto sul piano culturale per immergersi nelle credenze e nelle pratiche dell'altro. Entrambe le religioni si fondano su credenze e pratiche parallele ed entrambe hanno seguaci disposti a morire per la propria causa, seguaci che potrebbero interpretare e applicare male i loro insegnamenti e valori. Infine, entrambe queste religioni predicano l'amore e l'indulgenza e invitano i loro seguaci a combattere contro le proprie debolezze piuttosto che contro gli altri. Ho lavorato con veterani americani delle guerre recenti che hanno praticato la filantropia nei paesi islamici dove hanno combattuto. Alcuni si sono spinti perfino oltre, convertendosi all'Islam, imparandone la lingua, studiandone le scritture e praticandone i rituali come forma di riconciliazione, guarigione e ricerca di perdono. Sono questi sforzi personali che conducono alla riconciliazione mondiale, non la produzione di armi o la violenza reciproca.

In queste pagine intendo tuttavia concentrarmi sull'analisi della Bibbia, che rappresenta la tradizione religiosa più diffusa nel mondo occidentale e che propone alcuni esempi che mostrano come gli "spiriti maligni inviati dal Signore" e l'uso illecito della violenza possano corrompere le vite dei sopravvissuti. Questi esempi sono sparsi in tutto l'Antico Testamento e talvolta nella legge mosaica o nei Libri della Sapienza. Mosè il Legislatore consegna i Dieci Comandamenti al popolo ebraico e poi deriva da questi le leggi e le pratiche che permetteranno l'adempimento della volontà divina. Alcune di queste leggi concernono la guerra o questioni a essa correlate, come quelle che regolano l'esporsi alla morte e il giusto comportamento morale da tenere per non abusare della violenza. Nel Libro dei Numeri dell'Antico Testamento si parla dell'esodo degli Ebrei che vagano nel Sinai per quarant'anni dopo essersi liberati dalla schiavitù in Egitto. Durante questi anni, le tribù incontrano la forte opposizione delle popolazioni locali e talvolta debbono combattere per sopravvivere o per rifornirsi d'acqua o per assicurarsi un passaggio sicuro. Con la crescita della popolazione aumentano le pratiche per proteggere gli accampamenti e le leggi, che secondo il testo biblico sono date al legislatore direttamente da Dio e includono la necessità di purificarsi dopo aver peccato, o aver toccato un cadavere, o essere stati esposti direttamente ai morenti, come descritto nel cerimoniale della mucca rossa.[1] Anche agli ufficiali militari sono riconosciuti compiti speciali, poiché sono responsabili di sé e dei loro soldati in battaglia, così che al ritorno debbono offrire sacrifici speciali e offerte votive in ringraziamento per la sopravvivenza e per purificare la terra,[2] poiché l'uccisione è considerata un atto impuro che macchia l'anima dell'uccisore e viola la terra al punto che solo la morte dell'assassino può purificarlo,[3] perciò l'intera comunità deve partecipare ai riti di espiazione. Tali insegnamenti ancestrali passano nella dottrina cristiana successiva: per esempio San Basilio, fondatore della Chiesa Ortodossa Orientale, ammonisce che uccidere in guerra non è da considerarsi un omicidio, tuttavia i soldati al ritorno debbono astenersi dalla Comunione per tre anni perché le loro mani sono lorde.[4] Ugualmente, tutti quelli che vengono coinvolti in guerra sono tenuti a mantenersi puri durante il servizio, come puro dev'essere il campo riguardo le funzioni fisiologiche e il sesso. I soldati sono ammoniti: "L'accampamento deve essere dunque santo, perché Egli non veda in mezzo a te qualche indecenza e ti abbandoni".[5]

Come si vede, gli antichi si preoccupavano di proteggere i giovani e le loro famiglie dall'impatto con la guerra, non solo per garantire la longevità tribale ma anche per tutelare i combattenti dal rimpianto di non aver vissuto la vita. Nella Bibbia è indicato che non tutti gli uomini sono atti al servizio militare. Per esempio gli sposi novelli sono esentati dal servizio militare per un anno,[6] e come questi chi ha costruito una casa ma non l'ha ancora consegnata, chi ha piantato una vigna ma non ha ancora raccolto l'uva, o i fidanzati non ancora sposati, onde evitare che qualcun altro possa "approfittare" della futura moglie. Infine ci sono quelli che hanno paura o cui sono saltati i nervi, i quali sono esclusi dal servizio per timore che possano influire negativamente sul morale delle truppe,[7] e sono proprio i sacerdoti responsabili di esaminare i soldati per determinarne l'idoneità al combattimento, una pratica che è stata interpretata come "il primo metodo di screening psichiatrico militare".[8]

La guerra nella Bibbia è così comune che Deuteronomio 20 è interamente dedicato alle regole belliche e potrebbe essere visto come una Convenzione di Ginevra di 3.500 anni fa, che raccomanda di fare affidamento più sulla fede che sulle armi o sulla superiorità numerica in battaglia, di dare alle città la possibilità di arrendersi prima di essere attaccate, di non uccidere donne, bambini e il bestiame e di non distruggere gli alberi da frutto perché gli alberi non sono uomini coinvolti nell'assedio.[9] I salmi e i proverbi forniscono ulteriori principi circa l'uso morale della violenza e della forza e su come Dio risponde ai comportamenti umani in guerra, oltre a vari ammonimenti che vietano di uccidere senza una giusta causa.[10]

Veniamo quindi alla situazione attuale dell'America, dove i soldati e i cappellani lottano quotidianamente con problemi simili. Il testimone Scott Sterling mi raccontò di un prete cattolico che aveva accettato di entrare nell'ordinariato militare solo dopo aver ricevuto la rassicurazione che non sarebbe mai stato schierato in Iraq, una guerra contro la quale protestava, e che tuttavia fu poi spedito proprio laggiù in missione:

> Era pronto a mollare tutto e a tornare a casa, perché non poteva andare in questa guerra che per lui era ingiusta. Gli dissi che anch'io mi ero opposto ma che poi avevo accettato di partire. Gli spiegai semplicemente che i soldati sono costretti ad andare, combattere e uccidere, e per questo hanno bisogno dei cappellani, i quali devono essere presenti con loro mentre prendono parte a quelle azioni terribili. È irrilevante cosa pensiamo di ogni guerra particolare; il nostro valore sta nel fornire ai soldati l'opportunità di esplorare e praticare la fede in mezzo all'inferno, il che significa celebrare i riti e fornire loro le connessioni spirituali necessarie a sopravv-

vivere spiritualmente ed emotivamente. Il prete lasciò l'incontro in pace con se stesso e fu capace di andare in missione e di servire i suoi soldati senza preoccuparsi più della correttezza politica o dell'erroneità della guerra in cui stavano combattendo. Lui, come me, rimase contrario alla guerra ma riuscì a essere presente.

Il soldato come Giobbe

Il cappellano William Mahedy ha scritto che "per chiunque prende [la guerra] seriamente in senso religioso, la domanda di Giobbe è l'unica che valga la pena di porsi, e l'esperienza di Cristo abbandonato sulla croce è tutto ciò che è importante personalmente. Tutte le altre considerazioni religiose 'non significano niente'".[11] Il libro di Giobbe è uno dei migliori testi sul percorso spirituale di chi ha subito un grave trauma e rappresenta un modello per il viaggio del combattente. Il trauma travolge una vita tranquilla e riverente perché Giobbe è buono e innocente e le sue sventure sono causate da una scommessa tra Dio e Satana, tra il bene e il male. Come il soldato semplice, Giobbe è una piccola pedina indifesa schiacciata nella collisione tra poteri cosmici e a causa di Satana subisce un lutto dopo l'altro, prima perdendo la fattoria, poi gli armenti, dunque i figli e la casa a causa della violenza naturale e umana, finché sua moglie disperata lo abbandona dopo averlo esortato a maledire Dio e morire. Come tanti sopravvissuti, Giobbe subisce la distruzione di tutto ciò che aveva e che gli forniva un'identità, sicurezza e dava senso alla sua esistenza.

Dopo un simile trauma e il suo contagio che colpisce la famiglia, viene il collasso: così come Giobbe è afflitto da piaghe ripugnanti su tutto il corpo, così i veterani soffrono spesso nel corpo degli effetti della guerra. Come questi, Giobbe è ridotto alla disperazione sul mucchio di cenere dove giace nella sua solitaria sofferenza, incapace di reagire e di rivendicare la propria innocenza davanti a Dio. La lunga angoscia di Giobbe in termini teologici è detta "la notte oscura dell'anima", "nausea" e "malattia mortale" in termini esistenziali e PTSD in termini psicologici moderni. Durante il collasso, l'anima afflitta e abbandonata si sente maledetta e come Giobbe non rinnega né accusa Dio, bensì la propria stessa vita senza senso, maledicendo il giorno in cui è nata. Disperando di trovare sollievo o risposta e rifiutandosi di accettare la sofferenza, Giobbe non accetta di vivere in un universo dove un Dio giusto permette un destino ingiusto, e come tanti veterani che abbandonano tutto e finiscono in mezzo a una strada dice "no" a questo mondo. Come i veterani che vivono in piccoli appartamenti e stanze di motel, nell'attesa infinita di ricevere un appuntamento in ospedale o l'aiuto di qualcuno, Giobbe soffre da solo fino all'arrivo dei suoi amici, i consolatori che si siedono e ascoltano in silenzio la sua angoscia. Tuttavia, gli amici non possono tollerare a lungo quel dolore, perché anche loro credono di vivere in un universo giusto governato da una divinità buona e giusta e gli spiegano che se Dio non fa soffrire gli innocenti, il suo dolore dev'essere una punizione per i suoi peccati e così lo esortano a riprendere a vivere, a lasciar correre, perché le sue storie sono troppo dolorose per essere ascoltate. Ai veterani, questi consolatori dicono spesso di parlarne, al limite, con la VA.

Il poeta Archibald MacLeish scrisse un dramma in versi intitolato *J.B.*, una moderna rivisitazione della storia di Giobbe[12] che parla di un certo J.B. che durante la seconda guerra mondiale perde i figli, la ricchezza, la casa e la moglie. I consolatori – uno psichiatra, un prete e un politico – espongono diverse ragioni con cui spiegano che la sofferenza di J.B. è colpa sua o della storia e che quindi non avrebbe motivo di lamentarsi. Per i veterani, nessuna riparazione può scaturire dalla dipendenza dagli psicofarmaci, che non sedano l'angoscia spirituale e il dolore morale, né dalla psicologia riparativa – che spiega le sofferenze dell'età adulta con i traumi infantili, cerca di rimodellare i pattern cognitivi o insegna l'adattamento – né dalle risposte di riserva della religione con le sue dottrine del peccato originale e della sofferenza giustificabile. Infine nessuna riparazione proviene dalla fede politica poiché, indipendentemente dal sistema di riferimento, l'esperienza e l'integrità individuale sono travolte dalla marea della storia, né dai politici che usano i militari solo per le grandi avventure e i veterani per le manifestazioni patriottiche.[13] I consolatori, antichi e moderni, sono destinati a fallire nel tentativo di ristorare i veterani sofferenti.

Per Giobbe il dolore stesso diventa la medicina, come dice il poeta sufi Rumi, "la cura per il dolore è nel dolore / balla, quando sei spezzato". Giobbe abbraccia la sua sofferenza come se fosse una ricerca personale di significato e alla fine trova risposta alla sua ricerca di senso e comprende la grandezza e la complessità della vita, il suo disegno maestoso, la moltitudine delle sue forme, la nuda forza creatrice che fa ruotare le galassie. Giobbe capisce quanto piccolo e fragile egli sia e come possa essere facilmente schiacciato, ma anche di essere abbastanza importante perché per un istante l'universo si fermi e gli risponda. Attraverso la sofferenza Giobbe acquisisce esperienza e quando la disperazione si placa e gli amici e la famiglia tornano, egli può finalmente sopportare il lutto con onore e dignità e riprendere il proprio posto nella vita, ricostruendo quel che ha perso.[14]

Fatte le debite differenze, qualcosa di simile accade ai veterani, come nell'esempio di Hat, un veterano dell'esercito del Vietnam del Nord che perse decine di familiari e amici, la sua umile casa e tutte le sue cose quando gli aerei americani bombardarono il suo remoto villaggio nel nord del paese. In combattimento Hat fu anche ferito così gravemente da restare disabile e dopo la guerra sua moglie fu investita e uccisa da un'automobile. Tuttavia, mentre ci sedevamo davanti alla parete scricchiolante della sua stanza, coperta con le foto sbiadite dei tanti amici e parenti morti, Hat disse al nostro gruppo di veterani: "Io sono solo un semplice contadino, ma ho imparato che mentre la vita scorre e continua, tutto scompare tranne l'amore". Un altro esempio è quello di Ryan Smithson, il quale si arruolò nella riserva immediatamente dopo la scuola e a diciannove anni andò in Iraq. Giovane, innocente e idealista, una volta arrivato in zona di combattimento Ryan ebbe la sua versione della "visione di Giobbe":

> Sfrecciando lungo una strada nel deserto [...] vedo il male dell'umanità in forma di bambini che elemosinano cibo. Seduto su un camion della spazzatura [...] vedo il male che sporca il cielo con pezzi di bambini [...] mentre recupero quei pezzi [...] che stia in un picchetto d'onore a un funerale o di fronte al recinto di Ground Zero, non posso farci niente.

Come Giobbe, Ryan ha visto e si è sentito umile:

> Sono umano. Sono cattivo. Ma sono anche bello, posso fare grandi cose, ma anche cose malvagie [...] Vedo le persone morire [...] e capisco che si tratta di qualcosa causato dalla mano di un altro essere umano [...] a prima vista è terrificante e orribilmente brutto [...] Ma sotto [...] magnifico e perfetto [...] questo posto che è al di là. Questo posto dove le cose sono più di quanto sembrano ma costano meno di quanto valgono [...] In guerra, nella mia buca, la mia epifania inizia quando mi rendo conto che là fuori c'è qualcosa più grande di me.[15]

Giobbe si è trasformato da vittima esigente in umile visionario, confortato dall'aver scoperto d'essere polvere. Come lui, Ryan e Hat sono passati dal PTSD al cuore del soldato.

Una nota sul Nuovo Testamento

Dall'argomento agostiniano della guerra giusta la civiltà occidentale ha ereditato la convinzione che la guerra può essere la migliore scelta necessaria in determinate condizioni.[16] Forse quel che più colpisce quando consideriamo il rapporto tra il Nuovo Testamento e la guerra non sta nel modo in cui il testo sacro è stato mal utilizzato per incitare alla violenza, bensì in ciò che l'immagine del Cristo sofferente ha voluto ispirare. Nelle storie del Nuovo Testamento, come la discesa di Gesù agli inferi prima della resurrezione, il ritorno di Lazzaro dall'aldilà, la guarigione dell'uomo posseduto, e la conversione di Paolo di Tarso,[17] troviamo rappresentate le ferite e le conseguenze della violenza, della morte e della speranza nella rinascita spirituale. Non dimentico mai Vince, veterano di intensi combattimenti mortali, che giurava che era sopravvissuto alla guerra grazie al santino che suo padre, reduce della seconda guerra mondiale, gli aveva dato al momento della partenza e che teneva nella tasca dalla parte del cuore. E ripenso a Siegfried Sassoon che scrisse poesie come *Golgotha*, *Christ and the Soldier*, *Vicarious Christ* e *The Redeemer*, nelle quali compara la sofferenza dei combattenti a quella di Cristo:

> Mi girai nella trincea nera, disgustato dalla tempesta:
> un razzo sfrigolando bruciava...

e illuminò il volto di quella che era solo una forma
alle prese col buio. Si alzò davanti a me:
vi dico che era Cristo...
senza corona di spine, solo indossava
un berretto di lana, un soldato inglese...
davanti a me, barcollando di fatica,
sotto un carico d'assi grave da portare.
Vi dico che era Cristo...[18]

Infine voglio menzionare Lazzaro: chi scende nella tomba per recuperare i morti viventi? Chi è capace di toccarli in modo da farli ritornare? Il reverendo Jodi McCullah e l'assistente sociale Don McCasland, entrambi veterani, dimostrano grande coraggio e adorano lavorare con i veterani intrappolati negli inferi, tanto che hanno chiamato il loro programma di guarigione in Tennessee *Lazarus Rising*.

NOTE AL CAPITOLO 12

RELIGIONE E SPIRITUALITÀ PER LA GUARIGIONE DALLA GUERRA

1 "Un uomo mondo raccoglierà le ceneri della giovenca e le depositerà fuori del campo in luogo mondo, dove saranno conservate per la comunità degli Israeliti per l'acqua di purificazione: è un rito espiatorio. Colui che avrà raccolto le ceneri della giovenca si laverà le vesti e sarà immondo fino alla sera. Questa sarà una legge perenne per gli Israeliti e per lo straniero che soggiornerà presso di loro.
Chi avrà toccato un cadavere umano sarà immondo per sette giorni. Quando uno si sarà purificato con quell'acqua il terzo e il settimo giorno, sarà mondo; ma se non si purifica il terzo e il settimo giorno, non sarà mondo. Chiunque avrà toccato un cadavere, cioè il corpo di una persona umana morta, e non si sarà purificato, avrà profanato la Dimora del Signore e sarà sterminato da Israele. Siccome l'acqua di purificazione non è stata spruzzata su di lui, egli è in stato di immondezza; ha ancora addosso l'immondezza". Numeri: 19.

2 Numeri 31: 50-52.

3 Numeri 35: 33. Oggi riscontriamo lo stesso problema in quei reduci che credono di aver ucciso ingiustamente persone innocenti. Mi domando se l'alto tasso di suicidi tra i militari e i veterani sia in parte provocato dal dolore, dalla disperazione e dalla convinzione che solo la morte possa riparare all'azione ingiusta e purificare la società.

4 San Basilio Magno, Epistola 188: 13.

5 Deuteronomio 23: 15. Non importa quanto intensamente o costantemente i cappellani e le truppe oggi preghino, è difficile conciliare questi insegnamenti con l'uso della pornografia, delle droghe e dell'alcool, con la prostituzione e gli abusi sessuali che dilagano tra i militari in patria e all'estero, un problema di oggi e riscontrato nella storia.

6 Deuteronomio 24: 5.

7 Deuteronomio 20: 5-8.

8 Gabriel, *Man and Wound in the Ancient World*, op. cit., p. 114. A tal riguardo, riporto il caso di Sue, ufficiale medico esperto che addestrava il personale sanitario per l'Iraq. Sue provava rammarico per quello che non sarebbe mai stata in grado di fare, per la casa, la famiglia, la professione che non avrebbe mai avuto. Nessuno le aveva indicato, una volta diventata ufficiale medico, un modo per stabilire chi fosse idoneo ad andare in missione e chi no. Perciò si è spesso sentita responsabile e colpevole della morte di alcuni di quei soldati che lei stessa ha dichiarato idonei.

9 Deuteronomio 20: 19.

10 Per esempio, re David prega: "O Signore, Dio mio [...] se c'è perversità nelle

mie mani [...] il mio nemico perseguiti pure la mia anima e la raggiunga, calpesti al suolo la mia vita e getti pure la mia gloria nella polvere". Salmo 7: 3-4.

11 Mahedy, *Out of the Night*, op. cit., p. 152. In precedenza abbiamo già incontrato Siegfried Sassoon e altri poeti della prima guerra mondiale che si sono identificati con il Cristo crocifisso e abbandonato.

12 Archibald MacLeish, *J.B.*, Boston, Houghton Mifflin, 1958.

13 Un vecchio veterano israeliano dice nel documentario *The Gatekeepers. I guardiani di Israele*: "Ii politici abbandonano i feriti sul campo. Quello non sono io". Regia di Dror Moreh, Phillippa Kowarsky Productions, Dror March Productions e Les Films du Poisson, SARL, 2012.

14 Di fronte alla possibilità di andare in prigione o arruolarsi, Jimi Hendrix scelse la seconda nel maggio del 1961 e trascorse tredici mesi ribelli prima di essere congedato per "inadeguatezza". Nel suo primo album inserì una canzone che divenne poi un grido di battaglia per la generazione del Vietnam: "*Are you Experienced?*". Il poeta britannico William Blake considerava l'esperienza il rovescio della medaglia dell'innocenza. La perdita dell'innocenza è inevitabile durante la guerra e costituisce parte del trauma, così come fanno parte di entrambe le esperienze la maturazione e l'iniziazione. La vera sfida sta nel trasformare la perdita in una visione, una prospettiva.

15 Ryan Smithson, *Ghosts of War. The True Story of a 19-Year-Old GI*, New York, Collins, 2009, pp. 307-309.

16 Per un'analisi dell'influenza della teoria della guerra giusta si rimanda a Tick, *War and the Soul*, op. cit., pp. 39-40.

17 Vedere Galati 1: 13-14; Filippesi 3: 6; e Atti 8: 1-3.

18 Siegfried Sassoon, *The Redeemer*, in *The War Poems*, op. cit., pp. 4-5.

Capitolo 13

Il sentiero del ritorno del combattente

Ti proteggerò circondandoti della mia pietà.
Euripide, *Ifigenia in Aulide*

Prima di raggiungere il villaggio, il guerriero fu accolto su un'alta collina da un uomo sacro che chiamava "nonno", il quale gli disse di togliersi l'uniforme perché con essa portava la guerra. In piedi, nudo nel sole, il combattente fu purificato con fumo di erbe aromatiche, farina di grano e acqua. Poi il nonno lo vestì con abiti nuovi e puliti e lo decorò con colori, amuleti e totem, dunque gli disse di guardare il suo villaggio lontano. Era andato in guerra per proteggere la sua gente e ora vedeva che stava bene. Allora fu condotto, cantando e ballando, lungo un sentiero serpeggiante e disseminato di grano fino al villaggio, la sua gente formava due file e lo accoglieva salutandolo con la mano. Venne condotto dentro una tenda al centro della folla, dove entrò anche il nonno che disse: "Hai sempre saputo che esiste un sentiero del guerriero nella vita. Hai appena iniziato il ritorno da questo viaggio. I tuoi anziani e le persone si rallegrano che tu sia al sicuro e di nuovo tra noi. Adesso trascorreremo molto tempo insieme sul sentiero del ritorno".

Al ritorno, certi combattenti ballano e cantano, altri si ubriacano o si nascondono in stanze buie. Alcuni bruciano l'uniforme, altri le mostrano con onore, altri ancora le nascondono in cantina. Alcuni raccontano storie ai guaritori e alle persone care, a volte solo se ubriachi, altri non lo faranno mai. C'è chi si purifica attraverso la confessione, la preghiera, l'esercizio fisico o i bagni di vapore, altri scrivono poesie o musica, né mancano quelli che si sentono macchiati e inquinati e non riescono a liberarsi.

Il racconto con cui ho aperto il capitolo mostra che le tradizioni dei guerrieri rivelano sei passaggi universali nel viaggio di ritorno anche se, naturalmente, le pratiche e i rituali specifici variano tra le culture. I passaggi del ritorno assumono la forma di rituali sacri e comunitari pensati per far transitare i sopravvissuti al combattimento attraverso intensi processi morali, emotivi, sociali e spirituali che permettono loro di affrontare le ferite invisibili.[1] Questo percorso, se condotto come una pratica educativa e comunitaria in cui tutti aiutano i veterani senza trattarli come persone malate o disturbate, illumina e vivifica tutti quelli che vi sono coinvolti.

Gli stadi del ritorno

1. Isolamento e cura

Nelle culture tradizionali, immediatamente dopo il ritorno dalla guerra, i combattenti vengono isolati dalla comunità e i loro bisogni vengono curati sia dai veterani anziani che da persone sacre. L'inquinamento del corpo e dell'anima, avvenuto soprattutto dopo la violenza e il contatto con la morte, era un punto fondamentale della cultura antica. Diversamente dalle nostre pratiche attuali, con le quali ci si affretta a riportare a casa i soldati il prima possibile, i nostri antenati osservavano delle pratiche di isolamento dei guerrieri per ripristinarne la purezza dopo la battaglia e proteggere loro e i membri della loro famiglia dal ritorno della violenza. Nella Bibbia leggiamo che Mosè ordina che tutti coloro che abbiano ucciso o toccato un cadavere debbano rimanere fuori dal campo per una settimana, e che nel terzo e settimo giorno sia loro dovere purificare se stessi e tutto ciò che indossano e portano.[2] Il suo sommo sacerdote Eleazer richiede che tutti quelli che tornano dalla battaglia purifichino nel fuoco tutto ciò che non brucia, come le armi di bronzo, mentre va purificato nell'acqua tutto il resto e al settimo giorno si debbono lavare i vestiti. Solo allora i guerrieri sono ritualmente puri e autorizzati a rientrare nel campo.[3]

Molte tribù dei nativi americani praticavano l'isolamento dei nuovi guerrieri anche se con differenze nella lunghezza del periodo di purificazione: per esempio, alcune tribù incontravano i combattenti di ritorno dalla guerra alla periferia del campo, prima che rientrassero nella comunità. Nella tribù di *o'odham* i guerrieri dovevano sottostare a "una purificazione di quattro giorni, perché hanno fatto cose innaturali",[4] in altri casi si ballava assieme lungo un sentiero sacro cosparso di erbe, o altre volte ancora i guerrieri restavano da soli nel deserto per riposarsi e ricongiungersi con il divino. Alcune tribù erigevano al centro del campo una speciale capanna dedicata ai guerrieri tornati dalla guerra, ai quali, durante il periodo di isolamento, non era permesso di tornare nell'abitazione della famiglia, unirsi carnalmente alle donne e a volte persino nutrirsi da soli, tanto che venivano aiutati dagli anziani e dalle persone sacre.

In Grecia, i guerrieri dovevano recarsi in determinati templi dedicati a diverse divinità, tra le quali Afrodite, per purificarsi. L'isolamento e la cura avevano lo scopo di garantire che i veleni della battaglia e i comportamenti e le attitudini acquisite durante l'addestramento, poi pietrificati nello spirito durante il combattimento, non si riversassero nelle case e nella comunità.

In America invece, proprio perché spesso i veterani vengono abbandonati a loro stessi, gli incidenti di violenza domestica e sessuale, di criminalità, di alcolismo o tossicodipendenza sono innumerevoli, perché è inevitabile che il veterano che ritorna cada se non riceve cure adeguate.

Gli antichi sapevano che il guerriero ritorna con l'animo acceso e il corpo dolorante, bisognoso di una fase di transizione, perciò prescrivevano un periodo di allentamento, riposo e isolamento. Esistono oggi alcune unità della Guardia Nazionale che offrono ai soldati un posto di ristoro prima di tornare a casa, dove possono restare anche alcuni mesi e similmente la Chiesa Unita di Cristo organizza dei ritiri annuali per i cappellani militari. Nel dicembre 2013 L'Associazione Unitaria Universalista ha offerto a tutti i suoi cappellani militari e agli assistenti il suo primo ritiro post-smobilitazione, ripetendo questa esperienza nel 2014. Kate Dahlstedt dice di questi ritiri:

> Abbiamo passato molto tempo a condividere le storie dei cappellani che hanno lottato per farsi carico del dolore dei soldati di cui erano pastori. Tutti hanno espresso angoscia personale per la mancanza di significato

delle guerre recenti e la loro impotenza nel mitigarne l'impatto sui soldati. Ma tutti si sentivano sollevati per essere a un raduno dove potevano tranquillamente liberarsi delle loro personalità militari e condividere le esperienze personali onestamente con il sostegno reciproco e dei facilitatori civili, così che molti di loro hanno ritrovato ispirazione e motivazione.

Queste sono delle forme contemporanee positive di isolamento e di cura dopo il ritorno. Poiché nei soldati che tornano dalla guerra ci si aspetta l'insorgere della ferita invisibile e un periodo molto difficile, con tale supporto la società potrebbe ridurre il numero e la gravità dei casi traumatici perché sostituirebbe l'incuria con il corretto cerchio curativo, impedendo così che i veterani si sentano traditi. Le ferite invisibili verrebbero in tal modo curate il prima possibile come le fisiche che sanguinano, senza lasciare che diventino malattie croniche. Queste pratiche moderne sarebbero forse costose a breve termine, ma coinvolgerebbero la cittadinanza, eliminerebbero grandi sofferenze e permetterebbero di risparmiare miliardi in cure e costi di sostegno alla disabilità a lungo termine.

2. Accettazione del destino

I rimpatriati rimangono in una sorta di limbo finché non riescono a dire un sincero e autentico "sì!" ai loro destini di combattenti. Questo secondo passaggio costituisce l'accettazione personale e pubblica del proprio destino. In alcune culture arcaiche, gli anziani e le persone sacre interrogavano i nuovi giovani guerrieri in isolamento: "Volevi essere un guerriero per il tuo popolo? Accetti le numerose difficoltà di questa scelta?". Una risposta negativa poteva indicare il rifiuto di questo destino, della morte degli amici, dei nemici, della causa per cui s'è combattuto. L'accettazione è invece un'affermazione essenziale che cambia qualcosa nella psiche perché sancisce il passaggio dallo stato di vittime a quello di agenti attivi, dall'innocenza all'esperienza, dall'ingenuità alla saggezza e si accetta così il lavoro e il destino del combattente senza protestare o negarlo con rabbia. Solo a questo punto i guerrieri uscivano dall'isolamento.

Alcuni soldati crescono in famiglie di militari e pensano: "In ogni generazione della mia famiglia c'è stato qualcuno che ha servito da quando siamo arrivati in questo paese, generazioni fa. Sono stato cresciuto per fare il militare. Come potrei interrompere la tradizione?". Questo è il caso, per esempio, di John Fisher, il quale discende da nove generazioni di militari, dalla Rivoluzione americana all'Iraq. Insieme facemmo un viaggio sul campo di battaglia di Gettysburg, dove avevano combattuto il trisavolo, ovvero il colonnello Fisher, comandante dell'unità dove aveva anche servito anche il figlio sedicenne, cioè il bisnonno di John. "Quando ho percorso il sentiero di Little Round Top", scrive John, "il mio cuore era oppresso dalle esperienze dei miei antenati. Il mio bisnonno e suo padre avevano combattuto entrambi qui e subito le loro storie si sono fuse con la mia del Vietnam". Sebbene fosse contrario a quella *sua* guerra per la quale era stato arruolato, dopo il nostro viaggio mi ha detto che la guerra è nel suo DNA. Lo spirito dei suoi antenati era parte del suo lignaggio e del suo destino e si sentiva responsabile in modo nuovo di se stesso, dei loro ricordi, dell'eredità della famiglia e di tutti i combattenti, perciò ha continuato negli anni successivi a visitare i luoghi dove i suoi antenati avevano combattuto, praticando così la "guarigione dalle radici" e riscoprendo un antenato dopo l'altro.[5]

Alcuni veterani sono affascinati dalle storie di guerra dei film, dei libri, dei fumetti e delle mitologie e potrebbero arrivare a credere che l'esercito sia l'unica casa che abbiano mai avuto. Nonostante le difficoltà, molti hanno detto "sì" al viaggio da sempre e affermano che si tratta di un percorso che dura tutta la vita, cui continuano a dire "sì" anche se rimangono feriti. Per altri che condividono l'adagio "Non volevo, ma…", il servizio militare pare talvolta meglio di un esilio nell'asocialità e nel vagabondaggio, un'alternativa alla prigione, alla disoccupazione o alla deportazione come immigrati clandestini. Per molti l'arruolamento può essere la via di fuga da una vita di coercizione che non lascia molte scelte e per loro il ritorno, gravato dal lutto e dalle cose insopportabili che hanno fatto o visto e dall'indifferenza, potrebbe rendere molto difficile dire "sì" a questo destino. "Concedimi la serenità di accettare le cose che non posso cambiare", recita la preghiera della serenità, che si applica perfettamente anche ai combattenti: non si può cambiare ciò che è successo nella zona di combattimento, ma è possibile accettarlo come parte della propria storia per rimodellare il modo in cui viene percepito.

3. Purificazione

Nella mitologia irlandese, l'eroe-guerriero Cù Chulainn deve purificarsi per essere entrato nel territorio nemico e aver ucciso i guerrieri che prima avevano massacrato la gente della sua tribù, perché quando torna è "ancora preda dell'estasi violenta che non distingue l'amico dal nemico". Temendo che la sua ira possa volgersi contro il suo popolo, il re ordina ad alcune donne di uscire nude per incontrarlo. Poi viene afferrato dagli uomini del villaggio e immerso in tre vasche di acqua fredda: la prima al contatto con il suo corpo infiammato dall'ira esplode in una nuvola di vapore, la seconda bolle e infine la terza diventa solo tiepida. Solo allora l'eroe si calma e può far ritorno a casa senza pericolo.[6]

Le tribù dei nativi americani usavano le capanne del sudore (una specie di saune) e i "viaggi" mistici, mentre alcune tribù africane seppellivano i guerrieri fino al collo nella terra per far colare via i veleni. Tutti gli elementi – terra, aria, fuoco, acqua – erano considerati essenziali per la purificazione.[7] Sono inoltre possibili anche le pratiche di purificazione nazionale, come appresi nel 2004 in Austria, durante una conferenza su guerra e memoria. I miei colleghi psicologi discutevano di alcune ricerche nazionali secondo le quali gli austriaci soffrivano di depressione generalizzata transgenerazionale. La ricerca suggeriva che all'origine del disturbo vi fosse la collaborazione con i nazisti durante la seconda guerra mondiale. Nell'anno precedente, l'Austria aveva lanciato la campagna di purificazione nazionale e riconciliazione dopo oltre sessant'anni e gli alunni delle scuole avevano "adottato" una delle 80.000 vittime austriache dell'Olocausto, imparandone i nomi e le storie. Alla fine dell'anno scolastico ogni scolaro aveva scritto una lettera per la sua persona, e queste lettere vennero poi legate a dei palloncini rilasciati in aria nella Heldenplatz di Vienna, proprio dove Hitler annunciò l'annessione dell'Austria al Terzo Reich nel 1938.[8] In Austria, in sostituzione del servizio militare, i giovani possono lavorare in istituzioni commemorative dell'Olocausto in ventitre paesi diversi, e come nel resto dell'Europa viene coltivata la memoria del trauma storico causato dalla seconda guerra mondiale. Un altro esempio lo troviamo in Germania, dove oggi molti scolari visitano almeno un campo di concentramento durante gli anni scolastici e gli studi sull'Olocausto fanno parte del curriculum di storia del liceo. Possiamo leggere queste pratiche come affermazioni del destino nazionale, come cerimonie di purificazione e riconciliazione e come assunzione di responsabilità collettiva mirata alla cura del trauma di guerra.

4. Narrazione e confessione

Un altro anno partecipai a una conferenza internazionale sui traumi in cui una psicologa tedesca rivelò la propria angoscia: "Non conosco nemmeno un fatto riguardante la storia della mia famiglia dal 1933 al 1945. Da bambini ci hanno vietato di parlarne e venivamo severamente puniti se facevamo domande". Il risultato? "So che la mia famiglia deve avere dei segreti terribili, se continua a nasconderli. Anche se sono nata dopo la guerra, questo mi ha fatto vergognare, causandomi insonnia e depressione per tutta la vita. Ho ugualmente paura di scoprire la verità e di non farlo".

I combattenti, le loro famiglie e le comunità si confessano attraverso la narrazione. Le storie liberano emozioni, rivelano segreti, educano, organizzano le nostre vite in racconti coerenti, puntando al significato, e in quelle storie ci trasformiamo da vittime in protagonisti, così che le storie trasfigurano gli eventi personali in una mitologia della comunità. Anche se alcuni specialisti della salute comportamentale sostengono che la narrazione non sia necessaria perché esistono altre tecniche per il trattamento dei sintomi traumatici, raccontare storie è un passo necessario della restaurazione e del ritorno a casa e infatti è praticato nelle culture guerriere di tutto il mondo. Chi siamo, individualmente o collettivamente, senza le nostre storie, senza una storia?

Molti sopravvissuti alla guerra ammoniscono di non dimenticare, lo dicono gli ebrei dell'Olocausto e si profondono in grandi sforzi per l'educazione della memoria, e lo dicono i veterani del Vietnam per sé e per portare sostegno ai nuovi veterani dell'Iraq e dell'Afghanistan. Il Sudafrica ha raggiunto una significativa pacificazione nazionale grazie alla Commissione per la Verità e la Riconciliazione, durante la quale i responsabili dell'apartheid hanno raccontato le loro storie e ammesso i loro crimini davanti alle loro vittime e alla nazione. Le storie restituiscono la verità agli individui e alla società, perciò in mancanza di esse restiamo nell'ignoranza e la guerra resta chiusa e bloccata nelle coscienze dei superstiti fino a farli impazzire. La confessione è un'antica forma di purificazione religiosa in cui un rappresentante della divinità testimonia il racconto delle storie di un peccatore. Il racconto svuota il cuore e l'anima e l'ascoltatore sopporta il dolore per rendere un servizio a chi soffre, perché attraverso il narrare vengono liberati i segreti che cessano così di avvelenare l'anima con l'angoscia e le emozioni negative.

5. Restituzione alla comunità

Dopo la guerra, il contratto sociale deve essere sanato e ripristinato in due fasi, la prima delle quali riguarda il combattente che deve andare "oltre il perdono" per praticare l'espiazione e ricostituirsi come "unità", come ho scritto altrove:

> La radice dell'espiazione è l'*unità*, "diventare uno". In sostanza, l'espiazione non implica solo il risveglio o lo scambio di sentimenti di empatia, amicizia e perdono, ma *il compimento di atti di riparazione che portano ciò che era separato, diviso o spezzato di nuovo all'unione*. Ripristinare ciò che è stato spezzato, unendo ciò che era diviso, ricreando l'unità all'interno del popolo e tra le nazioni a partire dai pezzi lasciati dopo che la carneficina della guerra è passata: questi sono gli obiettivi angoscianti ma essenziali di guarigione e riparazione resi possibili dall'espiazione.[9]

Il Piano Marshall, dopo la seconda guerra mondiale, può essere considerato una grande opera di restituzione tesa a riparare il mondo e a trasformare gli ex nemici in amici. I progetti di bonifica e rimboschimento di terreni e acque dopo le guerre in Vietnam, Iraq e Afghanistan costituiscono simili opere di restituzione. Spesso organizzazioni filantropiche, guidate da molti veterani, come la *Veterans for Peace*, conducono questi progetti in nome di chi ha contribuito a produrre i danni di guerra. L'Australia ha pagato in modo significativo la propria partecipazione alla guerra del Vietnam costruendo ponti e rimboschendo intere regioni distrutte dall'Agente Orange e i vietnamiti hanno confermato che queste azioni di pace e di risarcimento portano beneficio. Il buddismo insegna che "la donazione è la migliore consolazione", suggerendo che se restituiamo ciò che abbiamo preso, creando dove abbiamo distrutto, possiamo riparare. Dal buddismo possiamo apprendere anche la lezione del *karma*, ossia il fatto che se ci sentiamo male per quel che abbiamo commesso in passato, non dobbiamo perciò soffrire fino a cadere nella disperazione.

Durante i nostri viaggi con *Soldier's Heart*, i monaci vietnamiti spiegavano con occhi sorridenti ai veterani americani: "Se ti senti male, allora apri il tuo cuore cuori e fai del bene. Cambia il tuo karma con azioni compassionevoli. Ama tutti".[10] Se questo fosse praticato da tutti i membri della comunità sarebbe come se i civili dicessero ai loro combattenti: "Hai agito in mio nome, a mio vantaggio e per proteggermi. Condivido con te la responsabilità per qualsiasi azione sbagliata o immorale che hai compiuto. Porterò la tua storia come se fosse mia". La professoressa di psicologia Anne Marie Donahue del Pennsylvania Community College diceva ai suoi studenti veterani, stupiti del fatto che lei li trattasse con rispetto: "Tu hai premuto il grilletto, ma sono io che ho comprato i proiettili e ti ho mandato laggiù". Quando le parole e le azioni esprimono questa condivisione di responsabilità, pesanti fardelli vengono sollevati dalle spalle dei sopravvissuti e ciò che la guerra ha distrutto viene ripristinato:

> E quando colui che ripara si unisce a chi ha causato il danno, allora il trauma morale si inverte, l'identità viene ricreata e l'anima guarisce. In tali casi, i sintomi molto spesso evaporano e i veterani che erano torturati dagli incubi tornano a dormire in pace. Quindi, gli atti di espiazione contemporaneamente riparano e ripristinano il mondo esterno e guariscono l'interno. La guerra distrugge i mondi; l'espiazione li ricostituisce, sia dentro che fuori.[11]

6. Iniziazione

John Fisher ha scritto che non si diventa veterani semplicemente andando in guerra, bensì venendo a patti con la vita.[12] Perché il processo di guarigione sia completo, il combattente subisce un rituale di iniziazione, con il quale può ricevere un nuovo nome, nuovi vestiti, onori o premi, dopodiché viene fatto sfilare davanti ai coetanei e alla comunità. Gli "anziani" non sono soltanto quelli che hanno prestato servizio in zona di combattimento e che hanno guadagnato la "piuma d'aquila", ma qualcosa di più: sono quelli che hanno formalmente o informalmente, in ritiro, in comunità o singolarmente, percorso l'intero viaggio riparativo e completato l'evoluzione delle loro identità fino a diventare "combattenti spirituali". Ricapitolando, quindi, gli stadi necessari per il ritorno del combattente sono:

Isolamento e cura
Accettazione del destino
Purificazione
Narrazione e confessione
Restituzione alla comunità
Iniziazione

L'applicazione del modello di *Soldier's Heart* ai ritiri

Le fasi del ritorno a volte si svolgono spontaneamente nelle vite e nei sogni dei veterani, dimostrando che sono esigenze psichiche innate. Possono anche essere praticate lentamente nel tempo, sotto la guida di operatori sanitari e come programmi prescrittivi per la cura dei combattenti, che è ciò che faceva l'organizzazione *Soldier's Heart*, come descrive Kate Dahlstedt:

> I ritiri intensivi di guarigione includono militari e veterani – uomini e donne –, i membri delle famiglie oppure vedove e orfani, poi persone di supporto come professionisti, cappellani e sacerdoti, studenti e altri membri della comunità interessati [...]. Ogni ritiro è per certi versi unico a seconda dei partecipanti, delle loro esigenze particolari, delle risorse offerte dal luogo del ritiro, della dinamica del gruppo nel suo insieme e poi dipendentemente dagli imprevisti. Cerchiamo di essere flessibili quanto più

possibile per ottenere il massimo risultato. Tuttavia, seguiamo un *format* generale che si è dimostrato essere efficace nel tempo. Iniziamo evocando i nostri sé superiori e costruendo dei piccoli altari di cimeli militari e altri oggetti speciali. I partecipanti si presentano raccontando al gruppo il significato dell'altare. Raccontarsi a vicenda in modo così personale queste informazioni [...] permette a un gruppo formato spesso da estranei di unirsi in modo speciale, creando la "comunità" di ritiro. La notte dormiamo nel luogo del ritiro per permettere alle parole e alle immagini di mescolarsi con i sogni e la mattina dopo iniziamo una meditazione guidata, portando i partecipanti nel loro "luogo interiore sicuro" dove possono tornare in ogni momento quando ne sentono il bisogno. In questo modo, insieme con l'altare creiamo un contenitore sicuro e sacro per affrontare il lavoro di guarigione che stiamo per intraprendere. Il passo successivo consiste nel formare un cerchio, tenendoci per mano o con un tratto di corda che simboleggia l'unità del gruppo e in senso più ampio della nazione [...]. Lentamente, uno per volta, allontaniamo quelli che sono stati in guerra e chiediamo loro di formare un secondo cerchio esterno che simboleggia il servizio militare svolto lontano da casa. I veterani che sono rimasti negli Stati Uniti, invece, si spostano appena fuori del primo cerchio, ma non si uniscono a quello più esterno. Non appena nel nostro cerchio si aprono dei vuoti, tutti iniziano ad accorgersi di un forte senso di perdita. Allora, quelli che sono andati in guerra condividono i loro sentimenti di paura, rabbia, isolamento, colpa, invidia e dolore. Raccontano di quando arrancavano nella giungla [...] o nel deserto, mentre gli altri stavano a casa e continuavano la loro vita, in pensiero per i propri cari nell'esercito o a protestare contro la guerra. Nei nostri gruppi sono rappresentate molte delle fazioni principali del paese e tutti hanno l'opportunità di condividere i propri sentimenti attraverso il racconto delle proprie vicende. L'ingrediente fondamentale è l'atto della narrazione all'interno di un ambiente sacro che invita i cuori ad aprirsi e implica che ognuno di noi custodisca un pezzo della grande Storia. Tutti siamo in qualche modo colpevoli e tutti ne rechiamo la ferita [...] che ci piaccia o no, nel vero senso della parola, siamo tutti sulla stessa barca, veterani e civili allo stesso modo. Fintantoché non riconosceremo questa realtà e la condivideremo, non guariremo come nazione. Per finire la nostra cerimonia e riportare a casa i veterani, i civili formano due linee come per tracciare i bordi di un sentiero e poi, al suono di tamburi e accompagnato da canti, ogni civile riporta un veterano, in mezzo al gruppo. Dunque gridiamo i loro nomi e diamo loro il benvenuto a casa. A pranzo, ogni veterano viene servito da un civile di sua scelta e dopo il pasto si discute sul significato del destino, mentre ogni veterano racconta il proprio e riflette sul proprio posto nella storia e si parla a lungo del senso delle tribolazioni che hanno affrontato da quando sono ritornati. In serata, accendiamo un fuoco di purificazione e pronunciamo parole di gratitudine per la nostra riunione, facendo voto di mantenere i nostri cuori aperti. Ognuno alimenta la fiamma ripromettendosi di abbandonare l'amarezza, la disperazione e il vittimismo. Alcuni gettano nel fuoco cimeli militari, vecchie lettere, fotografie e onorificenze che desiderano disconoscere, e mentre guardiamo le fiamme sotto il cielo notturno, purificandoci, raccontiamo altre storie per condividere le nostre ferite con il resto del gruppo. Intimità e fiducia si formano tra di noi mentre condividiamo le lacrime e le risate. La giornata successiva è interamente dedicata alla narrazione. Tutti i veterani tengono a turno il "bastone della verità", che simboleggia il diritto di parlare senza interruzioni, e raccontano al gruppo un'esperienza militare che pesa particolarmente sull'anima. Raccontare le proprie storie a questa comunità che si è unita con amore, fiducia e accettazione incondizionata offre ai veterani il modo di capire, scaricarsi e perdonare se stessi, e soprattutto di sentirsi a casa, spesso per la prima volta. Concludiamo infine la giornata con una cerimonia di perdono e promettendo di custodire le storie degli altri, perché il motto di *Soldier's Hart* è "prendersi cura significa condividere il fardello" ed è così che si ottiene la guarigione. L'ultima mattina è il momento per i "voti guerrieri". Dopo una messa che include un memoriale per i caduti e una cerimonia di benedizione, ogni veterano pronuncia i voti enunciando gli atti che compirà per riparare e contrastare la distruzione alla quale ha partecipato. I veterani e i civili si guardano negli occhi per l'affermazione finale e scambiarsi la gratitudine d'aver preso il proprio posto insieme nel cerchio sociale ricostituito, dove tutti ora riconoscono e onorano i sacrifici, i ruoli e i valori degli altri. Il cerchio è finalmente completo e tutti si accorgono che questa esperienza li ha cambiati.[13]

NOTE AL CAPITOLO 13
IL SENTIERO DEL RITORNO DEL COMBATTENTE

[1] Quattro di questi passaggi – purificazione, narrazione, restituzione e iniziazione – erano inizialmente discussi in *War and the Soul*, op. cit., ma dalla sua pubblicazione nel 2005 ho ampliato quel prospetto attraverso ulteriori ricerche e praticando la guarigione di molti veterani, aggiungendo due passaggi che presento qui. Per i primi quattro stadi, rimando a *War and the Soul*, in particolare alla parte terza.

[2] Numeri 31: 19-20.

[3] Numeri 31: 21-24.

[4] Carroll, *Medicine Bags and Dog Tags*, op. cit., p. 205.

[5] Il dottor Fisher racconta la sua storia familiare, la sua influenza su di lui e la sua ricerca per riportarla alla luce anche in *The War After the War*, op. cit., pp. 265-287 (citazioni alle pp. 265 e 278).

[6] Marie-Louise Sjoestedt, *Celtic Gods and Heroes*, Mineola, Dover, 2000 [1949], pp. 65-66.

[7] Abbiamo già visto come Mosè nella Bibbia ordini la purificazione per mezzo del fuoco e dell'acqua, e nelle religione cristiana ed ebraica possono esser considerate delle pratiche di purificazione la confessione, il battesimo e il Giorno dell'Espiazione ebraica. Lo *Yom Kippur* contempla anche il digiuno e la confessione di gruppo. Nei ritiri di *Soldier's Heart* di solito svolgevamo una cerimonia del fuoco per la purificazione, durante la quale i partecipanti lanciavano lettere, ricordi o bastoni che simboleggiano qualcosa di intangibile nel fuoco recitando un voto, a voce alta o mentalmente, una semplice esecuzione che può avere straordinari risultati trasformativi.

[8] Vanessa Gera, *Austrian Kids Research Holocaust Victims*, «Midland Daily News», 3 maggio 2003 (https://www.ourmidland.com/news/article/Austrian-Kids-Research-Holocaust-Victims-7112715.php).

[9] Tick, *Atonement Practices after War*, op. cit., p. 116.

[10] Ivi, p. 127.

[11] Ivi, pp. 133-134.

[12] Fisher, *The War After the War*, op. cit., p. 289.

[13] Questa descrizione dei nostri ritiri di guarigione è stata originariamente pubblicata da Kate Dahlstedt in *Breaking Bows and Arrows*, op. cit., pp. 68-72.

Capitolo 14

Conforto spirituale e guarigione per i feriti di guerra

Molte braccia di amorevoli soldati s'intrecciarono
attorno a questo mio collo e vi riposarono.

Walt Whitman, *L'assistente dei feriti*

All'inizio di ogni ritiro di veterani riprendo una mia vecchia reliquia, che un tempo apparteneva a un rinomato guerriero indiano, e racconto le sue prove e i suoi trionfi, il suo amore per la pace e per il suo popolo, parlando dell'onore di cui quel guerriero godeva nella sua cultura e spiegando che cosa il suo esempio ci insegna oggi. La reliquia passa di mano in mano tra i veterani giovani e anziani, dunque tra i civili, e ancor prima di parlare dei loro dolori e sofferenze, attraverso le storie e contemplando la reliquia, i reduci sentono la presenza dei "capi antichi". Allora evochiamo il guerriero spirituale perché ci guidi e vegli sul nostro raduno in modo che possiamo conoscere, curare e nutrire il combattente ferito.[1] Poi poso la reliquia sul nostro altare e ogni partecipante si presenta e vi pone accanto la propria reliquia personale. Unendo le nostre storie a quella universale della guerra, creiamo un ritratto composito di come la guerra ha influenzato le nostre generazioni e il nostro paese, per percepire l'archetipo del guerriero spirituale dentro, dietro e al di là delle ferite. A volte, in base al gruppo che ho, scelgo altre reliquie, che potrebbero essere la Bibbia che mio padre aveva nella seconda guerra mondiale, il crocifisso intagliato a mano che un cappellano portò con sé in molte missioni, un frammento di ceramica proveniente dall'antica città di Sparta. Kate Dahlstedt, che gestisce i ritiri delle veterane, usa una statua di Atena o il medaglione di cadetta infermiera appartenuto a sua madre durante la seconda guerra mondiale, che le sono utili per evocare l'archetipo femminile del combattente. Tali pratiche creano un'atmosfera in cui i partecipanti rivivono una dimensione della guerra intrisa di sacralità. Invece di rivolgersi alla politica o alla medicina, i veterani nei nostri incontri fanno appello al loro "potere superiore", un'autorità che rispettano e che include il "sé combattente", "l'ego ideale" e l'identità sacra del combattente così com'è coltivata ed emulata da millenni. Alla presenza dei loro amati caduti, delle loro vittime e del proprio dolore, di fronte a una comunità interessata a loro che li sostiene e che condivide con loro tanto i ricordi traumatici quanto i loro ideali, i veterani compiono un passo di trasformazione, abbandonano la vecchia identità di "disabili" e diventano combattenti onorati. Durante il ritiro, i partecipanti sentono che lo spirito del combattente che abitava nella reliquia è con loro e alla fine, davanti a tale spirito – e al loro combattente interiore – s'impegnano a condurre una vita positiva e onorevole. Questa immersione nell'archetipo trasforma il modo in cui essi si prendono cura delle proprie ferite, costringendo la Bestia a diventare un alleato protettivo e uno spirito guida. E una volta che le reliquie sono riposte, l'anima smette di errare.

I principi spirituali della cura

Karl Marlantes avverte:

> Chiedere ai giovani combattenti di assumere [il compito divino di togliere la vita] senza un'adeguata preparazione psicologica e spirituale può portare a conseguenze disastrose [...]. Se i combattenti che tornano a casa avessero ricevuto una preparazione psicologica e spirituale migliore, si integrerebbero più rapidamente nella vita civile e le loro famiglie soffrirebbero di meno.[2]

Le parole di Marlantes si attagliano tanto alla fase di addestramento che a quella della smobilitazione. I principi della restaurazione psicospirituale devono essere tenuti ben in mente per rafforzare e curare le anime contro le ferite della guerra. Per ripristinare l'anima, la vita interiore, l'essenza di ciò che sono, per guarire il trauma morale e tornare in pace con la società, con i morti e con la guerra i sopravvissuti hanno bisogno di quanto segue.

1. Catarsi

I soldati e i veterani hanno sempre parlato dell'intensità emotiva del combattimento. A volte lo stato furioso, una vera e propria possessione, prende il sopravvento e il combattente prova rabbia e odio, mentre gli altri sentimenti s'intorpidiscono: "L'odio era la mia arma migliore", mi disse un veterano vietcong la cui intera famiglia era stata uccisa dalle bombe americane. Spesso non si ha neanche un secondo di pausa per respirare, per concentrarsi sui sentimenti che si stanno provando, perché le esigenze immediate del combattimento, della missione o della sopravvivenza premono senza sosta, quindi il cuore diventa insensibile non si sente più ciò di cui si sta facendo. Questa esperienza non si limita alla zona di combattimento, perché come una diga che blocca un fiume il torpore che invade il cuore durante il combattimento può crescere e rafforzarsi man mano che la vita, dopo, rimane bloccata in quello stato emotivo. La psicoterapia ha capito, da Freud in poi, che la catarsi è il rilascio intenso delle emozioni negative e delle energie accumulate in precedenti esperienze dolorose. Non importa quanto i civili trovino spaventosa l'intensità delle emozioni dei veterani, queste devono essere epurate, come Aristotele insegna quando descrive la catarsi come la liberazione dalle emozioni negative, in particolare provando pietà e paura per le terribili vicende tragiche accadute agli altri.[3]

2. La danza del guerriero

In precedenza abbiamo incontrato Terry, un capitano dei Ranger che comandò una compagnia sugli altopiani centrali del Vietnam. Un giorno la sua unità fu inviata in territorio nemico per attirare le truppe avversarie allo scoperto, affinché l'artiglieria potesse colpirle, in pratica come un'esca. Estremamente leale e devoto ai suoi uomini, Terry è stato oppresso dall'angoscia per il resto della vita per il fatto che le loro vite furono sprecate in quel modo e di conseguenza è diventato insensibile e s'è gettato in una vita burrascosa contrassegnata dai sintomi associati alla sua ferita. Oggi, dopo molto lavoro terapeutico, potrebbe parlare delle sue esperienze, ma per anni non ha provato nulla, come se il suo petto fosse diventato una ghiacciaia.

A tal proposito voglio parlare della "danza del guerriero", una pratica che svolgiamo a volte nei ritiri di guarigione. Nelle culture tradizionali le arti espressive, la danza, la musica, i tamburi e il canto erano ampiamente utilizzati a tal fine. La danza del guerriero evocava gli spiriti benigni, riproducendone e imitandone i movimenti in battaglia, celebrandone la vittoria o la sopravvivenza e trasformando l'intensità emotiva del combattimento in movimenti aggraziati. In modo simile, durante la nostra danza invitiamo i veterani a entrare nel cerchio e a muoversi e ballare in tutti i modi che ritengano necessari a liberare i ricordi e le emozioni, riproducendo simbolicamente le azioni e quindi le storie di quelle emozioni. All'interno della cerchia dei testimoni che battono sui tamburi, i veterani si esibiscono, marciano, mostrano espressioni grintose, sfilano, gridano, si gettano a terra dimenandosi, assumono posizioni di combattimento o di sfida – come fanno i maschi alfa in un branco – e ringhiano, o si fronteggiano come nemici e tramutando i movimenti di battaglia in una danza di coppia.

Anche io ho danzato con i veterani. Terry e io ci affrontammo mentre il ritmo dei tamburi cresceva, finché diventammo due scimmie che urlavano davanti alla stessa pozza d'acqua, due lottatori che si scagliano l'uno contro l'altro, due amanti che si abbracciano, due pianeti che cercano di non entrare in collisione, due estranei che misurano la potenza e il valore reciproci. Danzammo fino all'esaurimento, poi Terry crollò tra le mie braccia, singhiozzando. Il gruppo si raccolse intorno a noi con le mani stese e io misi le mie sul suo petto e dietro la sua schiena, stringendo come in una coppa il suo cuore ferito e rimasto tanto a lungo nel silenzio, mentre Terry piangeva, gridando e scuotendo la testa per quel dolore a lungo represso, per la perdita dei suoi uomini e della fede.

Alla fine, dopo che si fu calmato, si asciugò il viso e si guardò intorno con gli occhi lucenti e finalmente cominciò a ridere, e rise tanto quanto aveva pianto, con gioia esplosiva, dopo aver finalmente espulso quelle scorie emotive tossiche che aveva trattenuto per decenni. Dopo quel ritiro Terry ne frequentò altri, tornò in Vietnam, completò un master, si riconciliò con la sua famiglia e diventò poeta, oratore pubblico e un sostenitore dei veterani. Adesso i suoi sentimenti hanno ritrovato voce e gioia.

3. Perdono

Roy, un mitragliere elicotterista, ebbe modo di sentire un vecchio compagno che, pensando che Roy traesse piacere dal vedere le foto di loro due e del "casino che avevano fatto", gli inviò le immagini di corpi mutilati non solo di soldati nemici ma anche delle donne, dei bambini e del bestiame che avevano massacrato. Roy mi lanciò le foto. "Guarda!" urlò. "Questo è quello che ho fatto. Questo avrebbe dovuto finire nella mia tomba. Sono imperdonabile". Il perdono implica il donarsi, l'abbandonarsi e l'arrendersi accettando le inevitabili tragedie, i dilemmi e i lutti di cui in guerra si finisce con l'essere complici. Uno degli aspetti più difficili del perdono sta nel fatto che è difficile credere che ci siamo ancora delle persone che ci accettano e ci rispettano, nel convincersi che l'umanità è imperfetta e incline agli errori e che alla fine bisogna perdonare, provando a guardare dalla prospettiva di Dio e chiedendosi quale sarebbe il verdetto se il nostro caso fosse valutato da un tribunale divino. I veterani che si ritengono imperdonabili spesso rifiutano l'amore altrui e rimangono isolati, come accadde a Hugh Scanlen, un altro mitragliere elicotterista che per quattro decenni ha pianto le tante uccisioni inutili e un particolare incidente che ha tenuto segreto, per vergogna, cioè il fatto di avere fotografato i corpi delle persone che aveva ucciso e averne riso. I suoi compagni sapevano che il suo impiego gli causava dei problemi e un giorno uno di loro gli disse che Dio l'avrebbe perdonato. "È fantastico", rispose Hugh, "ma come faccio *io* a perdonarmi?". La conversazione morì di colpo. Hugh partecipò in seguito a diversi ritiri di guarigione, convincendosi lentamente che non sarebbe stato giudicato o rifiutato. Solo dopo essere stato mentore di altri reduci più giovani si è reso conto che raccontando la storia delle fotografie che gli avevano causato tanta vergogna, avrebbe potuto aiutare a sollevare quella stessa vergogna dai suoi compagni meno esperti, come mi disse in seguito:

> Stare con gli altri veterani e confessare le mie azioni, ammettere il senso di colpa che ho avuto per anni, ha alleviato la mia anima ferita. Quando ho raccontato la mia storia sono stato accettato dai veterani che ascoltavano ciò che ero, nudo e crudo. Non ero il mostro che pensavo di essere. Mi vedevano solo come un altro essere umano che lottava con ciò che aveva fatto e visto in guerra, non diversamente da loro stessi.

Come insegnano le tradizioni ebraiche, cristiane e pagane, confessare è una componente necessaria per la purificazione davanti alla comunità. Molti veterani tornano in Vietnam per chiedere perdono al popolo vietnamita e la risposta che ricevono generalmente dai veterani, dai sopravvissuti civili e dai giovani nati dopo la guerra è "hai fatto il tuo dovere di buon soldato, non c'è niente da perdonare". Dal punto di vista della cultura orientale, fare il proprio dovere di cittadino è una condotta morale giusta e i colpevoli non sono i soldati che devono eseguire gli ordini ma solo i leader che li hanno imposti. Infatti, mentre diversi americani provarono grande indignazione per il tradimento subito, i vietnamiti apprezzarono il libro di Robert McNamara *In Retrospect* del 1995, nel quale finalmente un funzionario americano definiva la guerra una tragedia e, mostrando rimorso per i propri errori di valutazione, tentava di "mettere le cose in chiaro".[4] Il perdono è un aspetto del conforto spirituale in cui i cappellani militari si sentono meglio preparati. Attraverso la consulenza e la preghiera aiutano i soldati feriti a chiedere perdono a Dio, rassicurandoli che l'amore divino li raggiunge anche quando non lo sentono. In modo differente, la festa ebraica dello Yom Kippur, il giorno annuale di espiazione, afferma che Dio può perdonare solo i torti perpetuati contro di lui, mentre gli esseri umani devono ottenere il perdono direttamente da coloro al quale hanno fatto del male. Roy tornò due volte in Vietnam per scusarsi personalmente con gli agricoltori dei villaggi che aveva bombardato e acquistò del bestiame per aiutarli a ripristinare ciò che aveva distrutto. Il perdono è legato all'espiazione: quando chiediamo perdono e ripariamo, trasformiamo il nostro volto che vediamo allo specchio.

4. Riconciliazione

Riconciliare letteralmente significa "riunire di nuovo" e connota la restaurazione dell'amicizia dopo il conflitto. Quando gli ex nemici o chi rappresenta e condivide le loro storie si incontrano, essi si trasformano in sorelle e fratelli sopravvissuti allo stesso inferno. Perciò la riconciliazione assolve alla massima biblica "quando il Signore gradisce le vie di un uomo, riconcilia con lui anche i suoi nemici".[5] Tradizionalmente i guerrieri delle parti opposte spesso si tributavano reciproci onori e benché combattessero fino alla morte non si disonoravano. Alcune tribù di nativi americani costruivano una "tipi del nemico" affinché gli avversari potessero entrare nel loro accampamento, riposare ed essere al massimo della forza prima di sfidarsi. Dall'altra parte del Mekong, dove avevamo visitato il veterano vietcong "Tiger", un altro reduce vietcong, Tam Tien, ci accolse e alzò la camicia per mostrarci le sue numerose cicatrici. "Mi avete quasi ucciso", disse con una risata "Che buffo! Se ci foste riusciti, non avremmo visto questo giorno lontano in cui siamo diventati amici". Tam chiese a ogni veterano americano di raccontare la sua storia di guerra, nel caso si fossero incontrati prima in circostanze diverse. La sopravvivenza e le difficoltà condivise trascendono le vecchie paure e i confini e mentre ci salutavamo Tam ci disse: "D'ora in poi i veterani americani e vietnamiti devono essere le labbra e la lingua della stessa bocca che racconta al mondo la stessa storia". Hugh Scanlen, quando incontrò Tam Tien negli Stati Uniti Stati in una conferenza internazionale su guerra e pace, disse: "Di tutti i posti possibili, il signor Tien, colpito da un mitragliatore dall'elicottero, e io, un mitragliatore elicotterista ferito da un uomo col pigiama nero,[6] abbiamo fatto amicizia in Ohio. Rimarrà nel mio cuore per il resto della mia vita". A tal riguardo, voglio ricordare che durante il suo servizio nella guerra civile Walt Whitman scrisse una poesia intitolata *Riconciliazione*:

> Poiché il mio nemico è morto, un uomo divino come me è morto:
> Guardo dove egli giace con la pallida faccia, quieto nella sua bara –
> e me gli faccio dappresso,
> E mi curvo, e gli tocco lievemente con le labbra la bianca faccia,
> entro la bara.[7]

Ritrovare la fede e riconciliarsi possono essere bisogni altrettanto forti anche nelle famiglie dei veterani. Ho già parlato della storia di Leila Levinson, che la condusse a girare per l'America, intervistando cinquantuno soldati che come suo padre avevano partecipato alla liberazione dei campi di concentramento nazisti. Tutti le dissero di aver lottato tutta la vita per tenere segrete le loro storie, soffrendo di grave angoscia e soltanto uno di loro, Calvin Massey, le spiegò che già nel momento in cui era arrivato al Lager era riuscito a dar libero sfogo alle emozioni, piangendo e gridando dapprima, e infine riuscendo ad abbracciare i superstiti. Tra tutti i testimoni intervistati da Leila, Massey è l'unico a non essere diventato insensibile e di lui Leila scrive:

> Calvin Massey ha avuto la straordinaria fortuna di aprirsi alla compassione vedendo i sopravvissuti del campo, e questa è la sola risposta valida. Aveva evitato gli impulsi di vendetta o di paralisi e aveva scelto l'unica azione in grado di coinvolgere lo spirito. La compassione che ha espresso ai sopravvissuti abbracciandoli è stato il momento decisivo per la sua vita, gli ha rivelato il suo dolore e gli ha fornito un passato di cui poter essere orgoglioso.[8]

Grazie a questa ricerca, Leila riuscì a capire, a provare compassione e a riconciliarsi con i propri ricordi e andò in pellegrinaggio in Europa per seguire le orme del padre e per pregare sul luogo del campo che aveva tanto stravolto le loro vite.

Ho parlato anche di Christal Presley e dei problemi causati dal crescere con un padre veterano finché intraprese un progetto coraggioso: vincendo la paura, i blocchi, la resistenza e il rifiuto, parlò con suo padre della sua guerra ogni giorno per trenta giorni consecutivi. Christal scelse come medicina il più semplice ed essenziale degli strumenti umani, il dialogo, che funzionò perfettamente, e infine si recò in Vietnam per compiere il viaggio simbolico di riconciliazione sulle orme di suo padre.[9]

Non bisogna infine dimenticare che la riconciliazione non è solo un fatto privato ma riguarda il rapporto di ognuno con gli altri e la società. Un manifestante che aveva visto il proprio amico ucciso nella sparatoria di Kent (Ohio) nel 1970 e un membro della Guardia Nazionale che aveva sparato mi dissero, separatamente ma con uguale angoscia: "Non ci sono gruppi, comunità o supporto per persone come me. A chi posso rivolgermi? Chi ascolterà una storia come la mia?". Come loro, molti veterani che tornano a casa per ritrovarsi abbandonati e trascurati, anelano soffrendo alla riconciliazione con la loro comunità nazionale e il suo sistema di sostegno sociale. Come ha chiesto il veterano Ray Cocks: "Vogliamo etichettare i problemi o risolverli?".

5. Riumanizzazione

In una sala giochi di una base militare americana mi capitò di osservare un gruppo di soldati raccolti attorno a uno schermo enorme che riproduceva delle simulazioni di combattimento. Erano tutti in uniforme e l'immagine sullo schermo riproduceva l'interno di un Humvee, e le figure che colpivano sembravano persone. A ogni "uccisione" ridevano e applaudivano, indicando e gridando "terrorista!", "beduino!", "infame!". Oggi l'addestramento militare delle reclute non insegna più a sparare sui bersagli ma su obiettivi che hanno fattezze umane e questo, tra l'altro, ha anche lo scopo di disumanizzare le persone che i soldati dovranno affrontare per ridurre l'inibizione a uccidere. Al processo per crimini contro l'umanità, persino il nazista Adolf Eichmann, pronunciando la propria apologia difensiva, sosteneva di aver dovuto imporsi una specie di spaccatura schizoide e di aver soppresso la propria umanità per eseguire gli ordini contribuendo al genocidio. Per mettersi in luce come burocrate che aiutò a uccidere milioni di persone, dovette anzitutto inibire la propria parte umana. Se io disumanizzo l'altro, qualcosa in me si raffredda, il distacco mi separa da lui e io non voglio sentire né vedere così da non dover mettermi in discussione. L'altro diventa una cosa o una minaccia da eliminare e non mi accorgo più che anche nell'altro la fede e il patriottismo potrebbero essere forti, che una famiglia lo aspetta a casa, che ha dei lati buoni e che le sue azioni sono mosse da valori. Lo immagino come una creatura crudele, immorale, spregevole, una caricatura piuttosto che un essere umano che mi si oppone. Così, mentre disumanizzo l'altro, disumanizzo me stesso e porto questa disumanizzazione a casa, quando invece è possibile imparare la storia, la cultura, la religione, lo stile di vita e la lingua del nemico e si possono indagare quali siano le ragioni che egli ha per combattere contro di me. Posso ascoltare le sue storie, assistere ai suoi lutti e tutto questo, che può essere fatto prima, durante e dopo la guerra, fa dell'altro e di me dei nuovi esseri umani.

Un esempio di una persona che ha saputo mantenere l'umanità in guerra è quello di Steven Ross, un fotografo afroamericano che in Iraq portò con sé le sue macchine fotografiche e ogni volta che poteva indossava abiti locali e andava nei mercati e nei villaggi, dove poté conoscere molte persone e fare centinaia di foto di uomini, donne e bambini iracheni in situazioni quotidiane. Non ha scattato neanche una foto di battaglia o di strage e spiega di averlo fatto perché quello era il suo modo di "Continuare a vedere [gli iracheni] come esseri umani in mezzo alla guerra [...] e di restare umano con loro".[10]

6. Reintegrazione

Nostos è un'antica parola greca che significa "ritorno a casa", mentre *algos*, altra parola greca, significa dolore e insieme i due vocaboli formano la parola nostalgia, che letteralmente significa il dolore provocato dal desiderio di tornare a casa e connota il punto in cui il dolore della lontananza da casa può diventare così grave da causare uno squilibrio. La quantità epidemica di senzatetto tra i veterani americani e le loro lotte per il reinserimento oggi rappresentano la loro nostalgia, la loro rottura con tutto ciò a cui una volta appartenevano, il loro dolore di non poter tornare a casa. Art Myers visitò con me il Vietnam trentasette anni dopo la guerra, insieme con sua moglie Linda e il suo consulente presso la VA. Art era stato un poliziotto militare a Da Nang e ricordava ogni dettaglio di ogni secondo dell'offensiva del Tet, durante la quale aveva ucciso per la prima volta. Poiché aveva fatto del male e aveva perso la fede nella guerra, i Myers volevano aiutare a ricostruire il posto che Art aveva contribuito a distruggere e così donarono alla famiglia di un veterano vietnamita disabile una casa unifamiliare resistente alle intemperie, conosciuta in Vietnam come *Compassion House*. I Myers pregarono davanti all'altare della famiglia e quando seppero che i figli della famiglia rovistavano nelle discariche di rifiuti per sopravvivere, si impegnarono a sostenerli fino al liceo. Il villaggio ha adottato Art. La sua vecchia identità di veterano traumatizzato si rimpiccioliva man mano che diventava fratello maggiore, zio, nonno e benefattore del villaggio. Alla fine Art disse: "Dopo la guerra non sono mai riuscito a tornare a casa in America. Mi sentivo come se il mio paese non mi volesse. Ma ora finalmente ho di nuovo una casa in Vietnam!". Il Natale successivo, invece di scambiarsi regali, la famiglia allargata dei Myers raccolse del denaro con il quale costruì una seconda *Compassion House* nel loro villaggio.[11] Questa vicenda di espiazione e riconciliazione portò Art a reintegrarsi con una nuova identità nel paese in cui aveva combattuto e, considerata l'importanza e l'onorevolezza del risultato, sarebbe importante che la reintegrazione dei soldati avvenisse anche nel proprio paese d'appartenenza.

7. Restaurazione e restituzione

Restaurare significa riportare a una condizione precedente; restituzione connota non solo riparare e ricostruire, ma anche restituire qualcosa che è stato preso o compensare delle perdite. Sia la restaurazione che la restituzione sono componenti dell'espiazione, perché i combattenti hanno partecipato alla distruzione e attraverso la pratica dell'espiazione lo ricostituiscono come una cosa intera. Le pratiche di restaurazione sono in linea con gli insegnamenti spirituali e religiosi sia in oriente che in occidente. In origine "occhio per occhio" non indicava una vendetta o una punizione crudele, bensì che la punizione doveva corrispondere al crimine e significava che la risposta spirituale alle azioni consistesse nel restituire ciò che s'è preso, ovvero l'essenza della giustizia riparativa.

La famiglia di Bill Saa fu coinvolta nella brutale guerra civile liberiana e suo fratello fu torturato a morte. Dalla fine di quella guerra, il paese è cresciuto anelando alla riconciliazione e Bill ha cercato il torturatore di suo fratello, non per punirlo ma per invitarlo a diventare lui stesso il suo fratello scomparso. Così Bill raccontò, da Monrovia:

> L'ho incontrato e gli ho detto che sapevo che aveva ucciso mio fratello. In un primo momento si è sciolto in sudore, il volto era molto turbato. Gli ho fatto capire che non riguardava solo lui ma anche me, trovare un modo per far fronte a un trauma di guerra che ormai è accaduto. Capisco che in guerra queste cose succedano e tanti altri hanno commesso azioni di questo genere. Gli ho fatto capire che io sentivo il vuoto della morte di mio fratello e che lui era la persona giusta per riempirlo, per comprendere ciò che è successo e per trovare il modo di vivere di nuovo insieme. In quel momento le lacrime gli rigarono il viso e con rimorso si inchinò con un senso di vero pentimento, chiedendo perdono e impegnandosi a fare tutto il possibile per mostrarmelo. Questo percorso non è ancora finito. Non gli ho mai chiesto niente più che comprendere che nel mio cuore c'era vero perdono. Sta a lui capire che cosa questo significa per lui e per

> la sua stessa pace. Bevemmo qualcosa insieme come segno di riconciliazione. Sto progettando di riunirci il prossimo anno alla commemorazione annuale della morte di mio fratello, per visitare insieme il luogo dell'omicidio e rinnovare la nostra unione.

Bill ha concluso con questa rivelazione: "L'iniziativa nasce da me, non da chi ha ucciso. Questo è importante perché molti che vedono se stessi come vittime hanno difficoltà a fare questo passo". Nel mezzo della carneficina africana, Bill Saa voleva che la riconciliazione con l'assassino di suo fratello fosse un modello per gli altri e ciò mostra che il perdono trascende la tortura che avvelena il cuore. Nupkus Roger Shourds, accompagnato da sua moglie, è tornato con me a Chu Lai dove ha combattuto e vi ha incontrato la famiglia di un soldato che la sua unità aveva ucciso. La famiglia ha portato a casa Nupkus come ospite d'onore. Nupkus aveva "incontrato" il loro nonno e tornando restituiva il suo spirito, perciò venne invitato dalla famiglia vietnamita ad assumere il ruolo di nonno adottivo. Così Bill e Roger dicono oggi di avere delle famiglie dove una volta avevano dei nemici.

Gli atti di restituzione trasformano l'identità del reduce da distruttore a conservatore. Quando i veterani vengono accolti nei paesi in cui hanno combattuto come donatori di vita, come nonni, zie e zii, i rapporti familiari si ricompongono, vengono ritrovati i parenti scomparsi e dall'isolamento si passa all'inclusione con il cuore placato e consolato, adempiendo la profezia di Isaia.[12]

8. Servizio

Nel 1989, Mitchell era di stanza sulla USS *Iowa*, quando un'esplosione fece saltare in aria la torretta a cinque piani sulla nave. Mitchell accorse tra i primi per soccorrere i "quarantasette fratelli che se n'erano andati in un minuto", ma non ricevé mai alcuna attenzione per il trauma o per la successiva fase di transizione. Congedato dopo quattro anni di servizio, Mitch mi raccontò che la Marina gli aveva detto: "Arrivederci, ecco il tuo biglietto aereo, vai a trovarti un lavoro". Sentiamo molto spesso dai veterani sulla mancanza di transizione per reinserirsi a casa e sulla difficoltà di trovare un lavoro coerente con la loro esperienza. Tuttavia l'identità dei veterani, trasformata dall'addestramento e poi dal servizio vero e proprio, necessita di continua evoluzione e questa potrebbe non avvenire se il veterano si ritrova in una condizione di disabilità passiva e priva di significato o relegato in noiosi lavori di routine, quando invece potrebbe essere avviato a nuove forme di servizio in cui è esperto.

Alcune città in America hanno istituito programmi che offrono ai veterani la possibilità di servire in attività coerenti con le loro abilità di combattenti. Alcuni college nello Stato di Washington, per esempio, offrono di poter entrare in un corpo di pronto intervento, dove i veterani prestano servizio come primi soccorritori nelle forze di polizia, antincendio, mediche e di protezione civile. In Vietnam, nella provincia di Quang Tri che è ancora pesantemente minata, incontrai un militare di carriera che avevo conosciuto durante le guerre balcaniche come il "sergente selvaggio" e un giovane veterano dell'Iraq. Entrambi erano stati esperti di demolizioni in campo militare e disperavano di poter trovare un servizio civile all'altezza della loro esperienza, così si unirono a una ONG che si occupa di disinnescare gli ordigni inesplosi. Con una squadra di due dozzine di giovani vietnamiti, rilevavano le bombe e le disinnescavano e aiutavano a educare la popolazione locale, in particolare gli scolari, sui pericoli sepolti nella loro terra, salvando vite e recuperando terre coltivabili. Un altro mio testimone, Hugh Scanlen ha trovato lavoro nella sua contea come mentore per i giovani veterani nei ritiri di guarigione a livello nazionale e mi ha detto:

> Quelli di noi che hanno prestato servizio nei conflitti militari precedenti hanno l'obbligo di continuare quel servizio mettendosi a disposizione dei veterani più giovani. Non si tratta di raccontare loro le nostre esperienze quanto piuttosto di ascoltare le loro. Benché le generazioni possano essere lontane, c'è un legame automatico tra coloro che hanno indossato la divisa. Il miglior mentore è quello che gli fa capire che non sono soli né pazzi. Non c'è niente di più gratificante che vedere che la luce si riaccende negli occhi di un giovane soldato che capisce di aver trovato il sentiero verso una vita pacifica.

Più di vent'anni dopo l'esplosione dell'*Iowa*, Mitchell è tornato sulla sua nave ormeggiata a Los Angeles per aiutare a restaurarla come museo. Ha vissuto a bordo per quattordici mesi, non solo in qualità di testimone, ma anche per restaurare la "camera della morte" come un memoriale dedicato ai compagni perduti.

9. Testimoni nella comunità

La testimonianza ha sempre avuto un ruolo sacro. L'ascolto che i veterani porgono ad altri veterani conferisce senso alla loro sopravvivenza perché affida loro un pubblico di anime affini che hanno condiviso esperienze orribili e le loro conseguenze, e dimostra ai sopravvissuti che non sono pazzi. Quando le famiglie ascoltano i loro veterani, intere parti mancanti della storia familiare vengono completate e tutti imparano la vera traiettoria esistenziale dei propri cari, chiariscono antichi misteri sul perché essi siano come sono, ricevono un'eredità da portare con orgoglio e soprattutto consegnano al veterano un luogo sicuro e amorevole dove riporre le proprie storie. I civili che ascoltano i veterani ripristinano il contratto sociale rotto, perché questo permette ai primi di maturare e insegna ai secondi che la loro vita importa anche agli altri, anche se non sanno cosa fare per loro. Condividere le storie può spingere i civili a impegnarsi attivamente per le truppe o per realizzare azioni giuste in loro nome. Le storie che emergono durante la testimonianza ripristinano la prima vittima di ogni guerra, cioè la verità, trasformando i testimoni in portatori di verità collettive.

John Becknell è specializzato nella formazione e nello sviluppo di squadre rurali di primo intervento in tutto il paese e all'estero e ha studiato la restaurazione spirituale e comunitaria postraumatica sia nei soccorritori che nei testimoni. Dalla sua prospettiva, l'esperienza di ascoltare in prima persona i racconti di guerra dei veterani mette in discussione convinzioni e atteggiamenti, pratiche sociali e opinioni personali su se stessi e sugli altri, sulla guerra e sulle connessioni interpersonali, ed è un viaggio di trasformazione.[13] Becknell ha incontrato numerosi ostacoli che impediscono ai civili di ascoltare i veterani nella nostra "nazione analfabeta di guerra". Ci sono poche opportunità per sentire parlare di guerra, è doloroso e richiede molto tempo, e inoltre i civili credono che i veterani abbiano bisogno di parlarne con i professionisti. John Zemler, veterano delle forze speciali e ora professore di religione, rifiuta la "cura mordi-e-fuggi" e dice: "Se chiedi a un veterano come sta, preparati a passare un'ora ad ascoltare la sua risposta". Il reverendo John Schleup, veterano dell'esercito, ha creato nella sua chiesa di Tallmadge, in Ohio, un ministero per i reduci basato sull'ascolto. Nella sua *Warriors Journey Home*, veterani e civili si riuniscono in modo che i primi possano semplicemente parlare della guerra, delle sue conseguenze e delle loro lotte presenti davanti a una comunità che si interessa. Il reverendo Schleup chiama perciò i testimoni civili "persone dal cuore forte", perché quando ascoltano davvero, vengono anch'essi trasformati, partecipano attivi e diventano pronti ad affrontare le conseguenze della guerra, a condividere la sofferenza e portare a casa i veterani, risvegliati alla loro responsabilità e consapevoli delle ferite traumatiche.

10. Senso

I combattenti hanno detto sia in Vietnam che in Iraq: "Non significa niente". Alcune truppe in Afghanistan cantavano la vecchia canzone di protesta di Country Joe McDonald, *I-Feel-Like-I'm-Fixin'-to-Die Rag*, riadattandola in questo modo:

> Un, due, tre, combattere perché?
> Non chiederlo a me, ma che m'importa a me.
> La prossima fermata è in Afghanistan.

"Non significa niente" e "Non me ne frega niente" sono dichiarazioni di disperazione in cui si traducono le esperienze dei veterani, tra cui uccidere e morire senza senso, ironici eufemismi per dire "Ci tengo così tanto e fa così male che non posso permettermi di sentirlo". La comprensione del significato di tali esperienze non si risolve nella ricerca di obiettivi e soddisfazioni civili, ma nell'affermazione di valori e azioni propri del combattente. I veterani trovano un significato nell'essere utili gli uni agli altri e ai loro giovani commilitoni al ritorno, nel commemorare i caduti, nell'offrire un servizio utile o nel diventare politicamente attivi per garantire che i militari siano impiegati correttamente e infine nell'aiutare a risvegliare la popolazione, passando dal "Non me ne frega niente" all'attribuire un senso a quella storia che li ha distrutti.

11. Benedizione

Attraverso queste qualità spirituali, vengono ripristinati il significato e lo scopo delle esperienze dell'inferno e della sopravvivenza e finalmente le ferite sono benedette e diventano fonte di onore e saggezza. La guerra è così distruttiva che i combattenti hanno bisogno di benedizioni, anzitutto tramite le cerimonie prima della partenza e dopo il rimpatrio. Alcune delle benedizioni più significative provengono proprio dai sopravvissuti che trasformano il proprio passato di dolore in una saggezza che può guidare loro e tutti nei tempi più bui. Hugh Scanlen scrisse questa "preghiera del veterano" per il nostro primo ritiro di *Soldier's Heart* nel gennaio del 2007 e da allora l'ho sempre recitata per benedire i veterani che partecipano ai ritiri:

> O Dio, mentre inizio il cammino fuori dall'oscurità
> e il tumulto del conflitto,
> dammi la forza di trovare un'esistenza duratura e gentile.
> Dammi il desiderio di trattare tutte le creature viventi con rispetto.
> Aiutami a non fare del male per il resto della vita.
> Possa io accettare chi sono ora –
> non chi sono stato in passato.
> Aiutami a ricordare e ad attenuare –
> non dimenticare – il tragico passato.
> Prendi le mie esperienze e insegnami a usarle
> per capire gli altri ovunque io vada,
> per bandire la paura, l'odio,
> e la violenza dal mio pensiero.
> Fammi capire come una persona possa rendere
> il mondo un posto migliore.
> Mostrami le ragioni per cui sono ancora qui e cosa devo fare.
> Dammi la forza di affrontare il tempo che mi resta
> per riconnettermi con l'umanità. Per sentire e dare amore.
> O Dio, rendimi di nuovo uno.
> Amen.

NOTE AL CAPITOLO 14
CONFORTO SPIRITUALE E GUARIGIONE PER I FERITI DI GUERRA

[1] Ho descritto questa cerimonia nella postfazione a *Wild Beasts and Wandering Souls*, op. cit., p. 18.

[2] Marlantes, *What It Is Like to Go to War*, op. cit., p. 1.

[3] Quella di Aristotele è una considerazione di carattere estetico e non psicologico, si riferisce alla reazione dello spettatore che davanti alla tragedia vede gli effetti delle passioni in eccesso, provandone paura, e al contempo sente empaticamente pietà per l'eroe che è vittima del proprio destino [n.d.t.].

[4] Segretario della difesa degli Stati Uniti e dal 1968 al 1981, McNamara fu un sostenitore dell'intervento militare americano in Vietnam e della pratica del *body count* come strumento statistico di misurazione del successo militare [n.d.t.].

[5] Proverbi 16: 7.

[6] *The man in black pyjamas* era il modo colloquiale e tuttavia piena di rispetto con cui i militari e i veterani americani del Vietnam si riferivano ai vietcong, per via della loro uniforme nera [n.d.t.].

[7] Whitman, *Riconciliazione*, in *Foglie di erba*, op. cit., p. 316.

[8] Levinson, *Gated Grief*, op. cit., pp. 31 e 246. Il libro di Leila offre a oggi la più completa raccolta e analisi delle esperienze dei soldati americani che liberarono i campi di concentramento nazisti e l'impatto che questa esperienza ha avuto sulle loro successive storie di vita e sulle loro famiglie.

[9] Christal Presley, *Thirty Days with My Father. Finding Peace from Wartime PTSD*, Deerfield Beach, Health Communications, 2012.

[10] Le fotografie di Steven Ross erano esposte in una mostra permanente negli uffici di *Soldier's Heart* a Troy, New York.

[11] Linda e Arthur Myers, *Return to Vietnam. One Veteran's Journey of Healing*, Bloomington, Author House, 2011.

[12] "La tua gente riedificherà le antiche rovine, ricostruirai le fondamenta di epoche lontane. Ti chiameranno riparatore di brecce, restauratore di case in rovina per abitarvi". Isaia 58: 12.

[13] John Becknell, *Listening to War*, tesi di dottorato, Pacific Graduate Institute, 2013, capitolo 4.

Capitolo 15

La redenzione del combattente ferito

Meglio la sapienza che le armi da guerra.
Ecclesiaste 9: 18

Un Marine dell'Afghanistan che aveva sostituito l'aquila del suo distintivo con il segno della pace mi disse: "Mi sono arruolato per difendere il mio paese dagli attacchi terroristici, non per arricchire le multinazionali con il sangue dei miei fratelli". Un ufficiale che dopo numerose missioni di combattimento aveva raggiunto il grado di generale attaccò un adesivo sul paraurti sulla sua auto che recitava: "Sono già contrario alla prossima guerra". La misura in cui l'archetipo del guerriero interiore viene tradito determina il dolore, la gravità del ferimento spirituale e alienazione sociale. Dopo decenni di lavoro terapeutico con i veterani, Larry Dewey ha stabilito che la "redenzione" è il modo migliore di concepire il recupero del reduce.[1] Riscattare significa etimologicamente "ricomprare" e si riferisce all'atto di consegnare, salvare o promettere qualcosa o qualcuno per un fine superiore. Nel cristianesimo si riferisce di più specificamente all'essere liberati dal peccato tramite l'espiazione o il sacrificio di Gesù. Ogni riscatto richiede una qualche forma di risarcimento nel senso che i veterani devono "riconquistare" l'archetipo ferito e se riescono nell'impresa essi ritrovano corpo, mente e anima uniti insieme nelle loro esistenze. Tale compito non grava solo sulle loro spalle, però: anche la società deve "riscattare" i suoi combattenti per il bene di tutti.

Proteggere e redimere l'anima durante il combattimento

Un combattente in zona di guerra può godere di una forte integrità morale ed essere in sintonia con il suo combattente interiore, così come può impegnarsi a rimanere fedele ai valori più elevati in modo da resistere alla disumanizzazione e combattere per uno scopo senza odio e proteggendo la vita degli innocenti. In Vietnam, il sergente Tommy Laughlin operava nella regione costiera centrale, ferocemente contesa tra i due schieramenti. Si era arruolato come volontario, credendo così di proteggere gli ideali e i valori americani e gli capitò di discutere con la sua squadra sul movimento di protesta, sostenendo che i manifestanti esercitavano proprio quella libertà di parola che lui stava difendendo. Almeno tre volte Tommy si trattenne da esercitare inutilmente la violenza, proteggendo vite innocenti, per esempio in occasione di uno scontro a fuoco con un nemico feroce e sfuggente, dopo il quale i suoi uomini pieni di collera e frustrati raccolsero i corpi dei nemici uccisi, umiliandoli con insulti e scattandosi foto in posa con i cadaveri. Tommy era atterrito e paralizzato. Voleva impedire alla sua squadra di perpetrare un'atrocità simile e avrebbe piuttosto desiderato che i suoi uomini onorassero i caduti, ma rendendosi conto che la sua squadra avrebbe potuto rivoltarglisi contro e smettere di rispettarlo, al punto di mollarlo nel mezzo degli scontri futuri, Tommy irruppe nel circolo dei compagni e fissandoli negli occhi chiese loro: "Che cosa credete che direbbero le vostre madri se potessero vedervi proprio adesso?". I suoi soldati, pieni di vergogna, smisero di scattare foto e di schernire i cadaveri ai quali invece tributarono il dovuto rispetto. In un'altra occasione Tommy ricevette l'ordine di portare al sicuro alcuni prigionieri insieme con un altro soldato. Durante il trasferimento il soldato si trascinò dietro nella giungla una giovane donna legata e terrorizzata e iniziò a insultarla. Tommy capì che l'avrebbe violentata, allora si avvicinò e dopo aver fermato il soldato gli disse: "Ricordati chi sei!". Tommy riuscì a far tornare in sé il giovane e mentre la rabbia e la confusione svanivano, aiutarono la donna a rivestirsi e a riprendersi dalla paura.

Nel terzo ricordo, Tommy si trovava su un M113 accanto al comandante, un sergente che stava dietro la mitragliatrice calibro 50. Il mezzo si fermò proprio davanti alla capanna di un contadino e rimase lì per venti minuti finché ne emerse un anziano che si fermò di fronte al mezzo e offrì due minuscole tazze di tè. Il comandante gli urlò insulti e imprecazioni cariche di razzismo, dicendo che il vecchio intendeva farli saltare in aria e che avrebbe avvelenato qualsiasi soldato abbastanza stupido da accettare il suo tè. Tommy litigò con il sottufficiale, aumentandone ancora di più l'odio, e così descrisse quel che accadde dopo:

> Temendo che [il sergente] potesse davvero sparare al vecchio, sono saltato giù dal mezzo e mi sono messo tra la calibro 50 e il *Gunga Din*, scambiando qualche parola gentile con l'anziano e bevendo un paio di sorsi del suo leggero tè verde. Allora il vecchio cortese si calmò e si ritirò nella sua umilissima casa, dove spero abbia vissuto felice e contento.

Grazie al modo in cui Tommy interpretò il proprio ruolo di soldato furono evitati la profanazione dei morti, uno stupro e un omicidio, e tutti quelli che con Tommy sopravvissero a questi incontri ne uscirono con la memoria e con l'anima pulite. Tuttavia, il ritorno a casa fu difficile e Tommy trascorse decenni in solitudine, alienato e incompreso, senza mai raccontare queste storie per proteggere quei suoi fratelli dalla vergogna. Parlandone con me, disse: "Ancora mi allibisce pensare a quanto una persona debba essere stupida o meschina per comportarsi come ha fatto quel sergente. Il sentimento più insidioso è la rabbia. Quei comportamenti hanno suscitato rabbia in me per tutti questi anni". Dopo quarant'anni Tommy partecipò a diversi ritiri di guarigione per veterani, dove si sentiva al sicuro e confidava che nessuno dei presenti avrebbe giudicato quei soldati per il fatto di aver perso la testa in guerra. Alla fine raccontò le sue storie, scaricando quella vergogna non sua e accettando umilmente l'onore che gli veniva tributato per le sue azioni. Questa storia mi fa tornare in mente l'adagio biblico "Non fare nulla in guerra che in seguito rimpiangerai". Il cuore di Tommy si purificò anzitutto grazie alla certezza di aver agito in modo giusto già durante la guerra, seguita poi dal conforto della confessione pubblica e dal riconoscimento.

La guarigione dopo un omicidio in Iraq[2]

Non solo i propri caduti ma anche il nemico e le vittime innocenti della guerra possono essere onorati e pianti e a tal riguardo Karl Marlantes suggerisce di pregare "Ringraziando i morti di entrambe le parti per il ruolo svolto in questo misterioso dramma". I sottufficiali e gli ufficiali, continua, "Dovrebbero essere addestrati alla conduzione dei rituali del perdono e della guarigione" e suggerisce una preghiera da usare in tali circostanze.[3] In Afghanistan, il cappellano dell'esercito Chris Antal esortava i suoi soldati a pregare per tutti i morti e li aiutava così a trovare un modo per riconciliarsi con loro. Mentre erano nella base aerea di Kandahar, "grande come una città", un uomo di nome Angel si rivolse ad Antal perché da quando sei anni prima aveva servito per la prima volta in Iraq come medico aggregato al genio sminatori si sentiva "tormentato", e gli disse: "Ho tradito il mio vero io". Dunque gli raccontò questo episodio: la sua unità era in partenza ma in quel momento una macchina avanzava verso di loro e benché fossero stati sparati alcuni colpi di avvertimento, l'autista non s'era fermato e così i soldati avevano aperto il fuoco. Era stato proprio il veicolo su cui si trovava Angel a fermarsi vicino alla macchina, dalla quale era sceso dal posto di guida un uomo barcollante, con una ferita nell'intestino dal quale traboccava molto sangue. Sua moglie e i figli stavano in lacrime attorno all'uomo, i cui occhi avevano incontrato quelli di Angel. Quando l'uomo era crollato a terra, Angel ne aveva visto l'impotenza e la disperazione, ma intanto il suo Humvee aveva ripreso la marcia e i soldati passavano guardando quel padre che moriva dissanguato davanti alla sua famiglia, gridandogli delle oscenità e mostrandogli il dito medio.

Angel era cresciuto con forti legami familiari e con valori religiosi, infatti suo padre gli aveva insegnato la parabola del buon samaritano raccomandandogli di essere quell'uomo e di aiutare chi ne avesse bisogno, ma in Iraq, come disse a Chris Antal, aveva tradito se stesso "facendo l'esatto opposto". Ripensando senza sosta a quell'iracheno assassinato, di cui vedeva il volto di giorno e di notte negli incubi, Angel chiamava la sua ossessione una "ferita dell'anima". Per scacciare la visione si stordiva con l'alcool, ma l'immagine tornava non appena tornava sobrio. I suoi comandanti, i consulenti e gli amici non riconoscevano il suo dolore, il che gli causava una profonda frustrazione, e invece gli offrivano farmaci e sessioni di psicoterapia per gestire l'angoscia, "soluzioni rapide" che Angel rifiutava: "I farmaci sono solo un cerotto che copre la ferita senza prima pulirla e non fa che aggravarla – disse. Avevo paura che il risultato finale sarebbe stato peggiore se avessi accettato quelle cure". Il cappellano Chris Antal gli chiese che cosa intendono i soldati con l'espressione "attraversare il fiume della paura", cioè sapere quale sia la cosa giusta e farla. "In Iraq", gli rispose Angel, "il mio cuore si è raffreddato [...]. Non sono riuscito a tornare alla realtà di chi ero e ho vissuto con il cuore spezzato". Sebbene Chris non fosse il cappellano della sua unità, Angel sapeva che era una persona che ascoltava con attenzione e che avrebbe fatto lo stesso anche con la sua storia, e avrebbe capito la sua ferita senza cercare di sopprimere il dolore. Chris gli ricordò quindi che "i rapporti con i dispersi e i morti, e con la morte stessa, sono al centro della ferita dell'anima",[4] e iniziò a ripristinare la relazione tra Angel e il suo fantasma. Prima di partire, Chris aveva offerto ai suoi soldati un ritiro spirituale volontario, coadiuvato dal veterano del Vietnam Hugh Scanlen, il quale aveva raccontato di un contadino vietnamita cui aveva sparato dall'elicottero, uccidendolo. Lo spirito del morto l'aveva perseguitato proprio com'era successo ad Angel. Molti anni dopo, il contadino gli era apparso nei sogni chiedendo: "Perché mi hai sparato?". Hugh aveva consultato un vecchio indiano, il quale gli aveva comandato di costruire un altare nel suo cortile per onorare i morti e di visitarlo ogni giorno fino a quando i sogni non fossero scomparsi. Hugh aveva fatto come diceva il vecchio e dopo un mese l'ossessione l'aveva abbandonato.

Il cappellano Chris si guadagnò la fiducia di Angel portandogli vera consolazione, ascoltandone le parole e comprendendone lo stato d'animo. Angel era musicalmente dotato e suonava la chitarra, così Chris gli raccontò la storia di Hugh e dell'altare suggerendogli di rendere onore all'uomo ucciso scrivendo una canzone per lui. Nella sua canzone Angel confessò l'intera storia, la morte, la sofferenza della famiglia, la sua colpa:

> Invece d'aiutare ho scelto di scappare.
> Ho seguito la massa e le sue cattive azioni,
> guardandoti sanguinare.
> [...]
> Potevo fermarmi. Potevo fare molto
> e adesso il tuo ricordo mi travolge.
> Pago per il mio errore.

Più e più volte implorò l'uomo morto di perdonarlo, mentre si confessava con Chris e poi scrisse la canzone per "guardare dentro di [sé] e smetterla di mentire a [se] stesso", per ricordare e onorare una persona che non aveva aiutato ricordandosi di lui. Dopo aver scritto la canzone, Angel disse: "Non ho più paura di pensare a lui. Avendogli dedicato quella canzone, ora lo ringrazio per essere stato nella mia vita, perché ricorda alla mia coscienza chi sono. Ogni volta che il mio cuore sembra raffreddarsi, la sua presenza mi ricorda di non permetterlo". Ora Angel dice che la sua ferita è guarita:

> Non andrà mai via completamente, ma ora dormo bene e mi sveglio con un sorriso sul viso e posso permettermi di divertirmi di nuovo. Posso analizzare il mio fardello e rendermi conto che si tratta di qualcosa che mi può aiutare. Non provo più odio per me stesso, ora sono il ragazzo che aiuterà gli altri ogni volta che può.

Angel ha un messaggio che desidera sia consegnato a tutti i politici e ai comandanti militari:

> Solo perché i soldati tornano a casa senza graffi superficiali non significa che non siano feriti dentro. Dico ai politici: "Lasciate che i soldati parlino e ascoltate veramente. Provate a capire cosa stanno passando. Restate loro accanto nelle difficoltà. Non affrettatevi a guarirli. Ascoltate".[5]

Uno scambio d'amore sulla soglia della morte

Nel 1968, Stan Hyman era un giovane operatore radio di una squadra di osservazione avanzata sugli altopiani centrali del Vietnam. Una mattina, all'alba, la sua unità circondò un villaggio per stanare alcuni sospetti vietcong e Stan racconta:

> Erano convinti che una ragazza fosse la moglie di uno dei loro capi e così la legammo e la costringemmo a seguirci per essere interrogata, scortata da uomini stranieri, armati e pericolosi. Mentre mi passava accanto incrociai con lo sguardo i suoi occhi, in cui vidi disprezzo e paura. "Questo non è quello che sono", avrei voluto gridare, ma quello ero ai suoi occhi. L'immagine di me che si rifletteva nel suo sguardo non poteva essere più incongruente con quella che io avevo di me stesso. Chi ero veramente? Il mio specchio o il suo? Dov'era la verità?

Questo ricordo e molti altri perseguitarono Stan, che aveva capito che la guerra era immorale e sbagliata già al tempo in cui vi si era ritrovato coinvolto. Oppresso dal dolore, desiderava scusarsi con il popolo vietnamita, perciò gli occhi di quella donna lo tormentarono per quarant'anni:

> Il suo orrore divenne il mio perché non riuscivo a liberarmi dall'aver capito che cosa significasse trovarsi legata e circondata da uomini ostili, in partenza verso una destinazione e un futuro sconosciuti. Più di quarant'anni dopo sto cercando di riconciliare la persona che lei vide in me con la percezione che io avevo di me. Purtroppo, non è così semplice. Non avevo intenzione di farle del male, ma l'impatto sulla sua vita è stato molto diverso. Sono dispiaciuto per aver partecipato a quell'episodio e prego che abbia resistito al calvario e che sia riuscita a vivere una vita piena di significato. Questo non sapere, credo, è in qualche modo il trauma e il fantasma di ogni veterano.

Come l'uomo iracheno che Angel aveva pianto, questa donna divenne la coscienza di Stan che disse: "Il momento in cui i nostri occhi si incrociarono mi bruciò dentro, il suo viso era familiare come quello di mia madre". Nel gennaio 2013 a Stan fu diagnosticato un cancro all'esofago al quarto stadio, causato dall'esposizione all'Agente Orange. Come molti altri, il suo destino era quello cantato dalla popolare cantautrice Kate Wolf: "Mi ha ucciso il Vietnam e neanche lo sapevo". Il desiderio di Stan di tornare in Vietnam per scusarsi sembrava impossibile, ma a giugno Tran Dinh Song e sua moglie Huynh Thi Langli vennero in visita negli Stati Uniti,[6] dove organizzammo un programma di riconciliazione a New York e in Massachusetts, Ohio e Oklahoma. A New York conducemmo Song e Lan a visitare alcuni luoghi come la Statua della Libertà, Ground Zero e il Memoriale del Vietnam e poi incontrammo i veterani, tra cui c'era Stan. Nel corso di una lunga serata gli ex avversari, mescolati con i civili, condivisero le storie della guerra e il racconto delle sue conseguenze. La maggior parte di loro non avrebbe mai creduto possibile un simile dialogo capace di alleviare i traumi. Stan trascorse del tempo da solo con Lan e Song, che per lui, ormai sulla soglia della morte, rappresentavano l'intero popolo vietnamita. Alla fine della serata si scambiarono le email e Stan scrisse di seguito ai due coniugi:[7]

Tu e Lan avete arricchito tutti coloro che vi hanno incontrato con la vostra gentilezza, saggezza, disponibilità a perdonare e apertura alle espressioni di rimorso che molti di noi veterani hanno tenuto dentro di sé, con la speranza di poterle esprimere un giorno a un vietnamita della loro età, che potesse ricordare quegli eventi nel proprio paese.

Lan non parlava inglese e quella era la sua prima visita in America. Durante la guerra era adolescente e viveva nel villaggio di Tam Ky e l'incontro con Stan le riportò alla mente il ricordo di quando era passata davanti a un soldato americano sulla strada per la scuola. Lì ogni giorno c'era quel soldato gentile che la salutava, ma lei ne aveva paura e ci volle del tempo perché iniziasse a fidarsi, finché un giorno, pur in assenza di una lingua comune, il soldato le mostrò una foto dei suoi figlia a casa, che avevano la stessa età di Lan. L'ultima volta che lo vide, il soldato con cui aveva fatto amicizia le regalò un cappello. Lan non aveva mai raccontato questa storia, nemmeno a suo marito Song, fino all'incontro con Stan, i cui occhi le ricordavano quelli del soldato. In risposta alla storia di Lan, Stan trovò il coraggio di raccontare la propria e disse:

Porto questa cicatrice nell'anima dal 1969 e solo con il nostro incontro ha cominciato ad allentare la presa e così si sono affievoliti la tristezza, il rimorso, la confusione e la vergogna. Mentre Lan e io non eravamo in grado di comunicare verbalmente, i nostri occhi erano uniti e il suo messaggio di comprensione e gentilezza magicamente ha sostituito il messaggio inespresso della giovane donna che vidi prigioniera decenni fa. Apprezzo la gentilezza dell'anima riflessa negli occhi di Lan, che mi ha dato un senso di pace che in precedenza pensavo non esistesse più.

Dal Vietnam Song gli rispose:

Lan e io siamo stati toccati profondamente dalla tua storia. Io l'ho tradotta per lei, che è scoppiata in lacrime. Se quella donna è ancora viva, oggi ha più o meno l'età di Lan, e vedendo la sua reazione credo che ora anche lei ti capisca e ti perdoni. Le donne vietnamite hanno buon cuore e perdonano. È stato il karma a portarti Lan e voi due potete capirvi senza parlare, scambiando un messaggio da cuore a cuore. D'ora in poi farai parte della storia che Lan racconterà ai suoi amici e ai parenti, la storia di un americano che porta ancora le ferite della guerra dopo tanti anni. Lan, io e altri vietnamiti che ascoltano la tua storia pregheremo per te. Ti vogliamo bene.

Mentre si preparava alla morte, causata da quella guerra lontana, Stan condivise con me l'esito di questo incontro:

> Questa esperienza mi ha impregnato del significato profondo e della comprensione dei concetti astratti del perdono e della riconciliazione, concetti che capivo a parole ma che non sapevo mettere in pratica. Mi spaventava anche il fatto che questi concetti implicassero un'apertura di mente e di spirito che non ero certo di avere o di poter acquisire ed esplorare. Quello con Song e Lan è stato un incontro molto intenso, non congelato nel passato ma vivo e presente, pieno di generosità e gentilezza, che mi ha permesso di integrare la mia tristezza al resto del mio essere. Senza questo incontro sarei rimasto in un limbo dove i miei rimpianti e le sofferenze non avrebbero avuto ascoltatori. La risposta di queste vittime della nostra invasione mi ha permesso di capire quanto io abbia partecipato alle loro sofferenze, perciò la loro gentilezza non avrebbe potuto essere più inaspettata o toccante.

Stan accolse la morte con ritrovata serenità e poco prima di andarsene mi guardò negli occhi e sorridendo mi disse: "Va bene così".

Tra gli antichi combattenti

Il pellegrinaggio, che implica anche il "pregare con i piedi", è un'antica pratica spirituale durante la quale si percorrono grandi distanze per andare a visitare siti in cui si sono verificati eventi importanti e sacri. L'autore Phil Cousineau definisce il pellegrinaggio come "un viaggio trasformativo verso un centro sacro [...]. Esso deve essere rigoroso, evocativo e deve aprirci su 'un significato profondo' attraverso 'l'incontro con ciò che è veramente sacro'".[8] Attraverso i pellegrinaggi, i combattenti possono approfondire, rafforzare o curare la loro connessione con la tradizione guerriera. Per esempio, nel 2011, durante un viaggio in Vietnam, il nostro gruppo incontrò quattro aviatori americani in licenza dall'Afghanistan che avevano deciso di trascorrere il loro periodo di riposo là dove i loro commilitoni anziani avevano prestato servizio, un gesto con il quale tributavano più onore ai veterani del Vietnam di quanto questi ne avessero ricevuto in America. In seguito ci dissero che per loro la guerra era più facile che per i loro predecessori, perché quei "poveri diavoli" dovevano davvero mangiarsi le "razioni C", scherzavano, mentre loro avevano i "pasti precotti": "rispetto alla nostra guerra – conclusero – avete combattuto in condizioni primitive".

Alcuni dei nostri cappellani militari dislocati in Europa e responsabili di ricevere i feriti dal Medioriente, organizzavano dei pellegrinaggi di guarigione, come il capitano Eric Dean che accompagnava i soldati affetti da stress postraumatico in viaggi di una settimana a Roma e ha scritto: "Un numero crescente di studi clinici confermano l'efficacia degli interventi spirituali per guarire le lesioni morali della guerra [...]. [Tuttavia] le soluzioni spirituali efficaci facilmente praticabili (indipendentemente dalla religione, dal luogo o dalle risorse finanziarie) sono poche".[9] Anche il capitano Richard Nevard organizzava viaggi di tre giorni a Roma per i cappellani americani, britannici e irlandesi e scrive:

> Ho visto personalmente come un gruppo di uomini e donne traumatizzati, assolutamente negativi e pieni di risentimento, sono stati cambiati da quel viaggio fatto per recuperare il contatto con Dio e con gli altri, per abbattere i muri e accogliere la grazia. Mi sono fermato in due occasioni con i cappellani, che piangevano mentre condividevano il loro trauma e parlavano dei problemi che hanno dovuto affrontare in Afghanistan; ho osservato i cappellani seduti nelle chiese di tutta Roma e vedevo le loro spalle scosse dai singhiozzi mentre pregavano per essere rinnovati. Paolo ci ammonisce di riportare delicatamente i nostro fratelli e sorelle alla fede; portiamo il nostro fardello, ma quando questo diventa troppo grave, dobbiamo sopportarlo insieme. Dopo aver visto in due occasioni dei risultati stupefacenti, organizzare i pellegrinaggi a Roma è diventata la mia passione.[10]

Il pellegrinaggio può essere una risposta efficace al trauma perché "soddisfa alcuni bisogni spirituali e psicosociali dei veterani traumatizzati".[11] Oltre a offrire ritiri intensivi e viaggi di riconciliazione in Vietnam, Kate Dahlstedt ed io organizzavamo dei pellegrinaggi in alcuni luoghi sacri in America, tra cui i vecchi campi di battaglia di Saratoga Springs e New York e altri siti famosi come Valley Forge, Gettysburg, il memoriale del Vietnam e diversi cimiteri di guerra. Alcuni pellegrinaggi si svolgevano invece in Grecia, dove studiavamo l'importanza della tradizione guerriera di quell'antica civiltà. Nel 2002 vi accompagnai un gruppo di veterani della seconda guerra mondiale e delle guerre di Corea e Vietnam, insieme con le loro famiglie, e nel Giorno del Veterano (11 novembre) ci recammo nella valle delle Termopili, dove pregammo.[12] Nel 2011 tornammo in Grecia con il veterano del Vietnam Tommy Laughlin e il colonnello Paul Henderson, veterano delle forze speciali, e visitammo Maratona, le Termopili, Sparta e altri siti guerrieri e Paul spiegò l'importanza delle tradizioni guerriere e del pellegrinaggio:

> L'antica Grecia mi ha affascinato da quando avevo tredici anni e il primo libro che ho letto della tradizione greca è stato l'*Iliade*. Le idee e gli ideali guerrieri occidentali si svilupparono tra gli opliti di Atene, Sparta, Tebe e le altre città-stato, e quegli ideali hanno attraversato i secoli fino a far parte della mia eredità e della mia essenza. Mi sentivo in contatto con gli antichi e volevo vedere la terra in cui vissero, combatterono e caddero.

Il nostro obiettivo era quello di rinnovare l'archetipo del combattente spirituale il più pienamente possibile, evocandolo proprio nei luoghi in cui emerse potentemente nell'antichità. Paul proseguì:

> Le Termopili hanno esercitato l'effetto più profondo su di me. Rimasi sulla collina di Colono, dove gli Spartani e i Tespiani resisterono contro i persiani, e sentii dentro di me un'ondata di emozioni, come un déjà-vu, provando rabbia verso i persiani che lanciavano frecce e si rifiutavano di scendere a combattere da uomo a uomo. Con Tommy raggiunsi la targa commemorativa che segna il luogo dove quei soldati caddero circa 2.500 anni fa e subito lui accettò di unirsi a me nel salutare quei compagni caduti. Ci mettemmo sull'attenti e io chiamai il "presentatarm", dunque salutammo finché ordinai il "riposo". I secoli sembravano essere scomparsi. Avevamo la possibilità di onorare dei fratelli che, come noi, avevano percorso il sentiero del guerriero, pagando il prezzo più alto, perciò sentivamo come nostro dovere ricordarli. Ero stato lì nel 480 a.C.? Chissà? Certo è che l'energia di quell'esperienza era innegabile e resta con me ancora oggi, mentre vivo dall'altra parte del mondo due millenni e mezzo dopo.

Verso la fine del nostro viaggio visitammo Micene, il palazzo natale e la città fortificata di Agamennone, dove scalammo l'alta cittadella e ammirammo l'antico regno miceneo sotto il sole che inondava il paesaggio in tutte le direzioni. Il nostro gruppo aveva soprannominato

Paul *Geraki*, che in greco significa "falco", perché sulla cittadella salutò i falchi che volavano alti come totem del suo spirito guerriero. Infine scendemmo nella tomba scura, composta da una cupola rivestita di pietra, che si suppone fosse quella di Agamennone. Tommy, che ancora provava rabbia per essere stato sfruttato in una guerra sbagliata, interpretò la figura di Agamennone come un guerriero che pur non avendo alcun conto in sospeso con i troiani aveva condotto la guerra contro di loro per il tradimento subito da suo fratello. Per Tommy, Agamennone era una specie di generale Westmoreland dell'antichità. Allora Tommy fu soprannominato Tersite, che è l'unico soldato semplice menzionato nell'*Iliade*, quando rimane da solo davanti all'intero esercito ad affrontare il comandante, contestando l'illegittimità della guerra e il comportamento di Agamennone nei confronti dei suoi stessi soldati, finché Ulisse lo mette a tacere. Tommy desiderava ardentemente parlare, così gli suggerii di scrivere una poesia o il suo "discorso ad Agamennone", proprio come un moderno Tersite. La tomba del re era vuota a parte noi, le pareti risuonavano con le nostre voci e Tommy, alto e con i capelli grigi che gli spuntavano selvaggi da sotto il berretto, stava al centro della tomba là dove arrivavano i raggi sole che filtravano tra la polvere, con gli occhi sbarrati. Stava affrontando il fantasma di Agamennone, di Westmoreland e di tutti i comandanti che nella storia avessero tradito la devozione e le aspirazioni dei soldati, e recitò la sua poesia:

> Agamennone! Assassino di tua figlia e traditore!
> Mostrati perché io possa giudicarti!
> Tu e la tua gente, avidi e vani,
> avete condotto lunga e ardita guerra.
> Mentre la lotta e le passioni infuriavano intorno,
> la tua sola causa era accrescere
> il potere e il prestigio.
> Hai tradito i tuoi guerrieri,
> l'ultimo come il primo.
> Hai versato sangue e spento la vita
> della figlia amata ed innocente,
> per cominciare la guerra.
> Raccogli quel che seminasti.

Il tuo fato è peggiore del mio,
di ciò ringrazio gli dei.
Possano sbiancare e seccarsi le mie ossa
in un angolo sperduto del tuo regno,
s'alzeranno ballando quando alla fine
su te e la tua gente scenderà la Giustizia.
Va', Agamennone, non mischiamo i nostri fati.
Quella è la via, re depravato, la via per l'inferno.[13]

Il nostro gruppo si radunò intorno a Tommy e lo sostenne, le sue parole di accusa echeggiavano tra i muri e noi speravamo che superassero la distanza tra soldati e comandanti che dura dall'antichità ai giorni nostri. Tommy tornò alla luce del sole alleggerito e sorridente e accettò con orgoglio il nome di Tersite. Paul e Tommy avevano così superato il senso di abbandono subito in America e adesso si sentivano tutt'uno con i loro antichi fratelli guerrieri.

La redenzione del combattente ferito

Le storie che ho riportato testimoniano la redenzione del combattente. Il cappellano colonnello Mike Lembke sottolinea "il valore sacro della riconciliazione interna e personale e della redenzione che arriva quando le anime ferite riescono finalmente a parlare apertamente, nel contesto di una comunità premurosa, dei segreti e dei traumi che li perseguitano". Quando i superstiti danno voce alle proprie esperienze davanti ad altri – una singola persona, un gruppo o gli spiriti dei caduti – il cuore si apre e se la comunità che ascolta condivide quelle storie e se ne assume la responsabilità, riconoscendo le ferite che, inizia la guarigione. Da quando è tornato dall'Afghanistan ed è stato congedato dal servizio attivo, il reverendo Antal ha parlato a molte congregazioni della responsabilità che ha la comunità nel riscattare il combattente e nel reintegrarlo in società. Nel suo sermone intitolato "L'incontro con l'ombra", cita Dwight Eisenhower, il quale esortava la cittadinanza ad essere "attenta e informata" per mantenere il complesso militare-industriale in linea con "i nostri metodi pacifici e i nostri obiettivi",[14] e Scott Peck, assistente capo psichiatria dell'esercito che rassegnò le dimissioni nel 1972: "Se dobbiamo uccidere, soffriamo onestamente l'agonia che ciò causa a noi stessi, altrimenti ci isoleremo dalle nostre azioni e tutto il nostro popolo diventerà [...] malvagio, perché il male sorge dal rifiuto di riconoscere i propri peccati".[15] Quando il complesso militare-industriale viene utilizzato con scopi che si discostano dai metodi e dagli obiettivi pacifici, dice Antal, e quando ci isoliamo moralmente, emotivamente e psicologicamente dalle nostre azioni omicide, il risultato è il profondo tradimento dell'archetipo del combattente spirituale. Quando era ancora in servizio, il reverendo Antal parlava della sua ferita morale: "Sono venuto in Afghanistan per sostenere una guerra giusta contro il terrorismo e sono arrivato a scoprire che stiamo terrorizzando i civili con i nostri attacchi con i droni". Aveva ascoltato la canzone di Angel come un araldo per tutti gli americani che continuano a marciare "mentre guardano il mondo sanguinare" e la diffuse come esempio di una persona che ha incontrato e integrato la propria ombra per diventare una persona più completa. Il recupero dei combattenti e la redenzione delle ferite spirituali, spiega Antal, sarà completo solo quando gli americani diventeranno tutti come Angel: vigili, informati e disposti a subire personalmente l'agonia di aver ucciso.

Questa è la saggezza di cui abbiamo bisogno, che giova più delle armi, la saggezza di cui l'America ha bisogno per redimere i suoi combattenti. Allo stesso tempo, le storie di guerra diventano un'eredità condivisa dall'intera comunità e la ferita traumatica si trasforma nella "storia di tutti", i sopravvissuti si sentono purificati, più saggi e responsabili. Assumendo l'identità archetipica del combattente spirituale e adempiendo alle sue esigenze si recupera l'anima del veterano, ricostituendone la psiche frammentata e portando la redenzione.

NOTE AL CAPITOLO 15
LA REDENZIONE DEL COMBATTENTE FERITO

[1] Dewey, *War and Redemption*, op. cit.

[2] Questa storia è stata fornita dal cappellano Chris Antal durante il suo impiego in Afghanistan nel 2012-2013. Angel ha registrato la canzone *Driving By as I Watch You Bleed* e un'intervista con Chris in Afghanistan nel dicembre del 2012, dopo aver compiuto la guarigione descritta nella vicenda. Pubblico questa storia con il permesso di Angel (il cui vero nome è celato su sua esplicita richiesta), di Chris Antal e del veterano e mentore Hugh Scanlen.

[3] Marlantes, *What It Is Like to Go to War*, op. cit., p. 79.

[4] Tick, *War and the Soul*, op. cit., p. 140.

[5] Mark Timpany, un membro della congregazione del cappellano Antal a Kandahar, pubblico la canzone e l'intervista di Angel sul suo blog. È disponibile su bamiyan.us/wordpress/?p=737.

[6] Song, un veterano dell'aviazione del sud, era il rappresentante di *Soldier's Heart* in Vietnam e la nostra guida durante le visite nel suo paese.

[7] Di seguito sono riportati alcuni estratti dalle loro email, che pubblico con il loro permesso, con gratitudine. Stan morì poco dopo che questa parte del libro fu completata, lasciando, oltre al permesso di condividere la sua storia, un dono in beneficenza al Vietnam, così che la sua riconciliazione prosegue ancora oltre la morte.

[8] Phil Cousineau, *The Art of Pilgrimage*, Berkeley, Conari Press, 1998, pp. xxiii e xxvii-xxviii.

[9] Eric Dean, *Spiritual Pilgrimage as a Ritual of Healing for Warriors in Transition Suffering from Post Post-Traumatic Stress Disorder*, tesi di dottorato, Erskine Theological Seminary, 2013.

[10] Richard Nevard, *After Action Report* e *A Spiritual Pilgrimage to Rome*, testi distribuiti privatamente nel settembre 2012.

[11] Dean, *Spiritual Pilgrimage as a Ritual of Healing for Warriors in Transition Suffering from Post Post-Traumatic Stress Disorder*, op. cit., pp. 172-173.

[12] Per un resoconto completo e un'analisi junghiana di questo viaggio rimando a John Giannini, *A Pilgrimage to the Ancient Healing Sites of Greece: A Journey with Ed Tick*, «San Francisco Jung Institute Library Journal», 23, 1 (2004), 75-91. Giannini è un Veterano della seconda guerra mondiale.

[13] Tommy Laughlin, *Agamemnon*, poesia inedita, pubblicata con il permesso dell'autore.

[14] Dwight Eisenhower, Discorso di congedo, 17 gennaio 1961.

[15] Scott Peck, *People of the Lie. The Hope for Healing Human Evil*, New York, Simon & Schuster, 1983, pp. 232-233.

Risveglio

Combattenti e colombe

Nel campo ho fatto una scoperta potente. Nessun potere al mondo può distruggere gli esseri umani come esseri spirituali.

Karl Röder, *Night watch*[1]

Le responsabilità civiche, morali e spirituali connesse con la guerra riguardano tutti. Ammettiamo che la guerra mutila, distorce e ferisce, che esiste un viaggio del combattente spirituale, che la responsabilità del riscatto è condivisa dall'intera comunità nazionale, e solo così possiamo trovare la ricetta per la guarigione, ovvero una spiritualità da praticare nella comunità per accompagnare il necessario percorso di ritorno passando dall'ignoranza alla saggezza.

I sopravvissuti al combattimento possono evolversi da individui devastati da disturbi, malattie e disordine in "guerrieri anziani" che recano con dignità la ferita subita nell'espletamento di un servizio onorevole, in virtù della quale hanno appreso a diventare creatori e conservatori di vita e portatori di saggezza al centro della comunità, da distruttori isolati, trascurati ed esclusi che erano.[2]

Come servitore della comunità, il combattente subisce le conseguenze della guerra affinché gli altri ne siano protetti, ma dopo che ha dato tutto, attraverso la sua sofferenza gli altri possono imparare cose che non avevano mai conosciuto e questo annuncia la redenzione del combattente, che sa di non aver sofferto invano.[3]

Come può essere conferito questo posto d'onore ai sopravvissuti, ovvero, parafrasando le parole del veterano dell'Iraq Jeremy Berggren, come sarà il loro memoriale?

Spero non sia per una guerra ma per un guerriero.
Spero non sia solo per ciò che è perduto, ma anche per ciò che puoi trovare.
Spero non sia freddo e senza vita, ma caldo e reale.
Spero non sia per le bugie, ma dica la verità di tutti.
Spero non sia un altro memoriale, voglio che sia un altare.
Un altare vivente di cambiamento e trasformazione...
Voi portate il nostro peso circondando il guerriero,
proteggendo e vegliando,
pregando con lui e per lui.[4]

Questo viaggio è stato raccontato anche nella commedia del veterano Brian Delate *Memorial Day*, incentrata sulla vicenda di un veterano che, pronto ormai a suicidarsi, attraversa la notte dell'anima rivivendo il passato di guerra per poi riemergere con l'alba, capace finalmente di salutare nello specchio la sua nuova identità al termine di un viaggio dalla maledizione alla benedizione, quel viaggio di cui ho parlato in precedenza che conduce il combattente da essere servitore di Ares a discepolo di Atena, il viaggio che porta re David dalla disperazione del Salmo 22 al ritrovamento della fede nel Salmo 23, e ancora quello di Gesù sulla croce, che dalla disperazione d'essere stato abbandonato riemerge dagli inferi trionfante. È il viaggio che ogni veterano ferito nel corpo e nell'anima compie per tornare a casa.

"Il luogo più pacifico della terra"

Ci sono sempre storie da raccontare, ricordare e condividere per meglio dare un senso alla sofferenza che abbiamo contemplato. Sono storie che raramente sentiamo e che nemmeno immaginiamo perché come per Giobbe sono troppo terribili per noi che le ignoriamo. My Lai è il sito del massacro di civili della guerra del Vietnam, la peggiore atrocità conosciuta di quella guerra. My Lai è in realtà un conglomerato di quattro villaggi interconnessi, fatti solo di capanne di paglia, risaie smeraldine e alte palme. In tre di quei villaggi si vive oggi come si viveva millenni addietro, pescando e coltivando il riso. Il quarto borgo fu distrutto il 16 marzo 1968 e ora è un museo commemorativo e un parco della pace visitato da turisti che arrivano da tutto il mondo, come a Hiroshima o ad Auschwitz, per contemplare e pregare.

Anche noi abbiamo camminato tra i resti delle case e delle capanne bruciate dai soldati, abbiamo letto i nomi e l'età di quelli che vi morirono e che furono sepolti in piccole fosse comuni segnate oggi da piccoli cumuli erbosi. Abbiamo sbirciato nei rudimentali rifugi antiaerei scavati nella terra e abbiamo sostato accanto al fosso d'irrigazione in cui furono massacrati oltre cento abitanti del villaggio. I fori delle pallottole hanno sfregiato le palme in alto, ma alla base si vede la nuova crescita. Nel piccolo museo abbiamo letto sulla parete del memoriale i nomi di tutte le 504 vittime e la loro età (da uno a settantacinque anni) e abbiamo visto cosa possedevano: un bastone, dei sandali, qualche pentola. Abbiamo visto degli ingrandimenti delle foto del massacro scattate da Ron Haeberle e altri soldati che vi presero parte o che giunsero lì dopo. Abbiamo visto una mostra in onore di Hugh Thompson e del suo equipaggio, che atterrò davanti ai soldati che depredavano e agli abitanti scampati alla strage. All'esterno ci sono lunghe file di arbusti e fiori intervallati da sculture raffiguranti contadini vietnamiti in posture congelate. Al centro del parco c'è una grande statua in marmo di una donna vietnamita in piedi tra i feriti, disperata, che tiene in braccio un bambino morto come se risorgesse dalle ceneri come la fenice, uno dei quattro animali sacri del Vietnam, nobile nella vittoria della rinascita.

Di fronte a questa statua c'è un umile altare scolpito, dove abbiamo acceso dell'incenso e pregato davanti al fumo che saliva sopra le effigi di pietra e nel cielo azzurro brillante. I miei gruppi visitavano My Lai nella maggior parte dei nostri viaggi annuali in Vietnam. Molti veterani credono che sia il posto più importante da visitare per loro, anche se alcuni di loro si rifiutano di scendere dall'autobus, come Bill, un Ranger afroamericano che era stato nel borgo alcuni giorni prima dell'attacco e aveva visto un pacifico villaggio sicuro. Indignato, pianse con la nostra guida, la quale aveva perso lì dei parenti e aveva lavorato per la costruzione del memoriale.

Durante una visita vidi una donna anziana e curva che strappava le erbacce e curava gli arbusti con un paio di forbici arrugginite. Magra, con i capelli grigi, sembrava essere sulla settantina. Avrebbe potuto essere lì al tempo della strage. "*Ba*, nonna", le dissi, "sarei onorato se condividessi con me la tua storia, il tuo legame con questo luogo".

La donna era effettivamente sopravvissuta al massacro, ma tutti i membri della sua famiglia erano stati uccisi.

"*Ba*, il mio cuore si spezza per te. Puoi dirmi come sei sopravvissuta tutti questi anni?".

"In Vietnam la famiglia è la cosa più importante. Ho vissuto tutti questi anni da sola. Sono sempre triste. Vorrei che fossi morta quel giorno con la mia famiglia, sarebbe stato più facile". Il suo viso esausto mostrava ciò che dicevano le sue parole.

"Capisco, *Ba*. Ma io sono americano e il mio paese ha causato tutto questo. Che sentimenti hai verso gli americani?".

"Per favore, non fraintendere. Non dovete stare lontani", mi disse. "È molto importante che voi veniate qui per condividere le nostre storie".

"*Cam on*. Grazie, *Ba*. Ecco perché sono qui. Ma cosa provi verso i nostri veterani? Alcuni di loro potrebbero essere stati qui o aver fatto cose terribili alla tua gente in altri luoghi".

La donna minuscola mi guardò diretta. I suoi occhi erano dolci, tristi, molto vecchi e gentili e disse infine:

"È particolarmente importante che i tuoi veterani vengano qui. Sono giunta a capire che lo scopo della mia sopravvivenza era che potessi vivere in questo tempo lontano in cui avrei potuto incontrare i veterani americani, prendere le loro mani, guardarli negli occhi, perdonarli e aiutarli a perdonare se stessi".

Il veterano Bob Cagle era con me. Alto e imponente, con il volto delicato, lavorava in terapia intensiva all'ospedale ed era abituato a vedere ogni giorno esseri umani sul filo della morte. Durante il viaggio di ritorno sprofondò nel dolore sul vecchio campo di battaglia, sputando fuori gli antichi veleni causati dalla guerra a Dragon Mountain e pianse in un tempio a Tay Ninh. Infine, in una pagoda buddista su Lady Black Mountain, svolse una cerimonia per l'anima del giovane vietcong che aveva ucciso e rivide il ragazzo che gli andava incontro in pace con le braccia tese promettendo un'eterna alleanza. A My Lai, Bob vagò da solo, percorrendo i vecchi sentieri sulle orme degli abitanti e dei soldati. Poi pregò davanti ai memoriali e acceso l'incenso ai piedi della statua mi disse:

> Stavo per scattare una foto a due tombe di fronte a me. Stavo mettendo a fuoco quando intorno tutto è diventato di un bel giallo e guardando indietro attraverso l'obiettivo ho visto questa ragazza lì in piedi. Piccola, bella, mi guardava. Ho provato a parlarle ma non ci riuscivo. Se n'è andata e non sono riuscita a ritrovarla. Sembrava in pace.

Bob ha tenuto la foto della ragazza sulla parete del suo studio, di fronte alla sua sedia, negli ultimi quattordici anni. Dopo aver vagato nel villaggio, si sedé su una panchina del giardino a guardare la nonna che toglieva le erbacce e potava con le forbici. Io mi unii a lui: "Stai bene, fratello?". La sua faccia rotonda raggiante e solcata da un sorriso beato e mi guardò con occhi lucidi. Come avrebbe ricordato più tardi:

> Gli spiriti dei morti erano lì quel giorno a My Lai, addolorati per la perdita dei loro familiari e di tutte le persone con cui erano cresciuti, ma sembravano aver trovato la pace del cuore. Nessuno di loro era arrabbiato. Esistevano e basta. Tra quelli che abbiamo visitato, questo era il solo luogo dove non mi sono sentito a disagio o turbato. Lo spirito dell'intero villaggio era pace, perdono e amore per l'umanità.

Quel giorno, dopo aver ripercorso il suo viaggio in guerra attraverso il Vietnam, ritrovando tutto ciò che era rimasto sepolto nel suo cuore, finalmente Bob si fermò tra gli spiriti a My Lai e disse: "Per me, questo è il luogo più pacifico della terra".

Combattenti e colombe

In antichità, mettere a repentaglio la vita come combattente per il proprio popolo permetteva di assolvere quei fini senza i quali una società collassava dall'interno. Quel servizio iniziava e trasformava dei giovani immaturi ed egocentrici in adulti maturi, consapevoli e altruisti. Era il percorso attraverso il quale si diventava "cittadini" riconosciuti come "uno di noi", con diritti e doveri e con la responsabilità di prendersi cura degli altri. Ma quali sono le conseguenze per una società quando il servizio militare manda in frantumi la persona, ferisce l'anima e aliena il combattente al punto che questo non possa né voglia più diventare un "anziano"? In tal caso, invece di avere degli anziani saggi e compassionevoli capaci di guidare e proteggere la loro comunità, ci si ritrova con milioni di individui arrabbiati, alienati, anime distrutte ed erranti, dei feriti che spesso non possono più fare ritorno alla vita e neanche immaginarne uno, dei disabili emarginati, trattati come fardelli inutili piuttosto che come persone. La nostra società e la sua classe dirigente mancano di individui maturi e sono invece troppe le persone immature e indegne che s'impossessano del potere, manipolandolo, abusivamente e con avidità. Il loro è il comportamento di chi non è passato per alcuna forma di iniziazione e in essi si manifesta il "combattente ombra" invece che il "combattente spirituale", cioè uno spirito infantile governato da una psiche immatura ed egocentrica piuttosto che uno spirito adulto che si prende cura della sua gente. Dove sono i combattenti che ci proteggono dal predatore che è dentro di noi, e la cui lezione di vita è così forte e determinata da scongiurare tanto l'aggressione ai danni di altri lontani da noi quanto quella che potremmo perpetrare ai danni dei nostri vicini, in casa nostra? Non auguriamoci di imporre la pace con la forza: ci precedono 5.000 anni di questa strategia tragica e fallimentare. Piuttosto, i nostri combattenti devono ricordaci ciò che è veramente importante, guidarci nel sacrificio condiviso, ripristinando quella "prima vittima, la verità" in modo da garantirci quella pace "giusta e duratura tra noi e tutte le nazioni" che sognava Lincoln.

Come individuo, il combattente porta la ferita della nazione, perciò ripristinare i combattenti e la loro verità ripristina le nazioni. È possibile ripristinare un'anima, e abbiamo l'opportunità di redimerne molte nonostante i millenni di violenza che ci precedono. Il trauma, la ferita che affligge tutti e che sta alla base di gran parte della sofferenza umana e naturale, deve diventare un motivo di unione. Le nostre radici ferite offrono degli oracoli: nella Bibbia, dopo il diluvio, Noè libera la colomba per cercare la terraferma e nel mito greco, Giasone e gli argonauti seguono la colomba evitando le rocce che si scontrano. Questa colomba era, nella tradizione che precede gli israeliti e i greci, la rappresentante della Grande Dea e ancora oggi la Madonna la porta e la offre per la pace. Dopo l'apocalisse, la colomba viene a redimere, perciò bisogna seguirla, questo è ciò che questo libro chiede di fare: restaurare e rivitalizzare la figura archetipica del combattente spirituale dopo 5.000

anni di storia di denigrazione e tradimento. Non si tratta di curare malattie o disturbi mentali né di trattare il disturbo da stress postraumatico bensì di ristabilire l'anima e lo spirito, di riconnettersi alla comunità, alla storia e alla vita del cosmo, di riconciliarsi con gli ex avversari e di agire in casa propria e all'estero in modo da stare in pace con la vita e con il mondo. Onorando le cicatrici e le ferite e cercandovi la saggezza, ricostruiamo l'identità della persona che da veterano disabile diventa così un combattente spirituale, transitando dalla vergogna all'onore, dalla ferita al dono e dalla maledizione alla benedizione, perché una ferita benedetta si trasforma da PTSD in cuore di soldato, come sostiene il veterano e terapeuta Roger Brooke, secondo il quale la trasformazione del trauma in significato spirituale è la "vocazione archetipica del combattente",[5] un'idea espressa anche dall'ex Berretto Verde Greg Walker che afferma che il viaggio finisce quando il combattente diventa un guaritore. Come insegna Buddha, "un sant'uomo trasforma le maledizioni del destino in benedizioni".

Ai combattenti e ai sopravvissuti bisogna chiedere di evolversi a partire dalle loro ferite spirituali perché diventino quegli "anziani" che servono la comunità mondiale attraverso la saggezza e sotto la guida del dolore che hanno appreso. Alle comunità di tutto il mondo bisogna chiedere di ascoltare le loro testimonianze, di curarne le ferite e di condividerne il fardello, un compito cui tutti i cittadini devono partecipare. Ai vertici militari si deve chiedere che modellino l'istruzione militare per realizzare l'ideale del combattente spirituale e ai nostri politici di onorarlo in modo che questo non sia tradito. Dopo 5.000 anni di guerre e devastazioni questa rinascita è doverosa, perché l'anima alberga in luoghi inaspettati, "anche nel Tempio di Marte",[6] e Platone insegna che neanche il dio della guerra può competere con l'amore.

Note al capitolo *Risveglio. Combattenti e colombe*

[1] Sulla prigionia nel campo di concentramento di Dachau, 1933-1945.

[2] Il cappellano Lembke ha evocato la visione di Isaia del servitore sofferente per descrivere il guerriero "sulla via del sacrificio nel conflitto armato", Isaia 53: 4-8.

[3] Isaia 52: 15 e 53: 11-12.

[4] Jeremy Berggren, *Our Memorial*, poesia inedita scritta durante un ritiro di *Soldier's Heart* e pubblicata con il permesso dell'autore.

[5] Brooke, *An Archetypal Perspective for Combat Trauma*, op. cit., p. 5.

[6] Becknell, *Listening to War*, op. cit.

Ringraziamenti

Ringrazio vivamente tutti i combattenti, veterani e sopravvissuti con cui ho lavorato negli ultimi trentacinque anni che mi hanno accolto nei loro circoli di fiducia. Questo libro è per loro. Ringrazio tutti i sostenitori nel mondo militare, veterano e civile che hanno contribuito alla realizzazione di questo lavoro. Sebbene siano troppo numerosi per essere menzionati, molti sono citati in questo libro e alcuni meritano una menzione speciale. Ringrazio inoltre il mio agente letterario, David Nelson, lo staff di Sounds True e in particolare il direttore editoriale Haven Iverson. Mentre molti militari in servizio attivo hanno contribuito a questo volume il Corpo dei Cappellani Militari si è mostrato particolarmente favorevole e reattivo. L'organizzazione *Soldier's Heart* e la sua comunità di diverse migliaia di veterani e civili sparsi in tutta America sono state una fonte continua di forza e impegno, un laboratorio per sviluppare questo libro e per perfezionare e praticare la guarigione. A mia moglie e cofondatrice di *Soldier's Heart*, Kate Dahlstedt, così come ai nostri figli Jeremy, Gabriel, e Sappho, i quali sono stati fonte di amore, forza e impegno rivolgo la mia gratitudine e il mio amore. Infine a tutti i miei veterani che non ci sono più, ce l'abbiamo fatta: abbiamo dato un senso a tutto questo.

Finito di stampare
nel mese di marzo 2022
da Nerosubianco edizioni - Cuneo (Italy)